VdN

Wissenschaftliche Bearbeitung der deutschen Fassung:
Dr. Bernd Jeschonnek

A. S. Manfred

Rousseau – Mirabeau – Robespierre

Drei Lebensbilder

Mit einem Vorwort von
Walter Markov

Verlag der Nation Berlin

Originaltitel:
Tri portreta epochi welikoi franzusskoi rewoljuzii

ISBN 3-373-00304-0

1. Auflage 1989
Verlag der Nation Berlin

Lizenz-Nr. 400/1/89
LSV 0238
Lektor: Gisela Donath
Techn. Redakteur: Ingrid Welzer
Einband: Klaus Herrmann
Typographie: Gabriele Schauß
Satz: (52) Nationales Druckhaus, Betrieb der VOB National
Druck und buchbinderische Verarbeitung:
Buchkunst Leipzig, Betrieb der VOB National
Best.-Nr. 696 962 6
01350

Über den Autor und sein Buch

Als der Tod dem immer noch regen und schöpferischen Planen des siebzigjährigen Albert Sacharowitsch Manfred am 16. Dezember 1976 ein vorzeitiges Ende setzte, hinterließ der namhafte Moskauer Gelehrte – unter anderem – ein so gut wie druckreifes Manuskript, dessen Titelüberschrift – «Drei Portraits» – er Turgenjew, einem seiner Lieblingsschriftsteller, entlehnt hatte. Es handelte von drei herausragenden Gestalten, die dem Umkreis der Großen Französischen Revolution zugehörten, und Wiktor Moisejewitsch Dalin, Manfreds guter Freund und jahrzehntelanger Streitgefährte, machte sich um die baldige Edition des Triptychons verdient, das 1978 im Verlag Mysl erschien. Seine – gestraffte – deutsche Übersetzung liegt mit diesem Band dem geneigten Leser vor. Dieser möge die *Drei Lebensbilder* – Rousseau, Mirabeau, Robespierre – als Abschiedsgeschenk des Verfassers an seine zahlreiche literarische Klientel entgegennehmen! Wie aber fing seine Geschichte an? Wer war Albert Sacharowitsch?

Er wurde am 28. August 1906 im damaligen Petersburg geboren und wuchs in einem kunstsinnigen Elternhaus auf, in das der humanistische Geist der europäischen Aufklärung Einzug gehalten hatte. Den ferneren Lebensweg bestimmten als prägende Grunderlebnisse seiner Jugendzeit Revolution und Bürgerkrieg. In den zwanziger Jahren versuchte sich der Jüngling als Publizist, als Lyriker gar, ehe er sich (ohne seiner schriftstellerischen Begabung deshalb abzuschwören) der ernsteren Muse Klio zur Gänze zuwandte. Als Aspirant wurde ihm das Glück zuteil, von Großmeistern der Disziplin gleich W. P. Wolgin und N. M. Lukin in eine harte Schule genommen zu werden. Von ihnen geleitet und gefördert, bildete er sich zum Geschichtsforscher heran.

Manfreds große Liebe gehörte – wozu seine gute Sprachkenntnis beigetragen haben mag – von allem Anfang an Frankreich: dem Frankreich der Lumières und der Jakobiner, der Pariser Commune von 1871 und der antifaschistischen Résistance. Da war viel mehr als nur das selbstverständliche berufsständische Pathos eines ausgewiesenen Spezialisten. Die manifesten Fortschrittstraditionen des französischen Volkes und seine Freundschaftsbeziehungen zum Lande Lenins, zu den Völkern der Sowjetunion, bewegten ihn im tiefsten Herzen. Sie zu erkunden und einem breiteren Kreis weiterzuvermitteln, setzte er sich zur Aufgabe und fand damit Widerhall weit über die Grenzen des russischen Sprachraumes hinaus.

Von 1930 bis 1945 war Manfred vornehmlich als Pädagoge an verschiedenen Orten tätig; bis 1940 in der «Provinz», danach in Moskau. Hier wurde dem bald hochgeschätzten Mitarbeiter des Instituts für Geschichte die Akademie der Wissenschaften der UdSSR seit 1945 zur heimatlichen Bleibe. Als sein Forschungsterrain erschloß er (wenngleich keinesfalls darauf allein beschränkt) die Große Französische Revolution. Er war sich voll bewußt, damit zum Glied einer verpflichtenden historiographischen Traditionskette zu avancieren, die noch im 19. Jahrhundert von der «Russischen Schule» der Ardaschew, Karejew, Lutschizki, Kowaljewski, Kropotkin begründet und im 20. Jahrhundert von der «Sowjetischen Schule» mit E. W. Tarle als Vorreiter an der Spitze im Genuß eines hohen Ansehens fortgeführt worden war. Albert Sacharowitsch stellte sich 1950 zunächst mit einem zu Lehrzwecken angelegten populärwissenschaftlichen, jedoch fundierten Abriß der Revolutionsgeschichte vor, dessen prompte Übersetzung (1952) in der DDR «den Manfred» unter Dozenten wie Studenten schnell zum Begriff werden ließ. Marxistisch-leninistische Fachliteratur besaß damals bei uns insgesamt noch ausgesprochenen Seltenheitswert, und zum Thema 1789 war sie sogar praktisch inexistent. Die Seminare, denen der Leitfaden zu einer ersten Orientierung diente, dürften daher kaum zu zählen gewesen sein.

Albert Sacharowitsch arbeitete mit angespanntem Fleiß in der eingeschlagenen Richtung weiter. 1956 ließ er eine gründlich durchgesehene und auf den Stand gebrachte zweite Ausgabe seines *Abrisses* folgen. Noch im gleichen Jahr besorgte er gemeinsam mit W. P. Wolgin eine dreibändige Auswahl der Werke Marats; so wohlpräpariert, legte er 1962 eine Biographie des «Volksfreundes» vor. Seine besondere Aufmerksamkeit aber galt Maximilien Robespierre (dessen ausgewählte Schriften er 1965 – mit einer umfangreichen kritischen Einführung – ebenfalls in drei Bänden herausbrachte) und der «Jakobinerfrage», auf die er im anhaltend lebhaften internationalen Meinungsstreit über den Unbestechlichen und dessen Mannschaft wieder und wieder zurückkam. Ihm stellte sich die Richtigkeit der klassenmäßigen Positionsbestimmung des Jakobinertums, das er «im weiteren Sinne» als den mächtigen Block «der Jakobiner mit dem Volke» auffaßte und aufgefaßt wissen wollte, gleichsam als Hauptschlüssel zum Verständnis des Besonderen der bürgerlichen Französischen Revolution überhaupt dar: so präzisiert in dem – noch heute überdenkenswerten – Aufsatz *Über das Wesen der Jakobinerherrschaft* (erschienen in der Zeitschrift «Woprossy istorii» 1969, Heft 5).

A. S. Manfred schlug auch auf anderen Gebieten beherzt eine scharfe Klinge. So insbesondere über Probleme der politischen wie der kulturellen Beziehungen zwischen Frankreich und Rußland beziehungsweise der UdSSR im 19. und 20. Jahrhundert. Ferner über die Geschichte der Kommunarden und ihren antizipatorischen Ausgriff; über Jean Jaurès als sozialistischen Politiker und als Revolutionshistoriker. Er betätigte sich als Leiter der Arbeitsgruppe Frankreich in seinem Institut und als verantwortlicher Herausgeber des gehaltvollen *Französischen Jahrbuches* («Franzusski jeshegodnik»), dessen Spalten er auch DDR-Historikern gern öffnete und eher beklagte, daß wir – mangels Masse – nicht zahlreicher zur Stelle waren. Antreffen konnte man ihn auf zahlreichen Tagungen in mancherlei Ländern als diskussionsfreudigen Teilnehmer und namentlich an nahezu sämtlichen bilateralen Historikerkolloquien UdSSR–Frankreich. Die Universität Clermont-Ferrand verlieh ihm den Grad eines Ehrendoktors, und die Internationale Kommission für Geschichte der Französischen Revolution beim Internationalen Komitee für Geschichtswissenschaften (CISH) wählte (auf dessen XIV. Kongreß 1975 in San Francisco) A. S. Manfred verdientermaßen zu einem ihrer drei Ehrenpräsidenten.

In der Rückschau drängt sich dem Betrachter dennoch der Eindruck auf, daß Manfreds auffälligste Stärke im biographischen Genre lag, in dem sich sein Erzähltalent zu voller Reife entfalten konnte. Unwidersprochen legt davon die bestechende Darstellung *Napoleon Bonapartes* (1971, ^{2}1973) Zeugnis ab, wiewohl sie einem Wagnis, ja einer Verwegenheit gleichkam in einem Lande, das bereits über einen – freilich inzwischen mehr als ein Menschenalter zurückliegenden – «Klassiker» aus der Feder von E. W. Tarle verfügte. Doch das «Plebiszit der Endverbraucher» gab ihm recht und belohnte seine Anstrengung durch einen Sturm auf die Buchläden. Obgleich die deutsche Übersetzung (1978) naturgemäß nicht in jedem Satz die sprachliche Brillanz des Originals wiederzugeben vermag, erlaubt sie doch, eine Vorstellung vom Epiker Manfred zu gewinnen, der zur Behebung des grenzüberschreitenden «Elends der Biographie» einen so gewichtigen Beitrag zugesteuert hat.

Auch in dem vorliegenden Buch macht der *Epiker* hörbar auf sich aufmerksam. Wie und warum er genau diese drei Produkte dreier Möglichkeiten von bürgerlicher Aufklärung in Fleisch und Blut zu seinen ungleichen «Helden» auserkoren und so zusammengefügt hat, um durch ihre Schicksale seine Auffassung vom *tragischen* Charakter der Revolutionsepoche zu illustrieren, stellt er in seinem Vorwort selbst heraus. Es erschiene uns unangemessen, der Niederschrift eines nicht mehr unter uns Weilenden beckmesserisch etwas hinzufügen oder hinwegnehmen zu wollen. Der Text spricht für sich selbst und legt dem Kommentator den Verzicht auf Doppelungen nahe.

Was nicht aus-, sondern einschließt, daß sich der aufmerksame Leser auf einige wohltuend überraschende Wendungen in den drei Studien gefaßt machen darf: Wir nennen die nach der Lesart des Autors vorverlegten Wehen zur Geburt von Rousseaus ersten Revolutionstheorien; die von Marxisten bisher sichtlich gemiedene nähere Befassung mit der fürwahr ausdeutenswerten Figur des zwielichtigen – irgendwo in der Grauzone zwischen Lump und Genie anzusiedelnden – Grafen Mirabeau mit dem berühmten Riecher und dem behexenden Mundwerk dazu; Nachdenken über letztinstanzliche Auslöser, wenn nicht Verursachungen von Robespierres lähmender Entschlußlosigkeit angesichts der ihn vernichtenden Verschwörung vom 9. Thermidor; ein leises Schlußbild von Leningrader Grabsteinen 1941, 1942, 1943, 1944 ... und von einem Spaziergänger auf dem *Robespierre-Kai* am Ufer der Newa, der über den Fluß zu *Lenins* Standbild hinübergrüßt, von Revolution zu Revolution, die fortschreitende Saga einer nach den Sternen greifenden Menschheit im Hochflug ihrer Ideen wie in der Schwere ihrer Brüche begreifend.

5. 10. 1987

Walter Markov

Vorwort des Autors

Der Titel dieses Buches («Tri portreta epochi welikoi franzusskoi rewoljuzii» – Moskau 1979) erinnert an Turgenjews Novelle «Die drei Portraits». Wer etwas Ähnliches erwartet, wird jedoch enttäuscht sein: Das Buch ist sowohl seinem Inhalt als auch seinem Stil nach weit entfernt von der reizenden Erzählung des unübertroffenen Meisters der russischen Prosa. Es ist ein Buch über die Große Französische Revolution des 18. Jahrhunderts.

In letzter Zeit entwickelte sich bei mir die Neigung, den inneren Gehalt großer gesellschaftlicher Prozesse, zu denen die Revolutionen gehören, durch die Darstellung ihrer einzelnen Persönlichkeiten aufzudecken. Hierbei geht es um Personen, die den revolutionären Prozeß anführten, aber auch um jene, die nur an ihm teilnahmen. Aufmerksamkeit verdienen die einen wie die anderen. Es ist jedoch schwieriger, über die Teilnehmer zu schreiben als über die Führer. Seit den großen Romanen von Erckmann-Chatrian, Victor Hugo, Honoré de Balzac, Anatole France und Romain Rolland ist viel über die einfachen Soldaten der Revolution geschrieben worden, jedoch im Unterschied zum Historiker hat der Dichter ein Recht auf freie Interpretation, während der Historiker stets an unwiderlegbare Dokumente gebunden ist. Die Notwendigkeit, dem geschichtlichen Material, das dem Wissenschaftler zur Verfügung steht, Rechnung zu tragen, bestimmt die Wahl der Helden. Über die einfachen Soldaten der Revolution gibt es zuwenig zuverlässige, dokumentarische Angaben. Anders bei den Menschen, die an der Spitze eines großen historischen Prozesses standen. Hier beklagt sich der Historiker eher über die Fülle von Dokumenten als über ihre Knappheit. Es sei noch hinzugefügt, daß die Stellung eines Führers gewisse Vorteile gewährt. Manchmal sind in einer Person gleichsam die Prozesse allgemeinerer Art verkörpert. Mitunter, wenn man die stürmischen Ereignisse einer Epoche von «unten» und zugleich von «oben», von jener Erhöhung aus betrachtet, auf die der Gang der Dinge den jeweiligen Menschen gebracht hat, beginnt man das Wesen des Zeitalters besser zu verstehen.

Dieses Buch vereint die Lebensgeschichten von drei Personen, und dieses Triptychon ist nicht zufällig. Der erste Abschnitt ist dem jungen Rousseau gewidmet. Er ist das Morgenrot der Revolution, ihr Vorreiter. In der Gestalt des jungen Rousseau, der noch nicht der berühmte, weise Literat ist, möchte ich zeigen, wie der neue Tag anbrach. Ich schildere Rousseau nicht ganz so, wie er in die Geschichte einging. Dieses Thema ist so umfangreich, vielfältig und kompliziert, daß dafür eine Rousseau allein gewidmete Abhandlung erforderlich wäre.

Der zweite Teil enthält den Lebenslauf von Honoré-Gabriel Mirabeau, einer der umstrittensten Persönlichkeiten der Revolution. Dieser außergewöhnliche, widerspruchsvolle Mann symbolisiert den Anfang der Revolution am vollständigsten. Mirabeau ist der Held von 1789. Danach beginnt der Ruhm des prominenten Tribuns zu verblassen. Sein vorzeitiger Tod im April 1791 konnte seine Verurteilung durch die folgenden Generationen nicht verhindern. Gleichwohl ist Mirabeau, ungeachtet aller Launen seines ungewöhnlichen Schicksals, nicht in Vergessenheit geraten.

Zuletzt schildere ich den Lebenslauf von Maximilien Robespierre. Maximilien Robespierre verkörpert die Revolution in ihrer Reife, auf ihrem Gipfel. Nach seinem Tod ging sie den unheilvollen Weg des Verfalls. Über Robespierre wurden Hunderte von Büchern und Tausende von Artikeln geschrieben. Seit zweihundert Jahren streitet man sich über ihn. Bis heute fesselt dieser Mann, der nur sechsunddreißig Jahre alt geworden ist, unsere Aufmerksamkeit.

Der Verfasser hat versucht, in diesen drei Porträts seine Auffassung von der Zeit der Großen Französischen Revolution darzubieten. Diese Epoche glich einem Trauerspiel, in erster Linie für die Führer und Helden der Revolution, denn sie hatten gehofft, eine große Revolution zu vollbringen, die das Menschengeschlecht umgestalten und die menschliche Gesellschaft zum idealen, goldenen Jahrhundert der Gerechtigkeit, der Freiheit und der Gleichheit führen sollte. Unabhängig von ihrem Bewußtsein und ihrem Willen geriet sie jedoch zu einer bürgerlichen Revolution, die die überlebte feudale Produktionsweise beseitigte und der kapitalistischen Gesellschaftsordnung, die zu jener Zeit progressiv war, Bahn brach.

Das vorliegende Buch berichtet über das Wesen, die Ergebnisse und die Tragödie der Französischen bürgerlichen Revolution des 18. Jahrhunderts. Es läßt sie in den Gestalten dreier historischer Persönlichkeiten jener Epoche lebendig werden.

Der junge Rousseau

Hört man den Namen Jean-Jacques Rousseau, dann denkt man an einen grauhaarigen unruhigen Wanderer, der seinen Weltruhm nur mit Mühe erträgt. Man sieht einen einsamen Träumer vor sich, der um die Zukunft der Menschheit besorgt ist und der in der Gegenwart weder einen Platz findet noch Freunde hat.

Diese Vorstellung von Jean-Jacques entspricht der, die Bernardin de Saint-Pierre in seinem literarischen Porträt, das häufig nachgedruckt wurde, zeichnet. Er begegnete ihm, den er seinen Lehrer nannte, kurz vor dessen Tode. Er beschrieb Rousseau als einen noch rührigen, hageren, mittelgroßen alten Mann, dessen eine Schulter – wahrscheinlich wegen des langjährigen Abschreibens von Manuskripten – schief war, mit einem blassen, hageren und runzligen Gesicht und einer hohen, tief zerfurchten Stirn. Aber in diesem kränklichen Greisengesicht leuchteten große Augen. Wahrscheinlich hat Bernardin de Saint-Pierre die Gestalt seines Lehrers ziemlich treffend wiedergegeben.

Hier geht es aber um die Zeit, in der Rousseau noch keine Falten hatte und auch noch nicht berühmt war. Der junge Rousseau, voller Lebenskraft, unterschied sich sehr stark von dem menschenscheuen Eremiten. Was war geschehen?

Im 18. Jahrhundert genoß keiner größeren Ruhm als Rousseau. Nicht nur in Frankreich, sondern auch in Europa war er der bekannteste Schriftsteller. Seine Werke erschienen sofort und wurden immer wieder aufgelegt. Sie wurden in die wichtigsten

Sprachen übersetzt und in Paris, Sankt Petersburg, London und Florenz ebenso gelesen wie in Madrid, Den Haag, Wien und Boston. Staatsmänner und Gelehrte, aber auch Damen der vornehmen Gesellschaft suchten die Bekanntschaft des berühmten Dichters. Seinen weltweiten Ruhm vermochte nichts zu erschüttern noch zu schmälern.

Wodurch vermochte dieser Individualist nach dem Tode zum Führer und Lehrer der Volksmassen zu werden, die sich gegen die feudale Welt erhoben? Wie läßt sich die Gestalt des einsamen Wanderers, als den man Rousseau zeitlebens kannte, mit der Gestalt des Ideologen der größten Revolution jener Zeit und der allgemein anerkannten Autorität ihrer mutigsten und entschlossensten Kämpfer, der Jakobiner, vereinen?

Rousseau gilt als der Gründer oder, um es vorsichtiger zu sagen, als einer der Gründer jener Richtung in der Belletristik, die man als den Sentimentalismus zu bezeichnen pflegt. Dieser Begriff erfaßt gewöhnlich jene Begeisterung für die Empfindsamkeit, wie sie für eine Reihe von Schriftstellern des 18. Jahrhunderts, so Oliver Goldsmith, Thomas Gray und Lawrence Sterne in England, Abbé Antoine François Prévost d'Exiles, Jean-Jacques Rousseau und Bernardin de Saint-Pierre in Frankreich, Nikolai Michailowitsch Karamsin und I. I. Dmitrijew in Rußland, charakteristisch war.

Rousseau war in der Tat eine gesteigerte Empfindsamkeit in seinem literarischen Schaffen wie auch im Alltagsleben eigen. Zugleich aber wußte er die strengen Männer von 1793 zu beispiellosen Heldentaten und zu unbändiger Tatkraft anzuregen. Das allgemein anerkannte Haupt und der angesehenste Vertreter des Sentimentalismus in der Literatur wurde zum ideologischen und geistigen Führer der revolutionären Jakobinerdiktatur, die mit eiserner Faust alle diejenigen ins Jenseits beförderte, die sich ihr in den Weg stellten.

Rousseaus Gedanken und Vermächtnis – sein ideologisches Erbe – sind nicht nur für die Jakobiner zur Richtschnur ihres Handelns geworden. Sie wurden es auch für Mirabeau vor der Revolution und später für die Girondisten, nicht für alle, aber zum mindesten für die, die sich besonders hervortaten, wie etwa

Manon Roland, diese «Julie des Girondismus», ihren Freund und einflußreichen Politiker François Buzot und den Führer der Gironde, Jacques Pierre Brissot. Diese beiden Gruppierungen, die zunächst miteinander gegen den gemeinsamen Gegner auftraten, wurden jedoch bald zu so unversöhnlichen Gegnern, daß nur der Tod ihrer Feindschaft ein Ende setzte. Sowohl die Girondisten, die Jean-Paul Marat trotz dessen Immunität als Deputierter vor das Revolutionstribunal gestellt hatten und ihn sodann von Charlotte Corday erdolchen ließen, als auch die Jakobiner, die die girondistischen Deputierten aufs Schafott schickten, beriefen sich auf ihren großen Lehrer Rousseau, der ihre Handlungen rechtfertigen sollte.

Im Spätsommer 1742 ließ sich im Pariser Hotel Saint-Quentin in der Rue des Cordiers nahe der Sorbonne ein junger Mann nieder. Er war mit einer Postkutsche aus der Provinz gekommen und führte kein großes Gepäck mit sich. Der Ankömmling war arm wie die meisten jungen Leute, die alljährlich im Herbst die französische Metropole erobern wollten. Gerade 29 Jahre alt, lag nach den Anschauungen des 18. Jahrhunderts die beste Zeit seines Lebens bereits hinter ihm. Diesen Mangel glich er indes durch ein angenehmes Äußeres, eine gleichmäßig tiefe Sonnenbräune, aufmerksam blickende scharfe Augen und gute Manieren aus. Seine gut sitzende Kleidung war schlicht und ordentlich.

Er stand den anderen jungen Männern in nichts nach, die danach trachteten, sich aus Not und Namenlosigkeit emporzuarbeiten. Freilich bedurfte es dazu einiger Hilfe. Unser Ankömmling verfügte nur über geringe Hilfsmittel: in der Rocktasche 15 Louisdor, im kleinen Reisekoffer die Noten einiger Musikstücke, den kühnen Plan für eine durchgreifende Reform der Notenschrift und ein paar Empfehlungsschreiben von angesehenen Leuten aus Lyon an ebenso ehrenwerte Personen in Paris.

Die Empfehlungsschreiben waren der größte Schatz des jungen Provinzlers. Sie halfen Jean-Jacques Rousseau die Türen der für ihn sonst unzugänglichen Häuser der Honoratioren von Paris einen Spaltbreit zu öffnen. Claude Gros de Boze, Sekretär der Akademie für Inschriften und Kustos der königlichen Medaillensammlung, empfing ihn freundlich, lud ihn zum Essen ein und führte ihn in seinen Freundeskreis ein. Dazu zählte der namhafte französische Physiker Réaumur, der durch die Erfindung der heute noch gebräuchlichen Temperaturskala berühmt wurde.

Rousseau gab in den Salons des Pariser Adels sein Debüt als Musiker. Man verschaffte ihm die Möglichkeit, zwei wohlhabenden, sich langweilenden Herren Kompositionsunterricht zu erteilen. Dadurch hatte er eine Zeitlang einen beständigen Verdienst. Der Autodidakt Rousseau verfügte über keine großen musiktheoretischen Kenntnisse. Seine Schüler jedoch waren auf das Fach, das sie erlernen wollten, noch weniger vorbereitet. Sein Ansehen als Musiklehrer blieb daher unerschüttert.

Réaumur führte ihn in die Akademie ein und bot ihm die Gelegenheit, vor einer von der Akademie eigens gebildeten Kommission den Entwurf seiner Musikreform zu erklären. Ihr gehörten der Physiker und Geometer Jean-Jacques Dortous de Mairan, der Chemiker Jean Hellot und der Astronom Jean-Paul Grandjean de Fouchy an, die aber nichts von Musik verstanden. Aus Scheu vor der maßgebenden Kommission legte Rousseau seine Ansichten verworren und undeutlich dar. Dieses Projekt, das er in seinem Jugendeifer für absolut vollkommen hielt, sah vor, die Notenschrift durch Ziffern zu ersetzen.

Im 18. Jahrhundert überraschten kühne Erfindungen kaum jemanden. Damals erfanden und entwarfen alle etwas. Dennoch zeigten die Mitglieder der Gelehrtenkommission genügend gesunden Menschenverstand, um den Vorschlag kritisch zu prüfen. Schließlich stellte die Akademie dem Erfinder eine Bescheinigung aus. Sie war – nach Rousseaus eigenen Worten – «reich an den schmeichelhaftesten Komplimenten, ließ jedoch durchblikken, daß sie (die Kommission)... das System im Grunde genommen weder für neu noch für nützlich hielt».

Er gab indes nicht auf. Nicht ohne Mühe und Aufwand veröffentlichte er ein Werk unter dem Titel «Dissertation sur la musique moderne», dem jedoch der Erfolg ebenfalls versagt blieb.

Rousseau verfügte aber damals über viel jugendlichen Elan. Sofort konzentrierte er seine Energie auf die Beherrschung eines anderen Faches, des Schachspiels. Er traf oft mit Philidor und anderen berühmten Schachmeistern jener Zeit zusammen, berechnete geduldig die Spielvarianten und mühte sich, in das Geheimnis der Schachtheorie einzudringen. Er wollte im «königlichen Spiel» ganz obenan stehen und scheute daher weder Zeit noch Mühe. Nie lernte er jedoch, auf dem Schachbrett zu siegen.

Nun bedrohte ihn wieder die Armut. Die Schüler hatten ihn verlassen, das verdiente Geld war verbraucht. Aus welchen Mitteln sollte er den Lebensunterhalt bestreiten? Rousseau fand keine Antwort und verfiel in Schwermut. Ziellos durchstreifte er die engen Straßen und fühlte sich unbemerkt, wie ein zufälliger Passant oder ein Durchreisender in der riesigen Stadt.

Einer seiner Pariser Freunde, der bejahrte Jesuit Louis-Bertrand Castel, Musiker und Sonderling, hatte eine originelle Theorie geschaffen, nach der die sieben Töne der Tonleiter den sieben Farben des Spektrums entsprachen. Sorgenvoll verfolgte er die Mißerfolge des jungen Debütanten. Einmal riet er Rousseau: «Da die Musiker ebensowenig wie die Gelehrten nach Ihrer Melodie tanzen wollen, stimmen Sie das Instrument um. Machen Sie sich an die Weiber ... In Paris richtet man ohne sie nichts aus.»

Castel empfahl seinen jungen Freund der Baronin de Besenval und ihrer Tochter, der Marquise de Broglie. Jean-Jacques bedrückte dieser Besuch, er verschob ihn von einem Tag auf den anderen. Doch schließlich mußte er, widerstrebend, die adligen Damen aufsuchen.

Sie empfingen ihn herzlich und bedachten ihn mit Aufmerksamkeit, offensichtlich hatte ihn Castel in das günstigste Licht gesetzt. Freundlich bat man ihn zum Essen. Er sollte jedoch mit der Dienerschaft im Anrichteraum speisen. Sein Stolz war verletzt, und unter dem Vorwand, dringliche Verpflichtungen zu haben, erhob er sich, um sich zu verabschieden. Die Marquise de Broglie begriff, daß sie einen Fehler gemacht hatten. Beide Damen baten Rousseau inständig, mit ihnen zu essen. Schließlich gab er ihrem Drängen nach.

Nach dem Mahl zog er aus seiner Rocktasche ein in Lyon geschriebenes Gedicht und brachte es meisterhaft zu Gehör. Die Damen waren gerührt.

Ein paar Tage später sprach bereits ganz Paris von ihm. An

diesem sympathischen jungen Mann wurde sofort eine Fülle von Talenten entdeckt. Man schätzte ihn als ausgezeichneten Dichter, als hinreißenden Musiker und begabten Komponisten. Zudem habe er schöne Augen und kräftige Arme, sei klug und gebildet. Man entdeckte an ihm lauter gute Eigenschaften. Jean-Jacques Rousseau wurde im Paris des Jahres 1742 zu einer Mode. Alle rissen sich um ihn, und er wurde in die besten Häuser der Hauptstadt eingeladen.

Bald war Rousseau ein häufiger Gast im Salon von Madame Dupin. Diese junge Dame galt als eine der reichsten Frauen von Paris. Louise-Marie-Madeleine de Fontaine, die uneheliche Tochter von Samuel Bernard, dem Finanzexperten Ludwigs XV. und einem der reichsten Männer Frankreichs, war mit dem königlichen Berater und Generalsteuerpächter Claude Dupin verheiratet, dessen Vermögen sich durch die Mitgift seiner Frau weiter vergrößert hatte.

Der Einfluß Madame Dupins rührte nicht von ihrem Reichtum her. In seinen «Bekenntnissen» nannte Rousseau sie eine der schönsten Frauen Frankreichs. Offenbar stimmte das auch. Ihr von Jean-Marc Nattier gemaltes Bildnis zeigt eine junge blonde Frau mit hoher Stirn, aufmerksam blickenden großen dunklen Augen und dem zarten Oval des fast kindlichen Kinns. Schönheit und Reichtum Madame Dupins verbanden sich zudem auf eine glückliche Art und Weise mit Belesenheit und natürlicher Klugheit. Sie war fünf Jahre älter als Rousseau. Ihr Alter sowie die gesellschaftliche Überlegenheit über den zugereisten bescheidenen Musiker erlaubten es ihr, gegenüber dem Gast einen freundlich-gönnerhaften Ton anzuschlagen.

Seit jener Stunde, da Madame Dupin beim Mittagessen den jungen Musiker neben sich am Tisch Platz nehmen ließ und einige Worte mit ihm wechselte, war es um ihn geschehen. Ihr Charme zog ihn in seinen Bann, und all sein Denken galt von nun an allein ihr. Er konnte sich jedoch nicht entschließen, ihr das in ihm erwachte Gefühl zu offenbaren. Das war auch gar nicht so einfach, denn Madame Dupin erschien stets wie eine Königin inmitten einer Schar von Verehrern. Pochenden Herzens übergab er ihr einen Brief, der seine Liebeserklärung enthielt. Er bekam jedoch keine Antwort. Nunmehr begegnete man Rousseau kühl und trocken. Charles-Louis Dupin de Francueil, der Stiefsohn Madame Dupins, empfahl Rousseau, dieses Haus nicht mehr zu besuchen. Der gekränkte Rousseau war schon bereit, diesem harten Rat zu folgen. Madame Dupin hielt ihn aber zurück.

Die Besuche im Salon von Madame Dupin hatten für Jean-Jacques auch andere wichtige Folgen. Am Mittagstisch lernte der Musiker Berühmtheiten jener Zeit kennen, wie den jungen Prälaten und Außenminister Frankreichs, François-Joachim de Pierres de Bernis, der bei Hofe großen Einfluß genoß; den schon damals weltberühmten Voltaire; den hochbetagten Abbé de Saint-Pierre, der sich durch seinen Plan für einen ewigen Frieden einen Namen gemacht hatte; den seinerzeit noch jungen, aber bereits anerkannten Naturforscher Buffon, den späteren Verfasser der «Histoire naturelle» (Naturgeschichte); den namhaften Philosophen und Moralisten, langjährigen wissenschaftlichen Sekretär der Akademie der Wissenschaften, Bernard Le Bovier de Fontenelle, sowie die Damen, denen die Türen der Pariser Salons offen standen: die Prinzessin de Rohan, die Gräfin de Forcalquier, die Baronin Hervey, die Herzogin de Mirepoix, Madame de Brignolé und viele andere.

Durfte der obdachlose Wanderer jemals davon träumen, sich alsbald im eleganten Salon des prächtigen Hauses der Dupins in Paris als Gleicher unter Gleichen mit den berühmtesten Männern und Frauen Frankreichs und Europas zu unterhalten?

Er hatte tatsächlich schnell und ohne sichtliche Anstrengungen 1742/43 in den Pariser Salons Anerkennung gefunden. War aber Rousseaus Erfolg in den höheren Kreisen von Paris nur eine Variante des beinahe klassischen «Weges nach oben», der traditionellen Karriere eines jungen Mannes aus der Provinz, der im verführerischen Paris rasch die Stufen zum Ruhm erklomm? Hier drängt sich unwillkürlich die Parallele auf zu den berühmten Literaturhelden des 19. Jahrhunderts – Julien Sorel aus «Rot und Schwarz» von Stendhal und Rastignac oder Maxime de Trailles von Balzac. Aber jeder Vergleich des jungen Rousseau mit Rastignac, Maxime de Trailles oder anderen Helden der «Menschlichen Komödie» von Balzac, die eine glänzende Karriere repräsentieren, ist grundfalsch.

Rousseau gehörte nicht zu den Karrieremachern. Er suchte nicht nach einem leichten «Weg nach oben», sondern lehnte diesen Weg bewußt ab. Ihn reizten weder Posten noch Reichtum noch Prunk und Ruhm. Das alles brauchte er nicht. Man sollte Rousseaus frühe Werke – selbstverständlich nicht die philosophisch-politischen Abhandlungen, die übrigens erst nach 1749 erschienen – betrachten. Für das Verständnis der geistigen Entwicklung Rousseaus sind zum Beispiel seine dichterischen Versuche – seine Gedichte und seine mit 1739 und 1742 datierten «Épîtres» in Versform – sehr wichtig. Sie beweisen unwiderlegbar, daß er sich ideologische und politische Anschauungen bereits in den Jahren 1740 bis 1743, insbesondere unter dem Einfluß seiner Lebenserfahrungen, zu eigen gemacht hat; alle folgenden Werke waren eine Fortsetzung und Weiterentwicklung.

Gewöhnlich gliedern die Wissenschaftler das umfangreiche literarische Erbe des berühmten Schriftstellers in folgende Bestandteile: Rousseau als Sozialdenker; Rousseau als Revolutionär; Rousseau als Botaniker; Rousseaus pädagogische Ideen; Rousseaus Anschauungen zur Wirtschaft; Rousseaus Egalitarismus; Rousseaus Rationalismus; Rousseaus Romantik und so weiter.

Eine solche Forschungsmethode ist zweifellos notwendig und nützlich, sie ersetzt jedoch keineswegs die synthetische Rekonstruktion der Gestalt Rousseaus als Ganzes sowie die Notwendigkeit, seinen Lebensweg und seine geistige Entwicklung in ihrer ganzen Kompliziertheit und Widersprüchlichkeit zu verfolgen. Dieser merkwürdige Lebenslauf eines genialen einsamen Träumers kann nur verstanden werden, wenn er wie ein Roman, Seite um Seite, gelesen wird.

1741, etwa ein halbes Jahr vor seiner Ankunft in Paris, hatte Rousseau in Lyon den «Épître à M. Bordes» (Brief an Herrn Bordes) verfaßt. Dort heißt es: «Aber ich, der ich die Sitten Frankreichs wenig kenne, ich, stolzer Republikaner, den Arroganz verletzt, verschmähe die Hilfe jedes unverschämten Reichen, wenn ich dafür gezwungen bin, vor ihm zu kriechen.»

Diese Zeilen enthalten ein ganzes Programm. Rousseau bezeichnet sich nicht nur als offenen Gegner der Hofclique, wie es in jener Zeit, da das Ansehen der Königsmacht bereits zu sinken begann, viele taten, sondern erklärt sich auch zum Feind der Reichen.

Der junge Rousseau ging als einer der wenigen französischen Literaten der ersten Hälfte des 18. Jahrhunderts mutig und mit offenem Visier gegen die mächtigen Besitzer von Reichtümern an.

> Der Reiche verachtet mich, aber ungeachtet seines Hochmutes
> Vergelte ich ihm Gleiches mit Gleichem.

In dem gleichen «Épître à M. Bordes» zeigt Rousseau die ganze Tiefe des Abgrundes, der jene, «deren Armut ihnen die Tugend bewahrt», von den «dummen Krösussen», denen er niemals huldigen wird, trennt.

Ähnliche Motive behandelt er auch in dem im gleichen Jahr entstandenen weitschweifigen «Épître à M. Parisot» (Brief an Herrn Parisot):

> Die Adligen erwerben nur dann meine Anerkennung,
> wenn sie wenigstens Würde dafür zeigen.

Oder in dem gleichen Gedicht:

> Muß man denn wirklich ein scheinheiliger Heuchler sein,
> damit einem der Himmel eine einträgliche Stellung schenkt?

Worin lag das Geheimnis für Rousseaus Erfolge, und wie ist seine überraschende Anerkennung in den Jahren 1742/43 in Paris zu erklären? In den Augen der vornehmen als auch der geistigen Gesellschaft von Paris und seinem eigenen Urteil nach galt er damals weder als Schriftsteller noch als Philosoph. Natürlich wußte er eine Kanzone, eine Elegie, eine philosophische Epistel in Versen und auch ein beißendes Epigramm zu verfassen, aber wer konnte das im 18. Jahrhundert nicht? Wie aus seinen Briefen und seiner späteren Autobiographie hervorgeht, dachte er damals gar nicht an eine schriftstellerische Tätigkeit geschweige denn an literarischen Ruhm. Zu Beginn der vierziger Jahre war der Name Jean-Jacques Rousseau in der Literatur noch unbekannt.

Jean-Jacques war am 28. Juni 1712 in Genf «als Sohn des Bürgers Isaac Rousseau und der Bürgerin Suzanne Bernard» geboren worden. Seine Eltern väterlicher- und mütterlicherseits waren Franzosen, ihre Muttersprache war Französisch, und Jean-Jacques verstand sich ebenfalls als Franzose. Dennoch hielt er sich sein Leben lang für einen von Geburt an freien Bürger von Genf und schätzte den ihm formell zustehenden Titel «citoyen de Genève» viel höher als die nach seinen Begriffen erniedrigende Lage eines Untertanen des französischen Königs. Jean-Jacques idealisierte Genf, obgleich diese patriarchalisch-konservative Patrizierrepublik keineswegs eine Oase der Freiheit und der Gleichberechtigung in der Wüste feudaler Tyrannei war. Selbst die harten, ernüchternden Lehren, die er am eigenen Leibe zu spüren bekam, vermochten ihn nicht von seinen Illusionen zu heilen.

Seine Vorfahren waren Bauern und Gerber, Uhrmacher und Tuchweber. Sein Vater war Uhrmacher – im Handwerkermilieu von Genf einer der hochqualifizierten und am besten bezahlten Berufe. Die Familie lebte bescheiden, litt jedoch keine Not.

Jean-Jacques hatte seine Mutter nicht kennengelernt, sie war bald nach seiner Geburt gestorben. Zuerst fühlte sich der Vater – ein intelligenter, belesener Mann – dem Kind, das ohne Mutter aufwuchs, innig zugetan. Als überzeugter Republikaner lehrte er den Sohn von frühester Kindheit an den Geist des republikanischen Stoizismus und den Stolz auf die Republik. Später übertrug er die Erziehung des Sohnes zunächst der Tante Suzon, sodann dem Schwager Gabriel Bernard. Als Jean-Jacques zehn Jahre alt war, geriet sein Vater in einen Streit mit einem Offizier. Isaac Rousseau drohte eine Gefängnisstrafe, und er hielt es für klug, Genf zu verlassen. Nach einiger Zeit heiratete er zum zweitenmal. Die Lebenswege des Vaters und des Sohnes gingen mehr und mehr auseinander.

Jean-Jacques wuchs als Vollwaise auf und war sich selbst überlassen. Die Eltern besaßen eine umfangreiche Bibliothek, die Romane, Gedichte und historische Werke enthielt. Er las die Werke konservativer Schriftsteller, wandte sich aber auch den Dichtern zu, die ihrer Zeit vorausgeeilt waren: Jean de La Bruyère, Bernard de Fontenelle und Jean-Baptiste Molière. Hinzu kamen die antiken Schriftsteller Plutarch und Ovid.

Seine nächsten Verwandten und die Nachbarn behandelten Jean-Jacques sehr freundlich, er erregte Mitleid. In seinen «Bekenntnissen» erinnerte er sich später mit Rührung seiner Kindheit als Waise: Fünfzig Jahre danach erschien sie ihm als die glücklichste Zeit seines Lebens.

Mit dreizehn Jahren gaben ihn die Verwandten, denen die Vormundschaft oblag, in die Lehre. Zunächst wurde er Schreiberlehrling. Für Büroarbeit jedoch ungeeignet, begann er den Beruf eines Graveurs zu erlernen. Als Jean-Jacques die dunkle, niedrige Werkstatt betreten hatte, begriff er, daß es mit der unbeschwerten Kindheit nunmehr ein für allemal vorbei war. Niemand sprach ein freundliches Wort zu ihm. Vom Meister bekam er Prügel.

Er ließ sich aber weder einschüchtern noch gefügig machen. Jean-Jacques drückte sich vor der Arbeit, folgte den Anweisungen des Meisters nur langsam, führte den Auftrag absichtlich schlecht aus und bestahl sogar seinen Meister. Er verging sich nicht an fremdem Eigentum, um sich rasch zu bereichern, nein, er sah darin eine Art geheimen Krieg gegen den verhaßten Patron. Jean-Jacques ließ Äpfel und andere Kleinigkeiten mitgehen, jedoch kein Geld, das er schon damals verabscheute. In dem dreizehnjährigen Lehrling war ein rebellischer, kämpferischer Geist erwacht.

Schon in jungen Jahren neigte Jean-Jacques überraschenden, kühnen Entscheidungen zu. Als er eines Abends spät von einem Sonntagsbummel zurückkehrte, fand er das Stadttor fest verschlossen. Ohne Zögern faßte er den rettenden Entschluß, die verhaßte Werkstatt seines Meisters, diese fade und feindliche Welt der Unterdrückung und Gewalt, für immer zu verlassen. Dies geschah im Jahre 1728. Damals war Rousseau knapp sechzehn Jahre alt. Jetzt fing für ihn ein neues, freies Leben an, voller Gefahren, Risiken und Ungewißheit, seine Wanderjahre.

Im März 1728 begann die Reise. Den Weg von Genf nach Annecy, der Hauptstadt des Departements Haute-Savoie, das damals zum Königreich Sardinien gehörte, hatte er bald zurückgelegt. Dann wanderte er von Annecy nach Turin und zurück. 1730/31 durchstreifte er die Schweiz. Von Genf begab er sich nach Lausanne, wandte sich nach Neuchâtel, Bern und Soleure. Schließlich brach er nach Paris auf, wo er 1731 eintraf, sich jedoch nicht lange aufhielt. Er marschierte weiter nach Lyon und von Lyon nach Chambéry in Savoyen. Rousseau, der das Leben nicht aus dem Fenster einer Postkutsche betrachtete, lernte den harten Alltag in den Dörfern und Städten kennen.

Der junge Mann hatte Vertrauen zu den Leuten, und seine Zutraulichkeit, sein offenes Lächeln entwaffneten auch die finstersten Menschen. Er war jung und lebensfroh. Diese bunte Welt barg so viel Unbekanntes, Geheimnisvolles. Alles interessierte ihn, er sang und lachte. Wie konnte jemand diesem netten Kerlchen die Bitte nach einem Glas Milch und einer Scheibe Brot abschlagen?

Mit erstaunlicher Beredsamkeit versehen, erlernte er während dieser frühen Wanderungen die hohe Kunst, andere Menschen zu überzeugen und für sich einzunehmen. Die Fähigkeit entwikkelte der junge Jean-Jacques bis zur Vollkommenheit.

Die ersten und wohl schwierigsten Prüfungen seines Lebens bestand er mit Erfolg. Immer weiter entfernte er sich von der Stadt, an die ihn nichts außer den Erinnerungen an die längst vergangene Kindheit band.

Die fast zehn Wanderjahre haben großen Einfluß auf sein Leben genommen. Er lernte die Umwelt aus der Nähe kennen, nicht aus Büchern und abstrakten Betrachtungen von Schriftstellern, obwohl er auch während seiner Wanderjahre viel las.

Als Jean-Jacques aus der Republik Genf in das Königreich Sardinien und dann nach Frankreich kam, betrachtete er seine Umgebung mit doppelter Aufmerksamkeit, denn nun lenkte er seine Schritte über die Landstraßen berühmter Staaten. Und was bot sich hier seinem Blick? Den Untertanen Ludwigs XV. ging es noch schlechter als den Bürgern von Genf. Abgearbeitete Bauern lebten in niedrigen Hütten, das Vieh war mager, und die Saaten waren verkümmert. Was für ein karges, armseliges Land!

Er sah aber auch prächtige Paläste und vornehme Adelsschlösser. Die Angst, die die hochmütigen Herren aus den prunkvollen

Palästen den Bewohnern der Bauernhütten einflößten, übertrug sich auf Jean-Jacques. Er fürchtete die Reichen und Aristokraten, um deren Schlösser er einen Bogen machte, ging doch im Bewußtsein des Volkes von dieser obersten Schicht der bevorrechteten Stände alles Übel und alles Unglück aus.

Auf Rousseaus gesellschaftspolitische Ansichten haben die Schriften von Pufendorf, Grotius und Montesquieu gewiß erheblich eingewirkt. Vor allem aber gründen sie sich auf das Leben selbst, die ihn umgebende Welt der Ungleichheit der Stände, die Armut der Bauern und die Not des Volkes.

Wenn die kleine, in sich geschlossene Welt eines armen Kirchspiels ausgereicht hatte, um im Landpfarrer Jean Meslier aufrührerische Gedanken aufkommen zu lassen, die er in dem berühmten «Testament» zusammenfaßte, so gibt es keinen Zweifel daran, daß die vielfältigen Eindrücke, die der junge Rousseau im Verlauf seiner Wanderungen durch Frankreich so gierig in sich aufnahm, im Weltbild des künftigen Verfassers der Abhandlung über den Ursprung der Ungleichheit unauslöschliche Spuren hinterlassen mußten.

Als Jean-Jacques eines Tages die Gastfreundschaft des alten würdigen Dorfpfarrers de Pontverre genoß, bemühte sich dieser, ihn zum katholischen Glauben zu bekehren. Damals stand Jean-Jacques Rousseau, als Nachkomme von Hugenotten, der Religion völlig gleichgültig gegenüber. Während der Mahlzeiten bei dem gastfreundlichen Abbé versuchte Rousseau keinesfalls, dessen Argumente zu widerlegen und den Glauben seiner Vorfahren zu verteidigen. Im Grunde war es für ihn ohne Belang, welche der beiden rivalisierenden Kirchen – die katholische oder die reformierte – besser sei. Ohne lange Debatten ließ er sich überreden, vom Glauben seines Vaters abzufallen und zum Katholizismus überzutreten.

Abbé de Pontverre betraute Madame de Warens damit, Rousseau zum katholischen Glauben zu bekehren. Sie lebte in Annecy, bezog dort eine Pension des sardinischen Königs und stand in der besonderen Gunst des Papstes.

Rousseau hatte eine alte fromme Klosterfrau erwartet, traf jedoch auf eine schöne junge Dame von Welt, die eine hervorragende Bildung genossen hatte und recht freidenkerisch war. Madame de Warens empfing den jungen Wanderer mit lebhafter Anteilnahme und beinahe mütterlicher Zärtlichkeit. Schnell schlossen die beiden Freundschaft. Jean-Jacques rührte so viel Aufmerksamkeit, er, der nie weibliche Fürsorge genossen hatte, nannte Madame de Warens von nun an «Mama». Dem Wunsch des Abbé entsprechend, schickte Madame de Warens Jean-Jacques nach einiger Zeit mit einem Empfehlungsschreiben in ein Kloster nach Turin, wo er nach Ablegung der erforderlichen Prüfungen zum katholischen Glauben konvertieren sollte.

Gehorsam erfüllte Jean-Jacques alle Anordnungen. Er reiste nach Turin und absolvierte eine lange, komplizierte Vorbereitung auf den Eintritt in die katholische Kirche. Zum festgesetzten Zeitpunkt lief das Zeremoniell ab. Jean-Jacques wurde Katholik. Die Bekehrung zum «rechten» Glauben brachte ihm jedoch nicht die versprochene Ruhe. Die Religion blieb ihm völlig gleichgültig. Mehr noch: Wenn er sich die katholischen Geistlichen in seiner Umgebung aufmerksam ansah, festigte sich in ihm die Feindseligkeit gegenüber den Klerikern, deren Taten ihren frommen Worten so wenig entsprachen.

Jean-Jacques dachte nicht daran, die Rolle eines gottesfürchtigen Frömmlers zu spielen. Bei der ersten besten Gelegenheit brach er aus diesem ihm unerträglich gewordenen engen Kreis aus. Es war nicht leicht, in der fremden italienischen Stadt zu existieren. Er versuchte sich in einigen Berufen, zuerst als Lakai bei der Gräfin de Vercellis, sodann als eine Art Sekretär bei Abbé de Gouvon. Diese gelegentlichen Beschäftigungen befriedigten ihn jedoch nicht.

Schließlich griff er wieder zum Wanderstab und machte sich auf den Weg, immer weiter weg von Turin. Jean-Jacques wanderte von Turin nach Annecy.

Er näherte sich dem Haus von Madame de Warens mit einem unklaren Gefühl von Unruhe und Hoffnung, wissend, daß er nun zurückkehrte, ohne ihre Erwartungen gerechtfertigt zu haben. Nichts hatte er erreicht, bettelarm stand er da, dies würde sie traurig stimmen. Nach allem, was er erlebt hatte, wollte er aber die Frau sehen, die er in Gedanken und auch im Umgang mit ihr

«Mama» anredete. Dreißig Jahre später schrieb er in seinen «Bekenntnissen» Worte nieder, an deren Wahrheitsgehalt man nicht zweifeln kann: «Im ganzen Weltall erblickte ich nichts weiter als sie; zu leben, ohne daß sie mir wohlwolle, war etwas für mich ganz Unmögliches.»

Jean-Jacques' Schicksal verband sich für viele Jahre mit Madame de Warens. In den «Bekenntnissen» berichtete Rousseau über sein Leben im Hause von Madame de Warens und über sein seltsames Verhältnis zu der Frau, die er «Mama» nannte, mit einer solchen Offenheit und Schonungslosigkeit sich selbst gegenüber, die seine Leser und Anhänger erschütterten. Manche meinten sogar, die veröffentlichte Autobiographie sei eine Fälschung, die Rousseaus Feinde verfaßt hätten, um die würdevolle Gestalt des «Bürgers von Genf» in den Augen der Zeitgenossen anzuschwärzen.

Die ersten zwei Jahre, von 1730 bis 1732, verbrachte Jean-Jacques größtenteils außerhalb des Hauses von Madame de Warens, doch stets unter ihrer gütigen und fürsorglichen Aufsicht. Zunächst wurde er durch ihre Vermittlung in ein katholisches Seminar aufgenommen. Trotz aller Bemühungen der Lehrer zeigte Jean-Jacques jedoch wenig Neigung für die theologischen Wissenschaften. Er vermochte den Lehrgang nicht abzuschließen, und aus ihm wurde kein Landpfarrer.

Als Madame de Warens, die gern musizierte, ihren jungen Schüler mit einigen Musikstücken bekannt machte, war sie überrascht, wie schnell er in dieser schwierigen Kunst Fortschritte machte. Jean-Jacques' außerordentliches musikalisches Talent trat in seinem Jünglingsalter, vielleicht aber schon während seiner Kindheit, in Erscheinung. Er besaß eine offensichtliche Gabe zu spontanem Musikschaffen. Mit erstaunlicher Leichtigkeit, fast mühelos komponierte er. Die Musik war ihm ein Bedürfnis, eine Notwendigkeit. Selbstverständlich wäre es unangebracht, Rousseau mit Mozart zu vergleichen. Gleichwohl haftete diesem unbändigen kompositorischen Streben Jean-Jacques' etwas an, das an Mozart erinnert.

Madame de Warens hatte eine der vielen Begabungen ihres Schülers richtig erkannt. Sie spürte seine Befähigung, sein Talent.

Auf ihr Betreiben hin besuchte Jean-Jacques eine Musik- und Gesangschule, die von dem Chordirigenten Jacques Lemaître, einem fröhlichen Mann, geleitet wurde, der sich, vielleicht auch mit gewisser Berechtigung, für einen Komponisten hielt.

Diesmal rechtfertigte er die Hoffnungen der Madame de Warens völlig. Jean-Jacques' Erfolge waren nicht von der Hand zu weisen. Unter der Anleitung von Lemaître vervollkommnete sich der begabte Schüler rasch sowohl im praktischen Musizieren als auch in der Theorie, im Rahmen der Kenntnisse, die der Schulleiter zu vermitteln vermochte. Jean-Jacques besaß ein erstaunliches, fast absolutes Gehör. Leicht lernte er Cembalo spielen, die Notenschrift und die Grundlagen der Musiktheorie. Bald begann er selbst, einfache, aber auch schwierigere Musikstücke zu komponieren.

Als Jean-Jacques 1730/31 durch Schweizer Städte wanderte, gab er in Lausanne, Boudry und Bern sein Debüt als Komponist und Musiklehrer. Aus Übermut oder aus Vorsicht legte er sich den Decknamen Vaussore de Villeneuve zu.

Lange suchte Jean-Jacques nach Madame de Warens, die überraschend von Annecy nach Paris und von dort nach Lyon gezogen war. Er verfolgte ihre Spuren durch ganz Frankreich. 1732 fand er sie in ihrem finsteren, ungemütlichen Haus in Chambéry, wo er beinahe zehn Jahre blieb.

Die Beziehung, die Rousseau in seinen «Bekenntnissen» mit frappierender Wahrheitstreue darstellt, war außergewöhnlich, jedoch keineswegs einmalig. In Sophokles' «König Ödipus» wird etwas Ähnliches geschildert. Allerdings handelte es sich dort um eine direkte Verwandtschaft zwischen Mutter und Sohn. Im Falle von Rousseau ging es nicht um eine Bluts-, sondern eher um eine Seelenverwandtschaft. Wie sich das Verhältnis Rousseaus zu Madame de Warens auch gestaltet haben mochte, der lange Aufenthalt in ihrer Gesellschaft war für ihn und für die Herausbildung seines Talents als Schriftsteller, Philosoph und Komponist von erheblicher Bedeutung.

Madame de Warens, eine allseitig gebildete und sehr belesene Frau, scheute keine Mühe, um ihren Schüler an den für das 18. Jahrhundert modernen Stand der Kenntnisse und der Kultur heranzuführen. Ihr Haus enthielt eine ausgezeichnete Bibliothek. In ihr konnte man antike Autoren ebenso finden wie zeitgenössische Schriftsteller, insbesondere die schon damals in Mode kommenden Literaten aus dem Lager der Opposition, die man später als Vertreter der Aufklärung bezeichnete.

Für den Herzog de Saint-Simon, den Verfasser der bekannten Memoiren über das Zeitalter Ludwigs XIV., für den Herzog François de La Rochefoucauld, der sich mit seinen «Maximen» einen Namen machte, für Montesquieu, den Autor der «Persischen Briefe» und der Abhandlung «Vom Geist der Gesetze», für Voltaire, für den französischen utopischen Kommunisten Abbé Gabriel Bonnot de Mably, für jeden dieser berühmten Schriftsteller und Wortführer der französischen Aufklärung, diese Kritiker der alten feudalen Welt blieb das «Volk», von dem sie so viel und gern schrieben, ein abstrakter, theoretischer Begriff. Es war ein gewisser vereinfachter Fachausdruck, mit dem man einen Teil des Dritten Standes bezeichnen konnte. Der größte Teil der fortschrittlichen Denker des 18. Jahrhunderts klammerte jedoch das eigentliche Volk, also die einfachen Menschen – die Bauern, die Handwerker und die Armen in der Stadt –, all diejenigen, die sie meistens mit dem verächtlichen Ausdruck «Pöbel» bezeichneten, aus diesem Begriff aus. In Wirklichkeit war ihnen das Volk, an das sie sich bei jeder passenden Gelegenheit erinnerten, fremd; sie kannten es nicht. Die Dörfer, in denen die Bauern lebten, sahen sie nur flüchtig aus dem Fenster ihrer Kutsche.

Aus Rousseaus Leben hingegen war das Volk nicht wegzudenken. Er selbst war ein Teil davon und nicht von ihm zu trennen. Im Unterschied zu seinen künftigen Kollegen, den Dichtern, war für Jean-Jacques das «Volk» nie ein abstrakter, theoretischer Begriff. Das Volk schloß ihn selbst ein, seinen Vater, seine Verwandten. Es setzte sich aus vielen Personen zusammen, denen er während seiner Wanderungen tagtäglich begegnet war.

Als sich Rousseau im Hause von Madame de Warens der Literatur zuwandte, war er bereits ein Mann mit voll herausgebildeten Anschauungen, der die sozialen und moralischen Gegensätze zwischen Arm und Reich gut begriff. Er wußte, daß die Reichen und die Adligen müßig lebten, in Kutschen fuhren oder auf teuren Rassepferden ritten, die Armen hingegen den ganzen Tag auf den herrschaftlichen Feldern bis zur Erschöpfung arbeiteten und dennoch nicht genug zu essen hatten, wenn sie in ihre Hütten zurückkehrten.

Die soziale Verwandtschaft mit dem Volk, die Einsicht in dessen Bedürfnisse und Sehnsüchte, Sorgen und Hoffnungen bildeten bereits den Kern der Weltanschauung Jean-Jacques Rousseaus, bevor er sich im Hause von Madame de Warens systematisch zu bilden begann.

Mancher könnte einwenden, daß die ersten Lebensjahre Jean-Jacques Rousseaus nichts Außergewöhnliches darstellten und daß sich beispielsweise der Lebensweg Maxim Gorkis in Rußland, Jack Londons in den Vereinigten Staaten von Amerika oder Martin Andersen Nexös in Dänemark von dem Rousseaus im wesentlichen kaum unterscheide.

Ein wesentlicher Unterschied muß jedoch getroffen werden. Gorki, London und Andersen Nexö, aber auch viele andere bekannte Schriftsteller lebten hundert Jahre nach der Großen Französischen Revolution, die der Rangordnung der Stände entscheidende Schläge versetzt hatte. Die Bedingungen der bürgerlichen Gesellschaft hatten sich grundlegend verändert. Nach den bürgerlichen und bürgerlich-demokratischen Revolutionen von 1830, 1848 und 1870, nach dem ersten Versuch, 1871 die Macht der Arbeiterklasse zu errichten, und nach der Revolution von 1905 bis 1907 in Rußland trieb sie ihrem Untergang entgegen.

Vor der Großen Französischen Revolution, zu einer Zeit, als die Herrschaft der feudalabsolutistischen Gesellschaftsordnung mit ihrer hierarchischen Gliederung in Adel, Klerus und Dritter Stand noch nicht erschüttert war, tat sich Jean-Jacques Rousseau als erster Schriftsteller hervor, der die Gedanken, die Gefühle und Erwartungen des unterdrückten und rechtlosen Volkes zum Ausdruck brachte. Um aber die sozialen Hoffnungen des Volkes in Worte zu fassen, reichte es nicht, dessen Sorgen und Sehnsüchte zu kennen. Es galt, sie in eine passende literarische Form zu bringen und ihnen Gehör zu verschaffen.

Ohne Kenntnis der Natur- und Gesellschaftswissenschaften um die Mitte des 18. Jahrhunderts und ohne literarische Fertigkeiten hätte Jean-Jacques Rousseau nie ein berühmter Schriftsteller und Denker werden können, der in die Weltliteratur eingegangen ist.

Natürlich dachten weder Jean-Jacques noch Madame de Warens, als Rousseau 1732 abermals ihr Haus betrat, an sein künftiges literarisches Schaffen. Messianismus oder auch nur ehrgeizige Pläne lagen ihm ebenso fern wie Madame de Warens. Aber es ist Madame de Warens' Scharfsinn zu würdigen, die in dem ungehobelten Burschen aus dem Volk einen begabten Schüler erkannte.

Unter ihrer Anleitung erlernte Jean-Jacques all das, was ihm bisher gefehlt hatte. Madame de Warens brachte ihrem Schüler die Dichtung nahe. Begierig las er nun die Werke der antiken Poeten und der französischen Klassiker, voran Molière, Racine und Corneille. Gleichermaßen wandte er sich den Dichtern aus der späteren Zeit zu, den damals schon berühmten Voltaire eingeschlossen.

Bald versuchte er sich auch selbst als Dichter. Beharrlich verbesserte er sein Können, und nach kurzer Zeit erreichte er das Niveau seiner dichtenden Zeitgenossen. In Annecy und Chambéry nahm Jean-Jacques die bedeutendsten Werke auf, die die französische und die Weltliteratur, aber auch die Wissenschaft hervorgebracht hatten. Seine erstaunliche Belesenheit, die seine Gesprächspartner später so beeindruckte, geht vornehmlich auf die Jahre im Hause von Madame de Warens zurück.

Häufig ließ sich die Baronin de Warens auf allerlei Unternehmungen ein, die ein klägliches Ende nahmen. Daher mußte sie oft verreisen. Jean-Jacques widmete sich dann seiner Lieblingsbeschäftigung und las in aller Ruhe. Zu Beginn der warmen Jahreszeit verließen Madame de Warens und Jean-Jacques das ungemütliche Chambéry und begaben sich auf das Landgut Les Charmettes, das Rousseau als gesegnetes Fleckchen Erde in Erinnerung behielt. Hier verbrachten sie den Frühling und den Sommer. Gleich im ersten Sommer wurde er krank. Das Leiden, das sich nicht genau bestimmen ließ, plagte ihn sein Leben lang. Wahrscheinlich litt er unter erhöhtem Blutdruck und Koronarinsuffizienz, die chronisch geworden war. Er mußte längere Zeit das Bett hüten, und man gab ihm zu verstehen, er sei ein Todeskandidat. Er starb nicht, aber sein Gesundheitszustand verschlechterte sich erheblich.

Die erzwungene zeitweilige Untätigkeit erwies sich als nützlich für seine geistige Beschäftigung. Er las noch mehr, jedoch zielgerichtet. Nunmehr vertiefte er sich in die Philosophie. Er arbeitete die Jansenisten und die Abhandlung «An Essay Concerning Human Understanding» (Abhandlung über den menschlichen Verstand) von John Locke, Nicolas de Malebranche, Descartes und Leibniz durch, aber auch die Werke anderer Denker. Angeregt von der Philosophie, wandte er sich der Mathematik, vor allem der Geometrie und der Algebra, zu, studierte fleißig Physik und führte sogar Experimente durch. Bei dem Versuch, aus ungelöschtem Kalk, Arsensulfid und Königswasser eine Geheimtinte herzustellen, explodierte die Flasche mit dem Gemisch beim Schütteln und spritzte ihm ins Gesicht. Anderthalb Monate lang war er fast blind. Er gewann jedoch seine Sehkraft zurück und verhielt sich von nun an bei weiteren Versuchen vorsichtiger.

Zugleich studierte Rousseau Astronomie, Chemie, Botanik und Latein. Seine Lieblingsfächer waren aber Geschichte und Geographie. Man braucht nur seine philosophisch-politischen Abhandlungen zu lesen, die er viel später geschrieben hat. Oft bezog sich der Verfasser auf historische Tatsachen und führte dabei Beweisgründe an, die er Geschichtswerken entnahm.

Die Bücher, die er las, erweiterten nicht nur seine Kenntnisse und disziplinierten seinen Geist. Sie erlaubten ihm auch, seine Beobachtungen, Gedanken und Gefühle zu systematisieren. Nunmehr nahmen sie festere Gestalt an. Es bildeten sich die Ansichten heraus, die er bald als den Republikanismus und einen festen Willen bezeichnete. Weder vor der Hofclique noch vor den mächtigen Reichen gedachte er den Kopf einzuziehen. Unbeachtet entwickelte sich Jean-Jacques Rousseau in Annecy, Chambéry und in Les Charmettes zu einem der belesensten und gebildetsten Männer seiner Zeit.

Rousseau nannte die Jahre, die er im Hause von Madame de Warens verbrachte, die glücklichste Zeit seines Lebens. Doch das Glück währte nicht endlos. Der Bund, der zunächst dauerhaft schien, löste sich. Für Rousseau als auch für Madame de Warens war die Zeit gekommen, da sie spürten, daß es wohl besser wäre, sich zu trennen.

So tauchte Jean-Jacques Rousseau, ein noch von niemand anerkannter, doch ehrgeiziger und hoffnungsvoller Musiker, im Herbst 1742 nach vergleichsweise kurzem Aufenthalt in Lyon in Paris auf.

Der Ankömmling aus der Provinz war zurückhaltend. Seine Gesprächspartner bemerkten, daß dieser stille junge Mann etwas wußte, was ihnen, den lebenserfahrenen Männern und Frauen, nicht bekannt war.

Sie gingen so sehr in alltäglichen Belanglosigkeiten, Hofintrigen und fadem Klatsch auf, daß sie die Stimme der Zeit, die Stimme ihres Landes nicht mehr aufzunehmen vermochten.

Das Volk stöhnte unter dem schweren Joch der feudalen Unterdrückung, den untragbaren Aufgaben und Pflichten, der Willkür der Feudalherren und der königlichen Beamten, der Habgier der Steuerpächter und der Härte der Rechtsverdreher an den Gerichten. Alle Untertanen Seiner Majestät wußten seit langem, daß es weder Gerechtigkeit noch Wahrheit gab.

Rousseaus Erfolg in den Pariser Salons zwischen 1741 und 1743 lag insbesondere darin begründet, daß sich der junge Musiker von den anderen Salonbesuchern erheblich unterschied.

Hinzu kam seine einfache und präzise Sprechweise. Er brach mit dem Salongeplapper, der damals üblichen übertriebenen galanten und geschraubten Sprache. Nach Molières «Lächerlichen Preziösen» war der sogenannte preziöse Stil mit seinem Übermaß an Galanterie, seinen schwülstigen Madrigalen, Sonetten und Rondos allmählich unmodern geworden. An seine Stelle trat jedoch eine elegante Verspieltheit, später mit dem verschwommenen Begriff «Rokoko» bezeichnet. Im Grunde unterschied sie sich nur wenig von dem «Vogelgezwitscher». Dieser Stil blieb nicht auf den Hof Ludwigs XV. beschränkt. Auch der Bürger, der sich mit Hilfe eines prall gefüllten Geldbeutels den Zutritt zu Adelskreisen verschaffte, nahm dessen Manieren, Gewohnheiten, Lebensstil und vor allem dessen Sprechweise an. Man ahmte die modebewußten Damen aus Saint-Germain, einem Vorort von Paris, nach, und das «Spiel der Fortuna und der Liebe» – wie man damals zu sagen pflegte – beschäftigte die Gemüter oder wurde wenigstens als etwas sehr Wichtiges hingestellt. Alle bemühten sich, diese manierierte Sprache übertriebener Gefühle zu sprechen. Man braucht zum Beispiel nur die Briefe von Voltaire, diesem geistreichsten und spottlustigsten Schriftsteller des 18. Jahrhunderts, zu lesen. «Ich sende Ihnen, mein teurer Schutzengel, mein Memoire ...», oder «Mein charmanter Schutzengel ...». Solche Verbindungen von zärtlichen Worten gebraucht Voltaire in seinem Briefwechsel mit d'Argental, Pont de Veyle und anderen. Und seine Briefpartner? Sie sind mit noch größerem Eifer bei der Sache. «O Sie, Plutos der Hippokrene, teurer und reizender Delon, Sie, dessen Saal stets mit Gästen von der auserlesensten Gesellschaft gefüllt ist ...» Das war die Redeweise dieses Jahrhunderts. Als Rousseau erstmals in die Salons von Paris kam, dachte er gar nicht an die literarische Qualität seiner Bemerkungen und Antworten. Er war nur bemüht, seine Gedanken genau wiederzugeben.

Er verfügte über diese scheinbar einfache, jedoch nur wenigen Menschen eigene Fähigkeit, Gedanken, Gefühle und Wünsche durch treffende Worte auszudrücken. Es war eine Sprache, die sich an die einfachen Menschen richtete. Ihre unwiderstehliche Stärke rührte von ihrer Schlichtheit und der Ausdruckskraft der Worte her, ebenso von der vollen Übereinstimmung zwischen dem Satzaufbau und dem Gedanken, den er ausdrücken wollte. Diese erstaunliche Gabe tritt in Rousseaus literarischem Erbe früh zutage. Selbst die Briefe des Jünglings zeichnen sich durch Klarheit und Bestimmtheit der Ansichten und Wünsche aus.

Jean-Jacques Rousseau kam zu einer Zeit nach Frankreich, als die Monarchie in Verfall geriet. Nachdem das Zeitalter des «Sonnenkönigs» Ludwig XIV. ruhmlos zu Ende gegangen war, sank das Ansehen der Monarchie mit jedem neuen Herrscher. Die Monarchie blieb jedoch für die meisten Franzosen unumstritten. In der unterdrückten rückständigen Bauernschaft und in der Stadtarmut, aber auch in der vermögenden Bourgeoisie und selbst im privilegierten Provinzadel und in der Geistlichkeit blieb der Glaube an einen gütigen, gerechten König lebendig.

Als Ludwig XV. im Jahre 1715 zum König ausgerufen wurde, war er erst fünf Jahre alt. Die Zeit der Regentschaft Philippes von Orléans mit den von John Law ausgelösten Finanzskandalen, den zügellosen Ausschweifungen des Hofes und dem allgemeinen Sittenverfall förderte die Popularität des jungen Monarchen. Die Unzufriedenen, deren es sehr viele gab, verbanden ihre Hoffnungen auf bessere, gerechtere Zeiten mit dem neuen König.

Im Oktober 1723 für volljährig erklärt und in Reims feierlich gekrönt, war Ludwig XV. aber erst dreizehn Jahre alt. Er war den Kinderschuhen kaum entwachsen und konnte die Zügel der Regierung nicht selbst führen. Zuerst gewann der Herzog von Bourbon Gewalt über die Regierungsgeschäfte, genauer gesagt, seine Favoritin, die Marquise de Prie, die uneingeschränkten Einfluß auf den Herzog ausübte. Die Marquise, Tochter eines großen Finanziers, ebnete der Hochfinanz den Weg in die Regierungsämter. Gedeckt von dem Herzog von Bourbon, zogen Leute wie Samuel Bernard und die Brüder Pâris die Macht an sich. Mit dem ständig wechselnden Geldkurs trieben sie ein dunkles, kompliziertes Spiel.

Die Marquise de Prie und die sie umgebenden Geschäftemacher und Betrüger stürzten das Königreich in den drei Jahren der Regierung des Herzogs von Bourbon in eine tiefe Krise. Die allgemeine Unzufriedenheit, verschärft durch ständige Preiserhöhungen für Brot und andere Lebensmittel, rief im Sommer 1725 große Volkserhebungen hervor. Im Juli und August 1725 fanden sich immer wieder Scharen von Handwerkern und armen Leuten aus der Vorstadt Saint-Antoine zusammen, die auf den Plätzen von Paris ihrem Unwillen Ausdruck gaben. Auch in Rouen, Caen und Rennes zeigten empörte Volksmassen ihren Unmut. Die Regierung mußte den Brotpreis senken, setzte aber gegen die Aufständischen bewaffnete Reiterei ein. In der Vorstadt Saint-Antoine wurden zwei Anführer zur Abschreckung öffentlich gehenkt.

Die Repressalien und Zugeständnisse stoppten die Volkserhebung. Der Herzog von Bourbon verlor 1726 seine Stellung an André-Hercule de Fleury, Bischof von Fréjus. Der spätere Kardinal und ehemalige Erzieher Ludwigs XV. verstand es trotz seines hohen Alters von dreiundsiebzig Jahren, das Steuer des Staates zu ergreifen und siebzehn Jahre lang fest in der Hand zu behalten. Betont bescheiden, stets in Schwarz gekleidet und mit einem freundlichen, verbindlichen Lächeln auf den dünnen Lippen, erlangte der unscheinbare Prälat großen Einfluß im Königreich. Umsichtig und geduldig bei der Verwirklichung seiner ehrgeizigen Pläne, zog er es vor, im dunkeln zu bleiben und sich der Hilfe von Vertrauten zu bedienen. Allmählich festigte er seine Stellung bei Hofe.

Anfangs hielt es Kardinal de Fleury für nützlich, Freundschaft mit dem Herzog de Bourbon und mit der wirklichen Herrscherin Frankreichs, der Marquise de Prie, zu halten und deren volles Vertrauen zu gewinnen. Gemeinsam betrieben sie die Verheiratung Ludwigs XV. mit Maria Leszczyńska, der Tochter des ehemaligen polnischen Königs Stanisław. Fleury rechnete damit, daß eine Frau, die so überraschend Königin von Frankreich geworden sei, seinem Willen gehorchen würde. Nach einiger Zeit zog die neue Königin jedoch den Herzog von Bourbon ihm vor.

Umsichtig und in aller Stille, ohne jemanden in seine Absichten einzuweihen, bereitete Fleury blitzschnell den Sturz des Herzogs von Bourbon vor. Dieser wurde nach Chantilly, die Marquise de Prie auf ihr Landgut in der Normandie verbannt. Diese Palastrevolution wurde Ludwig XV. als eine Tat hingestellt, die von der Sorge diktiert worden war, die uneingeschränkte Macht des Königs zu festigen. Immer wieder betonte Fleury, daß von nun an allein der Monarch das Land regieren sollte. Stets gab sich der Kardinal als demütiger, ergebener Vollstrecker des königlichen Willens. Tatsächlich aber regierte nicht Ludwig XV. das Land, sondern der greise Fleury.

Dessen siecher Körper schien dem Lauf der Zeit zu trotzen. Der Kardinal, dem nichts entging, bewahrte Gedankenklarheit und Scharfblick. Wenn die Rede auf sein Alter kam, wollte Fleury seinen Gesprächspartner glauben machen, er würde noch ein paar Jahrzehnte leben. Einmal bat ein ziemlich junger, hochgestellter kirchlicher Würdenträger den Kardinal, einem seiner Verwandten zu helfen. Fleury antwortete darauf: «Seien Sie unbesorgt. Nach Ihrem Tode werde ich mich um diesen Mann kümmern.» Manchmal stellte er sich müde, gebrechlich und kränklich. Aber wehe dem, der sich von dieser scheinbaren Altersschwäche täuschen ließ und Pläne zu schmieden begann, ohne dem Kardinal darin den ersten Rang einzuräumen. Ihn erwartete ein blitzschneller, meist tödlicher Hieb.

Die ersten Jahre der laut verkündeten Regierungszeit Ludwigs XV., ab 1726, ließen gewisse Illusionen aufkommen. Den meisten Untertanen des Königs blieben die Geheimnisse des Schlosses von Versailles verborgen. Sie sahen nur die stattliche Gestalt des jungen Königs und erwarteten von ihm Wohltaten und kluge Ratschläge. Der schwarzen Silhouette des Kardinals de Fleury aber, der in ehrerbietiger Verneigung erstarrte, maßen sie keinerlei Bedeutung bei. Sie sahen in ihm lediglich einen demütigen Diener des Königs.

Zwanzig Jahre lang, vom Frieden von Rastatt (1714) bis zum polnischen Thronfolgekrieg 1733 bis 1735, genossen die Untertanen Ludwigs XV. den ungewohnten Frieden. Nach den nahezu ununterbrochenen Kriegen unter Ludwig XIV. hielten die Franzosen die zwei Jahrzehnte währende Friedenszeit für ein großes Glück. Zu Recht zollten sie dem klugen jungen König Lob.

Aber die Leute, die über die Zustände des Königreichs und das Leben bei Hofe besser Bescheid wußten, gaben sich keinen Illusionen hin. Der junge König, der nach dem Sturz des Herzogs von Bourbon in einer ersten Gefühlsaufwallung erklärt hatte, er werde fortan selbst sein Leitender Minister sein, verlor bald das Interesse an den Angelegenheiten des Staates. Nach und nach überließ er sie seinem früheren Erzieher Fleury.

Aus «Liebe» zu seinem erhabenen Schüler, der nun sein Gebieter war, nahm Fleury die Bürde der Staatsgeschäfte «widerstrebend» auf sich. Unmerklich befreite er den Monarchen allmählich von allen lästigen Sorgen. Der Königin konnte Fleury jedoch nicht verzeihen. Nach außen hin erwies er ihr größte Ehrerbietung, beim König aber intrigierte er eifrig und geschickt gegen sie. Ludwig XV. zeigte sich für Andeutungen empfänglich und begriff sofort. Bald richtete der junge König, der sich bisher vornehmlich mit der Jagd die Zeit vertrieben hatte, seine Aufmerksamkeit auf die jungen Damen, die zu riskanten Abenteuern mit dem Monarchen gern bereit waren. Auf seine erste Mätresse, Louise de Mailly, folgte deren jüngere Schwester, Pauline de Vintimille du Luc, und schließlich deren andere Schwester, Madame Marie Anne de La Tournelle, die es rasch verstand, den König für sich allein zu gewinnen. Als Lohn erhielt sie das Herzogtum Châteauroux und eine lebenslängliche Rente von 80 000 Livres. Der Hof, der seit Ludwig XIV. und dem Regenten Philippe von Orléans kaum noch in Erstaunen zu versetzen war, brachte der Herzogin von Châteauroux gebührenden Respekt entgegen, denn deren Wink mit dem kleinen Finger besaß mehr Gewicht als die weitschweifigen Berichte aller königlichen Minister.

Während der König seine Zeit mit nächtlichen Gelagen in Rambouillet und Choisy oder in entlegenen Jagdschlössern verbrachte, spann Kardinal Fleury in beinahe mönchischer Abgeschiedenheit sein sich über das ganze Königreich breitendes Netz. Mehr als auf den bürokratischen Apparat der Monarchie stützte er sich auf die unsichtbare Macht der Jesuiten, um seine Pläne zu verwirklichen.

Fleury beteiligte die Jesuiten an der Macht und betrieb eine Politik, die ihren Interessen voll und ganz entsprach. Geheimpolizei und Jesuiten, das waren die zwei Hände der schwarzen Regierung Fleurys, die ihre Fühler nach allen Ecken und Enden des Königreichs ausstreckten.

Nach Descartes und Pierre Bayle fühlte sich die französische Gesellschaft beinahe wieder in die Zeiten der Bartholomäusnacht zurückversetzt. Fleury, der allen irdischen Freuden entsagt und sein Leben Gott geweiht hatte, war jedes Mittel recht. Er stritt sich mit dem Parlement von Paris, ließ die Jansenisten verfolgen und Gegner widerrechtlich verhaften. Darüber hinaus duldete er Skandalprozesse, Bespitzelung durch die Polizei, Denunziationen, anonyme Briefe und Meineide. Von dem Kampf gegen seine wirklichen wie eingebildeten Widersacher voll in Anspruch genommen, lagen dem Kardinal die Untertanen des Königs am allerwenigsten am Herzen. Feudalherren, Steuerpächter und Intendanten hatten die Bauern völlig in ihrer Gewalt und richteten sie wirtschaftlich zugrunde.

Eine Reihe von Historikern rühmen nicht nur Fleurys Sparsamkeit und Wirtschaftlichkeit, sondern heben auch dessen Sorge für das Wohl Frankreichs hervor. In Wirklichkeit aber bemühte er sich um das Wohl seiner Anhänger bei Hofe und dasjenige einer kleinen Gruppe von Finanzmännern, Generalsteuerpächtern, Reedern und Großkaufleuten. Seit der Herrschaft des Herzogs von Bourbon wurde die Finanzbourgeoisie immer stärker. Noch schneller als bisher häuften die Finanziers Vermögen. Freilich mußten sie einen Teil ihrer Einkünfte abführen, doch daran waren sie gewöhnt. Für Geld konnte man Adel und Titel erwerben. Die Aristokratie, die Geldleute in ihre Reihen aufnahm, forderte dafür einen Anteil am Reichtum.

Indessen war das Volk, das von der Monarchie und der Kirche ebenso erbarmungslos ausgeraubt wurde wie vom Adel und von den bürgerlichen Steuerpächtern, in äußerste Armut geraten. «Die Armut», stellte im Februar 1739 der Marquis d'Argenson fest, «hat im Verlauf der Regierungszeit Fleurys allenthalben ungeheure Ausmaße angenommen. Zu dem Zeitpunkt, da ich diese Zeilen schreibe, im Frieden und nach einer wenn schon nicht reichen, so doch ziemlich guten Ernte, sterben die Menschen ringsumher wie Fliegen an Armut und müssen sich von Gras ernähren. Die Provinzen Maine, Angoumois, Touraine, Haute-Poitou, Perigord, Orléanais und Berry befinden sich in einer äußerst schweren Lage.» René Louis Marquis d'Argenson hielt den Steuerpächtern und Intendanten vor, das Land zu ruinieren, der Regierung, dies zu begünstigen: «Das Königreich wird wie ein feindliches Land behandelt, dem eine Kontribution auferlegt worden ist.»

In der Umgebung des Kardinals nahm man Nachrichten über die wirtschaftliche Not des Landes als böswillige Lügen von Gegnern der Regierung auf. Ludwig XV. wußte um die Lage der hungerleidenden Bauern. Auf seine Frage, wie es in seiner Diözese stünde, erwiderte der Bischof von Chartres, daß dort Hunger und Tod herrschten, die Menschen – gleich den Schafen – zu Grasfressern geworden wären und die ganze Bevölkerung bald von der Pest hingerafft werden würde. Auch der Herzog von Orléans, der Herzog und die Herzogin von Rochechouart und viele andere berichteten dem König von der Not und dem Leiden des Volkes.

Der König konnte sich selbst davon überzeugen. Als Ludwig XV. an einem Sonntag im September 1739 mit seinem Gefolge durch die Stadt Issy fuhr, wurde er aufgehalten und von einer großen Menschenmenge umringt. Die Leute riefen nicht wie bisher: «Es lebe der König!», sondern schrien: «Wir hungern! Gebt uns Brot!»

In den Jahren 1739, 1740 und 1741 stiegen die Getreidepreise und mit ihnen die Preise für Brot um mehr als ein Drittel. Die Aufkäufer und Großgrundbesitzer verdienten an den Preissteigerungen viel Geld. Die Kleinbauern ebenso wie die Armen in den Städten litten bittere Not. Im November 1740 schrieb d'Argenson: «Die Zahl der Bettler wird bald die Zahl derer übersteigen, die keiner Almosen bedürfen.» «Zweifellos», fügte er hinzu, «starben in den letzten zwei Jahren mehr Franzosen an Hunger, als während der Kriege Ludwigs XIV. gefallen sind.»

In Paris war es gefährlich, nachts oder am Abend auf die Straße zu gehen. Aus Winkeln, Kellern und Torbögen traten bei Einbruch der Dunkelheit bewaffnete bärtige Männer hervor, die Herrscher des nächtlichen Paris. Es war gefährlich, durch das Königreich zu reisen. Die hohen Würdenträger fuhren in ihren Kutschen, begleitet von bewaffneten Leibwächtern. Überall meldete man dreiste Überfälle von Räuberbanden. Später, zu Beginn der fünfziger Jahre, sprachen alle von dem «edlen Räuber» Louis Mandrin, der die Adligen in mächtige Angst versetzte. Auch dessen Vorgänger, die Räuber der vierziger Jahre, waren einfache Leute, arme Bauern, die die Not zu den Waffen greifen ließ.

Die alarmierenden Nachrichten aus allen Teilen des Landes berührten den König wenig. Frankreich war wirtschaftlich ruiniert, das Volk hungerte, die Menschen darbten, der königliche Hof aber amüsierte sich. Ludwig XV. blieb dem später so berühmt gewordenen Ausspruch «Après nous le déluge!» (Nach uns die Sintflut!) treu.

Im Juli 1743 schrieb d'Argenson: «In einem solchen Staat ist die Revolution durchaus wahrscheinlich!» Die Marquise de Tencin, die Schwester des Kardinals de Tencin, der sich erfolglos mühte, in Fleurys Fußstapfen zu treten, schrieb etwa zur gleichen Zeit: «Wenn Gott uns nicht hilft, wird wohl dieser Staat zusammenbrechen.» Das Land ging tiefen sozialen Erschütterungen entgegen. –

Jean-Jacques Rousseau lebte nach wie vor in Paris. Oft besuchte er literarische Salons und aristokratische Abendgesellschaften. Er galt als Sonderling und schwerfälliger wunderlicher Kauz, dem man seine Ungeschicklichkeit jedoch gern nachsah. Als einen jungen Mann konnte man ihn, den Fünfunddreißigjährigen, nicht mehr bezeichnen. Aber noch immer bekleidete Rousseau weder eine hohe gesellschaftliche Stellung oder besaß er eine altersgemäße Solidität. Er war vom Mißgeschick verfolgt. Seine Gönnerinnen, vor allem die Baronin de Besenval, verschafften ihm das Amt des Sekretärs der französischen Gesandtschaft in Venedig. Sie glaubten, dieser Posten böte Jean-Jacques Gelegenheit, die in ihm schlummernden Talente zu entfalten, und könnte ihm eine Diplomatenlaufbahn ermöglichen.

Gleich nach seiner Ankunft in Venedig ging er mit großem Eifer an die Arbeit. Der Gesandte des französischen Königs, Graf Montaigu, ein unberechenbarer und eigensinniger Mann, überließ Jean-Jacques Rousseau in der Gesandtschaft praktisch die Geschäftsführung.

Anfangs lief alles gut. Rousseau fand allmählich Geschmack an seiner vielfältigen Arbeit, die ihm interessant erschien. «... Mit der größten Ordnung und mit der größten Pünktlichkeit habe ich alles Wesentliche meines Dienstes verrichtet», schrieb er später in den «Bekenntnissen». Offenbar erzielte er auf seinem Posten Erfolge und erwarb sich die Achtung und das Wohlwollen der Behörden von Venedig. Das erregte beim Gesandten großes Mißfallen. Zwischen ihm und dem Gesandtschaftssekretär kam es zu Auseinandersetzungen. Graf Montaigu äußerte seine offene Unzufriedenheit mit dem übermäßigen Eifer seines Untergebenen. Das Ansehen, das sich Rousseau in Venedig erworben hatte, verdroß den Grafen. Rousseau, von Kindheit an eigensinnig, zeigte nicht die geringste Lust, den Wünschen seines Chefs entgegenzukommen. Nach einem heftigen Streit verließ Jean-Jacques das Gesandtschaftsgebäude in Venedig. In der Eile vergaß er sogar, sein Gehalt in Empfang zu nehmen.

Nach Paris zurückgekehrt, bemühte er sich, den tatsächlichen Verlauf seines Streits mit dem Gesandten darzustellen und eine gerechte Entscheidung herbeizuführen.

Aber alle Bemühungen schlugen fehl. Er wurde wohlwollend und sogar freundlich empfangen, seine rechtmäßigen Ansprüche vermochte er indes nicht durchzusetzen. Er erhielt nicht einmal das ihm zustehende Gehalt. Sein Gesuch wurde unter dem Vorwand abgewiesen, er sei kein Franzose, sondern Ausländer und könne folglich nicht mit dem Schutz Frankreichs rechnen.

Das traf ihn schwer. Seine ihm von Jugend an eigene Gutgläubigkeit, ja die Neigung zu Illusionen, hatte er noch nicht völlig verloren. Recht und Gesetz waren auf seiner Seite, davon war er fest überzeugt, darin bestärkten ihn auch alle seine Freunde. Doch die Baronin de Besenval, die seinerzeit seine Berufung nach Venedig erwirkt hatte, stellte sich vorbehaltlos auf die Seite de Montaigus, vor allem, weil der Gesandte eine höhere Stellung als Rousseau bekleidete. Höhnisch schrieb ihr Rousseau: «Ich habe mich getäuscht, Madame, ... ich hätte daran denken und auch fühlen können, daß es mir als Ausländer und Plebejer nicht zukommt, gegen einen Adligen aufzutreten.»

Ungeachtet der Unterstützung seiner illustren Freunde, die gern bereit waren, an zwei, drei Abenden dieses Ereignis von Venedig teilnahmsvoll mit Rousseau zu besprechen, erreichte er bei den Behörden nichts. Damals erwachte in ihm, wie er später in den «Bekenntnissen» gestand, die Entrüstung über die gesellschaftliche Ordnung, die die Unterdrückung der Schwachen durch die Starken legitimierte. Er gab auf. Nach dem Tode des Vaters erhielt er einen Teil der Erbschaft, groß genug, um eine Zeitlang davon zu leben.

Nunmehr finanziell unabhängig, beschloß Rousseau, sich ganz der Musik zu widmen. Er war einigermaßen bekannt in Paris, stand in dem Ruf eines talentierten Musikers und begabten Komponisten. Seine vielen Freunde meinten, er stünde an der Schwelle der entscheidenden Erfolge. Seine musikalischen und literarischen Werke wurden nicht nur in den Kreisen der Kunst geschätzt (der zu jener Zeit berühmte Dichter Pierre de Marivaux äußerte sich lobend), auch seine schöngeistigen aristokratischen Freunde nahmen sie wohlwollend auf. Er setzte die Arbeit am Singspiel «Les muses galantes» (Die galanten Musen), die er noch vor seiner Reise nach Venedig begonnen hatte, fort und brachte sie einige Monate danach zum Abschluß. Dieses Musikstück war in gewisser Hinsicht etwas Neues. Hier stammte nicht nur die Musik, sondern auch der Text, die durch den klangvollen und genauen Reim beeindruckenden wohltönenden Verse, aus der Feder des Verfassers. Im Unterschied zu der damals üblichen Arbeitsteilung zwischen mindestens zwei Autoren, dem Komponisten und dem Librettisten, schuf Rousseau das ganze Singspiel allein. Rousseau erreichte somit eine Übereinstimmung zwischen Versen und Musik, die es bisher nicht oft gegeben hatte.

Die Freunde führten Rousseau in neue Pariser Salons ein, auch in das Haus des Generalsteuerpächters de La Popelinière. Er gehörte zu den reichsten Männern der Zeit und besaß eine prächtige Villa. Als Mäzen unterstützte er eine der maßgeblichsten und verwöhntesten Koryphäen der französischen Musik seiner Zeit, Jean-Philippe Rameau. Schon lange, seit er an seiner Dissertation über Musik gearbeitet hatte, haderte Rousseau mit Rameau. Ihn ärgerte der Kult um diesen Komponisten, den er nicht so hoch schätzte und dessen zur Schau gestellter Reichtum ihn abstieß. Das Leben hatte ihn jedoch gelehrt, seine Gefühle zu verbergen. Mit demütiger Bescheidenheit hörte er sich im Gesellschaftszimmer der Popelinières die nachlässig vorgetragenen, hochmütigen Belehrungen Rameaus an: Noch war nicht die Zeit gekommen, den Degen zu ziehen und einen offenen Kampf mit dem berühmten Komponisten aufzunehmen. Ihm ging es allein darum, seine Oper an einem Theater zur Aufführung zu bringen.

Dem scharfen Blick von Madame de La Popelinière, die in ihrem kleinen Königreich herrschte, entgingen aber nicht die kritischen Noten, die in Rousseaus demütigen Antworten gedämpft mitklangen. Sie, eine Verehrerin und Schülerin Rameaus, erriet die wahren Gefühle, die der Schweizer gegenüber ihrem Lehrmeister hegte. Rousseau vermochte das Wohlwollen der launischen Dame nicht zu erlangen. Rameau, der schon sechzig war, blickte auf diesen jungen und dreisten Konkurrenten herab, der sich anmaßte, einen eigenen Weg in der Musik zu beschreiten, und der auf andere Weise als er, Raumeau, zu den höchsten Gipfeln der französischen Kunst gelangt war.

Dennoch weckte Madame de La Popelinière, wahrscheinlich

ganz unbeabsichtigt, das Interesse des Herzogs von Richelieu am Singspiel Rousseaus. Richelieu hatte einen großen Einfluß bei Hofe und war in gewissem Maße der Gönner des Ehepaares de La Popelinière. Er bestand darauf, daß Jean-Jacques Rousseaus «Les muses galantes» mit Solisten, einem Orchester und einem Chor auf einer Hofbühne gespielt würden. Sollte das Stück dem Herzog gefallen, wollte er sich dafür verwenden, daß es am königlichen Hof in Versailles zur Aufführung käme.

Die Aufführung begeisterte ihn. Rousseau gab später zu, daß dieses Singspiel nicht durchgehend auf dem gleichen künstlerischen Niveau stand und auch einige Schwachstellen aufwies. Es war wohl wirklich so, denn es blieb nicht lange im Repertoire der französischen Opernbühne. «Les muses galantes» hatten jedoch ihren eigentümlichen Reiz. Ihre liebliche, sorglose und fröhliche Musik spiegelte den Optimismus der Jugend wider, der dem Schaffen Rousseaus damals innewohnte.

In Paris blieb nichts unbemerkt. Am nächsten Tag bot der Erfolg von Rousseaus «Les muses galantes» in den Salons der französischen Hauptstadt Gesprächsstoff.

Herzog von Richelieu spendete dem Werk lebhaft Beifall. Fasziniert von der Harmonie der Töne, versicherte er dem Autor, das Singspiel am königlichen Hofe zur Aufführung zu bringen. Nur den zweiten Akt, der Torquato Tasso gewidmet war, bat er durch etwas anderes zu ersetzen. Der Wunsch des Herzogs kam einem Befehl gleich. Nach drei Wochen war die neue Fassung des zweiten Aktes fertig, Torquato Tasso durch Hesiod ersetzt.

Rousseau erhielt interessante und günstige Angebote. Voltaire schickte ihm einen an beifälligen Äußerungen reichen Brief: «Sie vereinen in einer Person zwei Talente, die bisher stets getrennt blieben. Das gibt mir den zweifachen Anlaß, Sie hoch einzuschätzen und liebzugewinnen.» Er bat Rousseau, die Korrektur und das Redigieren der Oper «Les Fêtes de Ramire» zu übernehmen, die er seinerzeit gemeinsam mit Rameau geschrieben hatte. Rousseau erklärte später die Liebenswürdigkeit Voltaires und den freundschaftlichen Ton seines Briefes damit, daß der berühmte Schriftsteller geglaubt habe, Rousseau genösse nunmehr die besondere Gunst des Herzogs von Richelieu.

Voltaires Bitte schmeichelte Rousseau. Er ließ die Sorgen um die Aufführung des Singspiels «Les muses galantes» fallen und machte sich an die gar nicht so einfache Arbeit, Voltaires und Rameaus Oper zu verbessern. Er komponierte die Ouvertüre und ein Rezitativ. Einige Passagen schrieb er neu, andere überarbeitete er.

Als die Arbeit abgeschlossen war, brachte sie Jean-Jacques nichts als Kummer. Madame de La Popelinière, die sich für die bevollmächtigte Vertreterin Jean-Philippe Rameaus hielt, äußerte ihre Unzufriedenheit über den jeweiligen Teil der Arbeit und ließ sie immer wieder ändern. Als nun alle Forderungen erfüllt waren und die Oper zur Aufführung auf die königlichen Bühnen gelangte, wurde Rousseaus Name auf den Theaterzetteln nicht einmal erwähnt.

Als vergeblich und zwecklos erwiesen sich auch die gewaltigen Anstrengungen, die schlaflosen Nächte und die freudigen Erwartungen, die mit der Arbeit an «Les muses galantes» verbunden waren. Alle lobten die talentvolle Oper, alle waren von ihr begeistert, aber sie wurde nicht aufgeführt.

Ähnlich erging es Rousseau mit seinem Singspiel «Narcisse», der ersten musikalischen Komödie, die er schon lange vor seiner Übersiedlung nach Paris komponiert hatte. Während seines Aufenthaltes in der Hauptstadt versuchte er viele Jahre vergebens, eine Inszenierung zu erwirken.

Allem Anschein nach besaß dieses Frühwerk des jungen Komponisten und Dichters Mängel. Später gestand Rousseau ein, ihm seien seine Werke in vielerlei Beziehung selbst schwach erschienen.

Waren Rousseaus Musikstücke in künstlerischer Hinsicht schwächer als die Werke der zeitgenössischen Komponisten, die am Königlichen Theater und auf anderen Bühnen aufgeführt wurden? Natürlich waren Rousseaus Werke nicht schwächer als jene, denen das französische Publikum Beifall spendete. Rousseau war jedoch unbekannt und arm, Rameau zum Beispiel hingegen in ganz Frankreich berühmt. Aber auch Rameaus Werke überdauerten die Zeit nicht.

Die Bitterkeit, mit der Rousseau über seine mißlungenen musikalischen Versuche schreibt, ist verständlich. Er bemerkte und empfand die Ungerechtigkeit dieser willkürlichen Auswahl. Während seines Aufenthalts in Italien hörte er sich aufmerksam die italienische Musik an und wußte sie gebührend zu würdigen. Sie war der französischen Musik weit überlegen, war natürlicher, einfacher und stand der Volksmusik näher.

Er hatte die kompositorischen Besonderheiten der italienischen Schule nicht übernommen, doch die Bekanntschaft mit der italienischen Musik verstärkte solche volkstümlichen Wesenszüge seines Schaffens wie Spontanität, überschäumende Fröhlichkeit und melodischen Gehalt.

Gegen die manierierte, gefühlsarme, pathetisch-feierliche, pseudoklassizistische Musik der Mode-Komponisten, die der König mit Gunstbezeigungen überschüttete, empfand er Abscheu. Jean-Jacques Rousseau wollte weder ein Lobpreiser sein, der dem Hof und den Höflingen diente, noch Boudoirsänger mit spielerisch heiteren, gefälligen Melodien, die den ständigen Besuchern der eleganten Salons die Langeweile vertrieben. In seinen «Lettres sur la musique française» verteidigte er seine Auffassungen von der Musik mit prinzipientreuer Unversöhnlichkeit. Daher bedeuteten die Mißerfolge, die er bei all seinen musikalischen Unternehmungen erlitt, für ihn weit mehr als nur eine Reihe persönlicher Niederlagen. In diesem unsichtbaren, geheimen Krieg, der stets in Handschuhen, ohne grobe Gesten und ohne grobe Worte geführt wurde, verlor jene Musik- und Kunstrichtung, die er für die einzig richtige oder mindestens für eine fortschrittlichere, bessere hielt als die, der man in den Logen und im Parkett des Königlichen Theaters in Versailles applaudierte.

In den sieben Jahren, die seit 1743 vergangen waren, hat sich Rousseaus Stellung in der Pariser Gesellschaft nicht verändert. Nach wie vor blieb er in den besten Salons der französischen Hauptstadt ein gern gesehener Gast. Sein Ruf als Original hatte sich gefestigt. Er bemerkte und erzählte Dinge, über die andere nie sprachen. Er galt als ein kluger Mann. Dennoch hatte er bisher keine Anerkennung gefunden. Rousseaus Musikstücke wurden in den Salons und auf privaten Bühnen gespielt, ein durchschlagender Erfolg ließ jedoch auf sich warten. Er würde noch kommen, wenn nicht sofort, dann in einem Jahr, in zehn Jahren oder noch später. Wie lange mußte beispielsweise Jean Racine auf seine öffentliche Anerkennung warten!

Doch Rousseau selbst hatte sich in den sieben Jahren verändert. Die Rückschläge, die er in Venedig, bei seinen Bemühungen in Paris nach einer gerechten Entscheidung im Konflikt mit dem Grafen Montaigu, bei den vergeblichen Versuchen, das Singspiel «Les muses galantes» in Versailles oder in Paris zur Aufführung zu bringen, erfuhr, aber auch der Mißerfolg mit der Inszenierung von «Narcisse» am Italienischen Theater und die taktlose Geringschätzung seiner Mitarbeit an der Oper Voltaires und Rameaus, hatten ihn einiges gelehrt.

Nach 1741/42 trat in Rousseaus künstlerischer Laufbahn eine bislang ungeklärte Schaffenspause ein. In jenen Jahren hatte er bekanntlich die beiden größeren gesellschaftskritischen lyrischen Werke «Épître à M. Bordes» und «Épître à M. Parisot» geschrieben, danach folgte für mehrere Jahre nichts.

In dieser Zeit verfaßte er Abhandlungen über Fragen der Musiktheorie und komponierte Musikstücke. Darüber hinaus schrieb er den Text zum Singspiel «Les muses galantes», den er zweimal überarbeitet hatte, und 1743 das Theaterstück «Prisonniers de guerre» (Kriegsgefangene), das ihn jedoch nicht zufriedenstellte. Später arbeitete er an der Komödie «L'engagement téméraire» (Das voreilige Versprechen), die er allerdings selbst zu den banalsten Stücken zählte. Es waren Jahre voller angestrengter schöpferischer Tätigkeit. Aber in seinen Arbeiten übte Rousseau keine Kritik an den Zuständen im Lande. Dieser Mangel läßt sich wahrscheinlich mit jenen Zweifeln und Schwankungen erklären, denen er in den ersten Jahren seines Aufenthalts in Paris ausgesetzt war.

Die Zeit verging, und Jean-Jacques mit seiner besonderen Beobachtungsgabe begann immer deutlicher zu sehen, was er früher nur flüchtig und verschwommen wahrgenommen hatte. Er bemerkte, daß Madame Dupin ihr bezauberndes Lächeln, mit dem sie ihn empfing und das er, der naive Provinzler, auf sich allein bezog, auch Herrn de Buffon, dem bejahrten Herrn de Saint-

Pierre und sogar den Damen schenkte, insbesondere jenen, die keineswegs ihre Gunst besaßen.

Allmählich begriff er den wahren Wert der Worte, des Lächelns und der Versprechungen. Alle Höflichkeitsfloskeln erwiesen sich als Lug und Trug. Seine Illusionen schwanden. Je länger er unter dieser auserwählten Gesellschaft von Paris weilte, desto tiefer wurde er sich seines gerechten und begründeten Mißtrauens und der intuitiven Feindseligkeit bewußt, die er vom ersten Augenblick an empfunden hatte.

Diese glänzende, aus der Ferne so anziehend wirkende Welt war innerlich zerfressen von der unversöhnlichen Rivalität ehrgeiziger Charaktere, von Neid, von versteckten Intrigen und von Betrug.

Die Mitglieder dieser Gesellschaft von geistreichen Spöttern rühmten sich ihrer Unabhängigkeit, stellten ihre Abneigung gegen die offiziellen Behörden zur Schau und prahlten mit der Kühnheit ihrer Ansichten. Aber immer sahen sie verstohlen auf den unsichtbaren Hof und schenkten dem Klatsch aus dem Boudoir der Marquise de Pompadour Gehör. Immer waren sie darauf bedacht, den Einfluß ihres jeweiligen Favoriten zu beachten. Tatsächlich war diese Gesellschaft glänzender «unabhängiger» Geister eine Sippschaft von Geschäftemachern und Karrieristen, die hinter einer Maske von Höflichkeit und freundlichem Lächeln eiskalte Berechnung, böse Absichten und Unbarmherzigkeit gegenüber Rivalen und Konkurrenten verbargen.

Die Damen der vornehmen Gesellschaft waren ihren Ehemännern und Liebhabern ebenbürtig. Selbst die besten, schönsten und klügsten Frauen waren nicht frei von den Lastern und Mängeln ihres Milieus.

Rousseau war lange Zeit von der bezaubernden Madame Dupin hingerissen. Er rühmte ihre Schönheit, ihren Charme und ihre Klugheit. Doch ungeachtet seiner Verehrung durchschaute Jean-Jacques nach und nach die Zusammenhänge.

Madame Dupin spielte mit ihm wie die Katze mit der Maus. Sie erwiderte seine Gefühle nicht, wollte ihn aber aus Eigennutz auch nicht von sich stoßen. Mit ihrem lebhaften, praktischen Verstand schätzte sie Jean-Jacques' Fähigkeiten richtig ein und gedachte, sich derer zu bedienen. Sie selbst träumte von literarischem Ruhm und von allgemeiner Achtung. Sie trug sich mit dem Gedanken, ein Buch zu schreiben. In Jean-Jacques Rousseau sah sie einen wertvollen Gehilfen. Rousseau akzeptierte diese Rolle, spürte jedoch, daß sowohl Madame Dupin als auch ihr Stiefsohn de Francueil, die sich als seine fürsorglichen Freunde ausgaben, keineswegs geneigt waren, ihm zu gesellschaftlicher Anerkennung zu verhelfen.

Mit der Beharrlichkeit eines enttäuschten und nun aufmerksam gewordenen Liebhabers entdeckte Rousseau an der noch vor kurzem so innig geliebten Frau immer neue unschöne Züge: Unaufrichtigkeit, Heuchelei und kleinliche Berechnung. Ihre schlechten Eigenschaften heilten ihn von Tag zu Tag mehr von seiner Liebe, die ihm anfangs unüberwindlich schien.

Desungeachtet war Madame Dupin jedoch, das darf man nicht vergessen, eine der besten Vertreterinnen der vornehmen Gesellschaft, denen er in Paris begegnete, ungleich etwa Madame de La Popelinière, der Baronin de Besenval und Madame d'Epinay, die Jean-Jacques später so viel Seelenqualen bereiten sollte.

Vielleicht läßt sich das von Rousseau in dieser Zeit eingegangene Verhältnis mit der dreiundzwanzigjährigen Weißnäherin Thérèse Levasseur aus Orléans eben durch diese unvermutete und daher bittere und tiefe Enttäuschung erklären. Diese Frau, die Rousseau hätte beschränkt und dumm nennen können, wurde zu seiner Lebensgefährtin. «Anfangs wollte ich ihren Geist bilden, gab es jedoch bald auf. Niemals hatte sie richtig lesen gelernt, obgleich sie recht gut zu schreiben vermochte.»

Als Rousseau in den «Bekenntnissen» über seine erste Begegnung mit Thérèse Levasseur berichtete, gestand er, daß er von ihrer Bescheidenheit und noch stärker von dem «lebhaften, doch sanften Blick» ihrer Augen beeindruckt war.

Thérèse Levasseur dürfte ihm vor allem aufgefallen sein, weil sie sich so sehr von den Damen der Pariser Salons unterschied. Er war des mondänen Geschwätzes, der boshaften Reden und der gewagten Anspielungen überdrüssig, die diesen verwöhnten Geschöpfen so leicht von der Zunge gingen. Die einfache, schüchterne, naive Thérèse, die er später heiratete, hob sich kraß von diesen Weltdamen ab; zum erstenmal nach vielen Jahren konnte er frei atmen.

Rousseau schilderte sie mit jener schonungslosen Wahrheitsliebe, die seinen «Bekenntnissen» eigen ist. Er berichtete ganz offen über ihre geistige Beschränktheit, ihren Bildungsmangel und ihre Unfähigkeit zu lernen, schrieb aber auch, daß Thérèse ihn glücklich gemacht hatte.

Der Bund mit Thérèse Levasseur war für das schwere Leben Jean-Jacques' in Paris eine Art Ventil. Ohne diese abgeschiedene, fremden Blicken verborgene Welt, in der er mit Thérèse lebte und wo er frei atmen konnte, hätte er den Belastungen jener Jahre womöglich nicht standgehalten.

Daneben besaß er Freunde, denen er mit der ihm damals eigenen Zutraulichkeit sein Herz öffnete. Am nächsten stand ihm der junge Spanier Manuel-Ignacio d'Altuna. Für keinen anderen der Pariser Freunde empfand Jean-Jacques eine solche Sympathie und Zuneigung, wenn ihre Ansichten auch meistens auseinandergingen. Sie trugen sich sogar mit dem Gedanken, für immer zusammenzubleiben. D'Altuna, der Familie hatte, mußte jedoch abreisen und kam nie mehr zurück, bald nach seiner Abreise aus Paris starb er.

Zu seinen anderen Freunden zählten Denis Diderot, Etienne Bonnot de Condillac, dessen Bruder Abbé Bonnot de Mably, Bernard Le Bovier de Fontenelle, Melchior de Grimm und Charles Pinot Duclos. Diderot stand Rousseau damals am nächsten. Sie waren fast gleichaltrig, und ihre Lebensläufe weisen einige Gemeinsamkeiten auf. In Langres als Sohn eines Messerschmiedes geboren, führte Diderot in Paris kein leichtes Leben. Seinen Lebensunterhalt verdiente er mit Übersetzungen aus dem Englischen. Seit früher Jugend war er mit der Tochter einer armen Weißnäherin verheiratet. Aber er genoß in den fortschrittlichen Kreisen von Paris schon ein gewisses Ansehen. Seine «Philosophischen Briefe» hatten großen Eindruck gemacht. Zu Recht galt Diderot bereits als ein bedeutender Vertreter der jüngeren Generation der Aufklärung.

Damals hing der zutrauliche, sich schnell begeisternde Rousseau sehr an Diderot. Dessen «Lettre sur les aveugles à l'usage de ceux qui voient» (Brief über die Blinden zum Gebrauch für die Sehenden) hatte das Mißfallen der Behörden erregt und ihm Haft auf Schloß Vincennes eingetragen. Des Freundes Haft empfand Rousseau als ein persönliches Unglück. In einem bewegenden Brief flehte er die Marquise de Pompadour an, das Los des Freundes zu mildern. Als Rousseau Besuchserlaubnis erhielt, eilte er zu Fuß von Paris nach Vincennes, um Diderot zu besuchen.

In seinem Brief an Malesherbes vom 12. Januar 1762 und später in den «Bekenntnissen» erzählte Rousseau eindrucksvoll, wie er an einem heißen Julitag während einer Rast im «Mercure de France» die Meldung las, daß die Akademie zu Dijon einen Wettbewerb ausgeschrieben hatte mit der Preisfrage: «Si le rétablissement des sciences et des arts a contribué à épurer les mœurs» (Hat der Fortschritt der Wissenschaft und Künste zur Läuterung der Sitten beigetragen?). Plötzlich kam ihm gleichsam eine Erleuchtung. «Ich fühle mein Gesicht mit einem Schlage von tausend Lichtern geblendet, eine Fülle lebhafter Ideen drängt sich mir zugleich mit einer Gewalt und Verwirrung auf, die mich in eine unbeschreibliche Erregung versetzt... Wenn ich den vierten Teil von dem hätte niederschreiben können, was ich... gesehen und empfunden, mit welcher Klarheit würde ich alle die Widersprüche des sozialen Systems vorgeführt, mit welcher Wucht alle die Mißbräuche unserer Einrichtungen aufgedeckt... haben.»

Rousseau war ein Schriftsteller, der sich schnell begeistern konnte. Das von ihm zwölf bis siebzehn Jahre später dargestellte Erlebnis mochte wohl auch so gewesen sein. Es besteht kein Grund, seinen Bericht anzuzweifeln. Eine solche Eingebung wäre aber ohne vorangegangene Gedankentätigkeit überhaupt nicht möglich.

Zu dieser Zeit war Rousseau auch mit Condillac befreundet. Ebenso unbekannt wie Rousseau und zum Teil mit den gleichen Schwierigkeiten kämpfend wie dieser, brachte Condillac zu jener Zeit mit Eifer seine Abhandlung «Essai sur l'origine des connaissances humaines» (Essay über den Ursprung des Wissens der Menschen) zum Abschluß. Jean-Jacques Rousseau, den das Thema interessierte, diskutierte oft und lange mit Condillac darüber.

Rousseau machte Condillac mit Diderot bekannt, und dieser brachte sie seinerseits mit Jean d'Alembert zusammen. So fanden sich drei junge Männer zusammen, die sich in mancherlei Hinsicht voneinander unterschieden, sich jedoch durch den geringen Altersunterschied und vor allem durch ihre Unzufriedenheit mit den politischen Institutionen und der gesellschaftlichen Ordnung verbunden fühlten.

Auf Vorschlag von Diderot und d'Alembert begannen sie ein Konversationslexikon herauszugeben. Zunächst nahm sich das Vorhaben, das auf eine Übersetzung des von Chambers herausgegebenen, zu jener Zeit bekannten Lexikons zielte, recht bescheiden aus. Aber im Verlauf der Arbeit fiel Diderot und d'Alembert, darin besteht ihr unvergängliches Verdienst, etwas ganz Neues ein. Sie schufen eine mehrbändige «Encyclopédie», die das Wissen ihrer Zeit zusammenfaßte. Diese gewaltige Gemeinschaftsarbeit sollten Literaten unterschiedlichen literarischen Stils, persönlichen Geschmacks und unterschiedlicher Neigungen schreiben. Aber sie mußten Gegner des Feudalismus, der feudalen Dogmen und der feudalen Ideologie sein.

In d'Alemberts und Diderots «Encyclopédie» widerspiegelte sich die neue, fortschrittliche Weltanschauung des Dritten Standes. Ihre umfangreichen Bände, die in großen Zeitabständen erschienen, bargen eine gewaltige revolutionäre Brisanz in sich. Es war der wirkungsvollste, effektivste Angriff auf die ideologischen Positionen der alten Welt.

Die «Encyclopédie» spielte noch eine andere Rolle. Sie vereinte, wiewohl nur zeitweilig, alle Richtungen und Schattierungen des antifeudalen und aufklärerischen Denkens. Sie förderte für eine gewisse Zeit den Zusammenschluß aller antifeudalen Vertreter der Aufklärung, aller Gegner des Feudalismus. Für die ideologische Vorbereitung der Großen Französischen Revolution spielte die «Encyclopédie» eine gewaltige Rolle.

D'Alembert und Diderot waren die Hauptorganisatoren und -redakteure der «Encyclopédie». Natürlich forderten sie auch ihren Freund Jean-Jacques Rousseau auf, an ihr mitzuwirken. Sie schlugen ihm vor, den Abschnitt «Musik» zu verfassen. Damals war er nur als Musiker, mehr noch als Musiktheoretiker bekannt.

Er schrieb für die «Encyclopédie» eine Reihe von Artikeln über allgemeine und besondere Musikprobleme.

Indem Rousseau an der «Encyclopédie» mitwirkte, reihte er sich gleichsam in die Kette der Schützen ein, die die alte Welt unter Feuer nahm.

Die Beteiligung an der «Encyclopédie» ebenso wie die Freundschaft mit Diderot, Condillac, d'Alembert und anderen fortschrittlichen Männern seiner Zeit vertieften Rousseaus ideologische Ansichten.

In seinen «Bekenntnissen» spricht er davon, er habe Einladungen in den Salon des Barons d'Holbach, wo sich viele seiner Freunde trafen, immer wieder ausgeschlagen. Jean-Jacques vermochte jedoch nicht die Abneigung zu überwinden, die er gegen den Baron empfand. Von diesem direkt über die Ursache seiner ständigen Absagen befragt, antwortete Rousseau: «Sie sind zu reich.» In den Jahren seines Pariser Aufenthalts war Jean-Jacques' Abscheu gegen den Reichtum gewachsen.

In der zweiten Hälfte der vierziger Jahre finden sich in seinem Schaffen wieder jene gesellschaftskritischen Töne, die seine Frühwerke auszeichneten.

Im «Épître à M. de L'Etang, vicaire de Marcoussis» (Brief an Herrn L'Etang, Vikar von Marcoussi), der gewöhnlich mit dem Jahre 1749 datiert wird, übte Rousseau eine umfassende Kritik an der gesamten vornehmen Pariser Gesellschaft.

Wir werden nach einem Mittel suchen,
Das uns von der plagenden Langeweile,
Von diesem fürchterlichen Lärm,
Und diesem hektischen Paris befreit.

O Stadt, wo der Hochmut herrscht,
Wo die größten Schurken Frankreichs
Über die ehrlichen Menschen gebieten ...

Für Rousseaus Denkweise jener Zeit war diese Gegenüberstellung von Frankreich und Paris sehr bezeichnend. Er schrieb Frankreich, meinte jedoch das Volk. Er nannte es schön und tugendhaft; die der Metropole eigenen Laster und Verbrechen lagen ihm fern.

In Paris hingegen war alles schlecht, alles rief die Entrüstung des Verfassers hervor. In der Ehrlichkeit sah man hier lediglich einen Gegenstand der Verhöhnung, hier herrschten «Hinterlist» und ein «hochmütiger Ton»; hier wurden die echten Talente unterdrückt, hier wurden «Straßenköter mitunter Staatsmänner».

Seither bildete die Gegenüberstellung der idealen und – es sei hier hinzugefügt – auch idealisierten Welt der Landleute, des dörflichen Familienlebens und des tadelnswerten Paris einen Grundwert in Rousseaus gesellschaftspolitischen Ansichten.

In diesem Gedicht wendet sich der Autor mit folgender Bitte an den Hausherrn:

Eine herzliche Bitte noch:
Schickt fort die unerträglichen Gäste,
Die Schweiger, unklugen Spaßmacher,
Schwätzer, Lästerer,
Entledigt uns von all diesen Leuten, möge Gottes
Schande auf sie kommen,
Sowie von Dümmlingen, von denen Paris wimmelt,
Und entsenden Sie dorthin die Schlaumeier,
Die für jeden Preis den reichen Strohköpfen blauen
Dunst vorgaukeln,
Von denen sie verwöhnt werden,
Diese niedrigen von dieser Stadt gezeugten Speichellecker.
Diese nichtswürdigen Entsteller des
gesunden Menschenverstandes,
Die diese Stadt rühmen.

Der Dichter bittet den Hausherrn, die Tür den Schmeichlern zu verbieten, deren «Huldigung Gift für das Herz» ist, die faden Modeaffen nicht hereinzulassen und Huldigung auch nicht den Adligen entgegenzubringen, die sich mit ihren Ahnen brüsten, die ebenso unbedeutend sind wie sie selbst.

Selbstverständlich war Rousseau damals noch kein Philosoph, kein Sozialkritiker und schon gar kein politischer Schriftsteller. Aber er war auf dem besten Wege dazu: Sein Werdegang als Sozialkritiker und Literat hatte bereits begonnen. In seinen «Bekenntnissen» schreibt er, ihm seien bereits in den dreißiger Jahren, im Hause von Madame de Warens in Chambéry, verschwommene literarische und philosophische Ideen durch den Kopf gegangen, gefördert in den Gesprächen mit Herrn de Conzié. Die gesellschaftskritischen, anklägerischen Gedichte aus der Zeit vor seinem Pariser Aufenthalt zeugen ebenfalls davon. Selbstverständlich darf man das nicht überbewerten und auch nicht vergessen, daß Rousseau selbst noch voller Scheu und Zweifel war. Als Dichter noch nicht anerkannt, sah er sich nicht anders als ein suchender Musiker.

Dennoch haben sich die Anschauungen des jungen Rousseau in der Zeit vor seinem Aufenthalt in Paris im wesentlichen bereits herausgebildet. Er wußte genau, wer seine Feinde und wer seine Freunde waren. In der Sprache des Poeten nahm er den Kampf gegen die mächtigen Herrscher von damals auf, ohne Kompromisse zu schließen.

Ohne diese frühen poetischen Versuche bleiben sowohl die «plötzliche Erleuchtung», die Rousseau im Juli 1749 kam, als auch der gesamte vorausgegangene ideologische Reifeprozeß unverständlich.

Die gesellschaftskritischen Gedichte erklären Rousseaus Gedanken und Gefühle, die er empfand, als er über die Schwelle des Hauses der Familie Dupin in Paris trat und dann zum ständigen Besucher wurde.

Man sollte freilich nichts vereinfacht und geradlinig sehen, das hat sich noch nie als nützlich erwiesen. Die Literaturwissenschaftler verfügen nicht über Rousseaus Briefe aus jener Zeit, in denen seine innere, geistige Welt offenbar werden könnte. Es liegen jedoch seine Werke aus den vorangegangenen und nachfolgenden Jahren vor. Auf Grund dieser wenngleich unvollständigen Informationen muß ein Kenner mit den Mitteln der Divination, dem Erraten, das Unbekannte beziehungsweise das nur teilweise Bekannte rekonstruieren.

Mit der Zeit verschaffte sich Rousseau über alles Klarheit. «Mit geheimem Schauer trete ich in diese weite Wüste der Welt... Nicht etwa, daß man mich hier nicht gut aufnähme, nicht freundschaftlich, zuvorkommend behandelte, daß nicht tausend dienstfertige Bemühungen mir entgegenzufliegen schienen... Man ist anfangs von den Einsichten und dem Verstande, die man in allen

Unterhaltungen nicht allein mit Gelehrten und wissenschaftlich gebildeten Männern, sondern auch bei Männern aus allen Ständen, sogar bei den Frauen findet, wie bezaubert. Ihr Gesprächston ist fließend und natürlich, weder schwerfällig noch leichtsinnig, er ist gelehrt ohne pedantisch, munter ohne lärmend, artig ohne geziert, galant ohne abgeschmackt, scherzend ohne zweideutig zu sein. Es sind weder Abhandlungen noch Sinngedichte; man spricht ernst, ohne Pedantismus und scherzt ohne Wortspiele; man verbindet geschickterweise Witz mit Verstand, Grundsätze mit sinnreichen Einfällen, beißende Satire und gewandte Schmeichelei mit strenger Moral. Man spricht von allem, damit jeder etwas zu sagen habe ...»

Das sind Auszüge aus dem Brief, den in der «Neuen Héloise» der junge Schweizer aus Paris an Julie schrieb. Diesem Brief folgten ein zweiter und ein dritter. Je länger er in der hauptstädtischen Gesellschaft weilte, desto besser begriff er, wie vielgestaltig diese vornehme Gesellschaft war und wie schwer es fiel, sie gründlich kennenzulernen. «Ich bemühe mich, so viel wie möglich, höflich ohne Falschheit, gefällig ohne Kriecherei zu sein ...» Ein scharfsichtiger und gescheiter Mann, der die Kunst, den anderen zu gefallen, ohne große Mühe erlernte, so daß man von ihm nun nichts mehr verlangte und er sich an dem Ränkeschmieden und den Streitigkeiten nicht mehr zu beteiligen brauchte. «Beträgt man sich gegen jedermann anständig, setzt man nicht gewisse Frauen zurück und gibt anderen den Vorzug, beobachtet man das, was in den Gesellschaften vorgegangen ist, worin man aufgenommen wird, stillschweigend, stellt man das Lächerliche des einen Hauses nicht in dem andern zur Schau, vermeidet man, sich zum Vertrauten machen zu lassen, versagt man sich den Klatschereien, bewahrt man überall eine gewisse Würde, dann kann man in stiller Ruhe die Welt betrachten und seine Sitten, seine Redlichkeit und sogar seine Freimütigkeit bewahren ...»

So erklimmt er Sprosse für Sprosse in der geheimen Hierarchie der Hauptstadt des Königreichs. «Ich habe daher in weniger zahlreichen, aber gewählteren Gesellschaften bereits Zutritt erhalten ... Jetzt bin ich in noch geheimere Mysterien eingeweiht.

Ich wohne Privatsoupers bei, wo die Tür jedem Ungebetenen verschlossen bleibt...» Hier, in dem engen Kreis, verhalten sich auch die Frauen weniger vorsichtig, und die wichtigen Herren lassen ihrer scharfen und giftigen Zunge freien Lauf. Niemand ärgert oder empört sich hier, alle spotten nur oder machen sich lustig.

Der zugereiste junge Mann, der gegenüber jedermann aufmerksam und freundlich ist, lernt langsam jene besondere, «verblümte Sprache» verstehen, durch die man «die Satire, die man unverständlicher zu machen sich stellt, nur noch bitterer macht». Er erkennt allmählich, daß man in dieser auserlesenen Gesellschaft «unter dem Vorwande, weniger Schaden damit zu tun, den Dolch sorgfältigst schleift, damit er nur um so tiefer eindringe». Er beginnt, die Geheimnisse dieser äußerlich so attraktiven Welt zu erschließen.

Der erstaunte Leser könnte fragen, ob es sich hierbei um Auszüge aus Rousseaus Briefen aus Paris handelte. Natürlich nicht. Dennoch entstammen die zitierten Auszüge seiner Feder. Es sind Briefe Saint-Preux', des berühmten Helden der «Neuen Héloise», die er aus Paris an seine Geliebte Julie d'Etange schrieb.

Kann man aber Jean-Jacques Rousseau mit dem Helden seines eigenen Werkes gleichsetzen? Wenn solche Vergleiche überhaupt einen Sinn haben, so sind sie gerade im vorliegenden Fall berechtigt. Das bisher über den jungen Rousseau Gesagte läßt nicht darauf schließen, er wäre ein ideologischer Vorgänger der Rastignacs gewesen. Stellt man den Rousseau der vierziger Jahre bekannten literarischen Gestalten gegenüber, so wäre er wohl seiner Lieblingsfigur Saint-Preux aus der «Neuen Héloise» vergleichbar.

Rousseau berichtet in seinen «Bekenntnissen» von der Tatsache, die auch die Literaturwissenschaftler bestätigen, daß «Die neue Héloise» im wesentlichen ein autobiographischer Roman ist. Selbstverständlich war Rousseau schöpferisch veranlagt, besaß Erfindungsgabe und Phantasie. Ohne diese Eigenschaften wäre er nie zum Begründer des Sentimentalismus in der Literatur geworden. Zugleich – und das läßt sich durch die Analyse seiner Werke nachweisen – war er dank seinem scharfen Gedächtnis erstaunlich genau, beinahe pedantisch in der Schilderung von Einzelheiten und charakteristischen Merkmalen, gleich, ob es sich nun um Naturbeschreibungen oder um ein Gespräch in einer Tafelrunde handelte. Als N. M. Karamsin 1789 durch die Schweiz reiste und Clarent sowie andere in der «Neuen Héloise» beschriebene Ortschaften aufsuchte, war er erstaunt, wie naturgetreu Rousseau die Gegend, in der sich die rührende Liebesgeschichte von Saint-Preux und Julie abspielt, im Roman schilderte.

Natürlich muß man dabei in Betracht ziehen, daß Rousseau «Die neue Héloise» von 1756 bis 1758 schrieb. Die vergangenen zwölf bis fünfzehn im Milieu der Pariser Gesellschaft verbrachten Jahre haben ihm ihren Stempel aufgedrückt. Deshalb ist das im Roman Geschilderte nicht als rein naturalistische Wiedergabe der Verhaltensweise Jean-Jacques' im Paris der ersten Hälfte der vierziger Jahre anzusehen.

Wenn wir zu den Briefen der fünfzehn Jahre später geschaffenen literarischen Helden greifen, können wir die ideologischen Positionen des jungen Rousseau, der sich die Anerkennung und die Sympathien der Pariser Salons im Jahre 1742 so überraschend leicht erwarb, besser verstehen.

Jean-Jacques trug Ende der vierziger Jahre nur noch wenige Züge des hoffnungsvollen naiven jungen Mannes. In den Jahren 1747 bis 1749 schätzte er die zeitgenössische Gesellschaft bereits bewußt kritisch ein. Er war zu Ansichten gelangt, die er – keineswegs als eine plötzliche «Erleuchtung», sondern als eine logische Folge seines bisherigen Werdegangs – in seinen Abhandlungen über den Einfluß der Wissenschaften und Künste sowie über den Ursprung der Ungleichheit unter den Menschen formulierte und die dem Verfasser Weltruf einbrachten.

Mirabeau

Da steigt er langsam hoch, den Kopf leicht geneigt, den Rükken etwas gekrümmt, und Hunderte von Augen verfolgen, wie er schwerfällig die zur Tribüne führende flache Treppe erklimmt.

Oben angelangt, holt er tief Atem; ruhig, ja fast gleichgültig überfliegt er mit seinen hellen, gleichsam blind wirkenden Augen den überfüllten, gedämpft lärmenden Raum und hebt die Hand. Sofort tritt Stille ein. Mit einer fast leidenschaftslosen, etwas heiseren Stimme beginnt er leise über die politische Lage im Lande zu sprechen.

Sein großes, pockennarbiges Gesicht war häßlich. Eine gepuderte, üppige und sorgfältig gelockte Perücke und die blendend weiße Krause eines offensichtlich gestärkten Spitzenjabots hoben die dunkelrötliche, ungesunde Farbe des Gesichts ebenso hervor wie die Unregelmäßigkeit seiner Züge. Er war untersetzt und in die Breite gegangen.

Im Saal herrschte Stille. Über das Geländer gebeugt, strengten die Menschen ihr Gehör an, um die gedämpften und langsam dahinfließenden Worte zu hören, die von der Tribüne herüberklangen. Unerwartet brach der Redefluß ab ... Es trat eine Pause ein ... Sodann erklang jene eben erst gleichgültige und eintönige Stimme schroff, laut und stockend.

Sie gewann zunehmend an Kraft, verstärkte sich und dröhnte bald durch den Saal, über die still gewordenen und wie verzauberten Zuhörer hinweg. Es mutete seltsam an, daß dieser mächtige, unaufhaltsame und alles zermalmende Redestrom von diesem dunkel gekleideten untersetzten Mann auf der Tribüne ausging.

Diese grollende Donnerstimme, die, so schien es, durch ihre Lautstärke Kerzen zum Erlöschen bringen konnte, hypnotisierte die Versammelten. Wenn der Strom der metallisch klingenden Töne für Augenblicke abriß – der Redner holte Luft oder ging für kurze Zeit zu einem milden, fließenden Tonfall über –, hörte man in den kurzen Pausen die unwillkürlich an dieser wundersamen Zauberei teilnehmenden Menschen schwer atmen.

Das war natürlich Improvisation. Eine solche Rede konnte man weder vorbereiten noch im voraus schreiben, geschweige denn vom Blatt ablesen. Es war gleichgültig, wovon der Redner eigentlich sprach. Wahrscheinlich davon, was in jener außergewöhnlichen Zeit in aller Munde war: von der Gewaltherrschaft, die für gewöhnlich nicht genau bezeichnet, aber stets als tückisch und erbarmungslos hingestellt wurde; von deren ungeheuerlichen Missetaten; von den unschuldigen und tugendhaften Menschen, die in den schrecklichen Kasematten und Kerkern der Bastille gelitten hatten; darüber, wie gerecht und erhaben die geheiligte Tat des Volkes gewesen ist, das die verhaßte Zwingburg dem Erdboden gleichgemacht hatte.

Der Redner warnte das Volk vor den Gefahren, die ihm von allen Seiten drohten. Er sprach über die nie versiegende Bosheit der geheimen Feinde der Revolution und der Freiheit, die nicht verschwunden seien. Sie versteckten sich in dunklen Ecken und spönnen dort wie schwarze Spinnen ein Geflecht von Verschwörungen.

Immer wieder stellte er Fragen an die Versammelten, die nicht selten rhetorisch und allgemein waren. Sie bedurften keiner Antwort, richteten sich jedoch in ihrer schroffen Formulierung gleichsam unmittelbar an jeden der Anwesenden. Er bezog alle ein. Gleichgültig oder teilnahmslos ließ er keinen im Saal.

Der sichere Instinkt gab dem Redner eine ausladende, abrundende, alle umfassende Geste ein – einen mächtigen Armschwung. Diese Gebärde schien das Volk, alle Freunde der Freiheit, zur Einheit und Geschlossenheit aufzurufen. Plötzlich erlangte die schon schwindende Stimme abermals ihre erstaunliche, von Satz zu Satz sich steigernde und gewinnende Kraft. Es war ein überaus seltenes, vielleicht nur einmal in hundert Jahren vorkommendes Rednertalent, das Talent eines Tribuns, der sich der Herzen und Köpfe seiner Zuhörer bemächtigte.

Der Redner brachte seine Stimme auf den höchsten Spannungspunkt, brach jäh ab, trocknete, schwer atmend, sein schweißüberströmtes Gesicht mit einem Batisttaschentuch und schritt langsam, beinahe nachtwandlerisch die Treppe hinunter. Im Saal herrschte minutenlang Totenstille, dann brach ungestümer und begeisterter Beifall aus.

Man schrieb Anfang August des denkwürdigen Jahres 1789. Der Redner, der die Zuhörer so zu begeistern wußte, hieß Honoré-Gabriel Riqueti, Graf Mirabeau, Abgeordneter des Dritten Standes von Aix in den Generalständen und danach in der Verfassunggebenden Versammlung, der Konstituante.

Honoré-Gabriel Mirabeau wurde am 9. März 1749 auf Schloß Bignon im südfranzösischen Gâtinais geboren. Noch heute gibt es in Südfrankreich ein Dorf mit dem alten Namen Le Bignon-Mirabeau, direkt an der Autobahn.

Die schwere Niederkunft hätte die Mutter beinahe das Leben gekostet. Das Kind kam mit einem verkrüppelten Beinchen und einem unmäßig dicken Kopf zur Welt. Es war in den ersten Lebensjahren oft krank und überstand im Alter von drei Jahren die Pocken, die sein Gesicht für immer zeichneten. Und doch war es ein robuster Junge. Sein starker Organismus überwand alle Krankheiten. Er entwickelte sich nicht nur körperlich, sondern auch geistig rasch und bewies schon sehr früh eine hohe intellektuelle Begabung.

Der künftige berühmte Tribun war der Sohn eines der aufgeklärtesten und originellsten Männer im Frankreich des 18. Jahrhunderts. Victor Riqueti, Marquis de Mirabeau, kam 1715, im Todesjahr des «Sonnenkönigs» Ludwig XIV., als Sproß einer alten reichen Adelsfamilie in der Provence zur Welt. Wie viele adlige Kinder jener Zeit trat er im Alter von vierzehn Jahren in die Armee ein. Der Adel diente seinem König mit dem Degen, was im

Frieden nicht sehr anstrengend war. Marquis de Mirabeau aber vermochte sich mit dem viel zu langsamen Aufstieg in die hohen Ränge nicht abzufinden. Er hätte gern seine Laufbahn als Regimentskommandeur begonnen, doch zu diesem Dienstgrad führte ein langer Weg. Als sein Vater 1737 starb, erbte der damals erst zweiundzwanzigjährige Victor de Mirabeau ein Riesenvermögen, für das er sofort eine Verwendung fand. Sein Leben änderte sich. Die militärische Laufbahn reizte ihn nicht mehr. Der unbeherrschte und in seinen Wünschen ungezügelte junge Mann sah sich plötzlich in die Lage versetzt, all seine Launen unverzüglich zu befriedigen, ohne auf die Ausgaben achten zu müssen. Ähnlich seinen Altersgenossen aus dem privilegierten Stand, die ebenso reich waren wie er, vertrieb er sich die Zeit mit Gelagen und Orgien, verschleuderte er sein Geld nach dem Beispiel des königlichen Hofes.

Eines Tages empfand er jedoch Ekel vor dieser sinnlosen Lebensweise und erinnerte sich der Dinge, die ihm in seiner Jugend Freude bereitet hatten: Er hatte Tragödien, Verse und Theaterstücke geschrieben. Nunmehr fühlte er sich von neuem zur Literatur hingezogen.

Der Zufall brachte ihn mit Montesquieu zusammen. Der Verfasser der «Lettres persanes» (Persische Briefe) durchlebte damals gerade eine Zeit geistigen Suchens. Beide fanden bald eine gemeinsame Sprache; ihre Ansichten stimmten weitgehend überein. Montesquieu machte Mirabeau auf politische und soziale Probleme, auf Fragen der Wirtschaftspolitik und Philosophie aufmerksam, die seinerzeit die fortschrittliche Jugend Frankreichs bewegten.

Mirabeau zog sich auf sein Familiengut in Südfrankreich zurück und wandte sich voller Hingabe seinen neuen Interessen zu. Fortan lebte er ganz der Philosophie, den ökonomischen Wissenschaften und der Literatur. Er ließ sich Bücher und Werke zeitgenössischer Redner, die die Aufmerksamkeit der Öffentlichkeit fesselten, kommen, bezog aber auch Zeitschriften, die in England, den Niederlanden und der Schweiz erschienen.

Im Jahre 1747 schloß er sein erstes reifes Werk ab, den Traktat «Testament Politique» (Politisches Testament), das aus ungenügend geklärten Gründen unveröffentlicht blieb. Es entsprach in Form und Inhalt durchaus dem Zeitgeist. Natürlich war es eine Kritik, eine zurückhaltende und vorsichtige Kritik an den im Königreich herrschenden Mißständen. Der junge Literat war sich darüber im klaren, daß den bestehenden Mängeln und Gebrechen abgeholfen werden mußte. Er sah den Ausweg in der Rückkehr zur Vergangenheit: zu vom Verfasser idealisierten, gemäßigten feudalen Verhältnissen.

Mit seinem nächsten Werk, «De l'Utilité des États provinciaux» (Über die Nützlichkeit der Provinzialstände), das 1750 anonym herausgegeben wurde, stellte Mirabeau den Mängeln der zeitgenössischen Zustände nicht mehr ein abstraktes, idealisiertes Modell des schöngefärbten Frühfeudalismus entgegen. Er verband die Wiedergeburt Frankreichs mit der Wiederbelebung der Rolle und Bedeutung der Provinzialstände, die unter Ludwig XIV. und Ludwig XV. ein Scheindasein fristeten. Sie seien berufen, führte er aus, zum bedeutendsten Verwaltungsorgan der Provinzen zu werden und als solche die damals mächtigen Intendanten abzulösen.

Die scharfe Kritik an den Intendanten, die ihrer unmäßigen Raffgier, Bestechlichkeit und Willkür wegen verhaßt waren, beschied dem Werk einen vollen Erfolg.

Im Jahre 1756 veröffentlichte er ebenfalls anonym eine Schrift, die den Titel «Ami des Hommes, ou Traité de la population» (Der Menschenfreund oder Abhandlung über die Bevölkerung) trug. Sie hatte einen großen Erfolg, auch weit über die Grenzen Frankreichs hinaus. Der «Menschenfreund» verkündete unzweideutig und mit Überzeugung, der Ackerbau sei und bleibe nach wie vor die Hauptquelle des Wohlstandes der menschlichen Gesellschaft. Merkwürdigerweise kannte Victor Riqueti de Mirabeau weder François Quesnay persönlich noch dessen Arbeiten, als er unabhängig von ihm zu Ansichten gelangte, die in vieler Hinsicht denen von Quesnay ähnlich waren und im Hauptpunkt – der Bedeutung des Ackerbaus – fast vollständig mit den Auffassungen des Autors übereinstimmten, der als Begründer der physiokratischen Schule gilt. Der spektakuläre Erfolg des «Menschenfreundes» war übrigens weniger auf die positiven Gedanken des Werkes zurückzuführen, sondern wohl eher auf die scharfe und geistreiche Kritik an dem Zeitalter Ludwigs XV., der Epoche des Verfalls des Absolutismus.

Der Name Mirabeaus als Verfasser des Werkes wurde so bekannt, ja so populär, daß man ihn mit dem Buchtitel gleichsetzte. Fortan hieß der Marquis de Mirabeau nur noch der «Menschenfreund». Er war natürlich sehr stolz auf diesen mehr ehrenvollen als verdienten Beinamen.

Der «Menschenfreund» verschaffte Victor Riqueti de Mirabeau sofort Zugang zum Kreis der bekanntesten, meistgelesenen und angesehensten Schriftsteller Frankreichs.

Bald freundete er sich mit Quesnay an. Später stellte Mirabeau gute Beziehungen – und in der Folgezeit auch sachliche Zusammenarbeit – mit Paul-Pierre Mercier de la Rivière her, einem der physiokratischen Schule nahestehenden Ökonomen. Mirabeau arbeitete mit Quesnay und Mercier de la Rivière in dem von Dupont de Nemours herausgegebenen «Journal de l'agriculture, du commerce et finances» (Journal für Agrikultur, Handel und Finanzen) zusammen. 1765 kaufte Marquis de Mirabeau Dupont die Zeitschrift ab, die unter seiner Leitung und durch die aktive Mitwirkung von Quesnay und Mercier de la Rivière zum Hauptsprachrohr der Physiokratenschule wurde.

Es wäre falsch, anzunehmen, daß der «Menschenfreund», ein weithin bekannter und anerkannter Literat und Ökonom, nach Quesnay der bedeutendste Wortführer der physiokratischen Schule, von den weltlichen Interessen und Sorgen abgeschieden, in die reine Wissenschaft oder in Geist und Herz erhebende Gedanken vertieft, als Stubengelehrter, ja als Einsiedler lebte.

Die wissenschaftliche Tätigkeit wirkte auf den Charakter und die Neigungen des Marquis de Mirabeau nur wenig ein. In seiner Jugend hatte er sein Geld verschleudert. Seit er auf seinem Erbgut lebte, änderte sich Mirabeaus Verhältnis zum Geld, dem Grund und Boden, den er in der Theorie so hoch bewertet hatte. Sein Problem war nicht mehr, das Geld auszugeben, sondern es zu mehren.

Der sicherste Weg dazu führte im Geiste des damaligen Zeitalters über eine «standesgemäße» Heirat. Ohne lange zu überlegen, warb er um die Hand der einzigen Tochter des Barons de

Vassan. Die Braut war nicht gerade eine Schönheit, um es nicht noch deutlicher zu sagen. Dieser Mangel wurde in den Augen des Bräutigams hinreichend dadurch aufgewogen, daß sie eines der größten Vermögen in Frankreich erben sollte. Es schloß auch ein riesiges Landgut im Limousin ein, für einen Physiokraten besonders verlockend. Aber der Bräutigam hatte sich verrechnet. Er bekam eine dem Stand der beiden vornehmen Familien angemessene Mitgift. Das Hauptobjekt seiner Begierde jedoch, das herrliche Landgut und das gewaltige Vermögen, entglitt seinen begehrlich ausgestreckten Händen. Baron de Vassan erwies sich trotz häufiger Krankheiten und eines trügerisch krankhaften Aussehens als recht zählebig. Die Marquise de Mirabeau erbte das gewaltige Vermögen ihrer Eltern erst annähernd dreißig Jahre nach Abschluß des Ehevertrages mit Victor de Mirabeau. In der Zwischenzeit hatten sich die Eheleute durch gegenseitige skandalöse Gerichtsverfahren vollkommen verfeindet und auseinandergelebt. Victor Riqueti Marquis de Mirabeau war auch ohne die lang ersehnte Erbschaft seiner Frau ein sehr vermögender Mann. Aber er wurde knauserig. Er geizte mit den Ausgaben für die Ehefrau und die Kinder ebenso wie für die seinem hohen Rang und seiner Stellung innerhalb des Adels der Provence angemessenen Kosten.

Leicht aufbrausend, reizbar und despotisch seinen Untergebenen, seinen Familienangehörigen und den benachbarten Gutsbesitzern gegenüber von grober Art, lebte Mirabeau als eigensinniger, seiner Umgebung Furcht einflößender Gutsherr. Aus der Nähe glich der «Menschenfreund» keineswegs jener Gestalt, die man sich beim Lesen seiner Werke vorstellte. Wie einer seiner Biographen treffend schrieb, liebte er die Menschen vielleicht wirklich, allerdings vorzugsweise aus der Ferne und vornehmlich in Büchern.

Wiewohl ein unverträglicher, streitsüchtiger und despotischer Grandseigneur, der auf seinem Gut ein Regime absolutistischer Willkür errichtet hatte, gegen das er in seinen literarischen Werken so scharfsinnig anging, war Marquis de Mirabeau einer der mächtigsten und schöpferischsten Geister des fortschrittlichen gesellschaftlichen Denkens im Frankreich des 18. Jahrhunderts, einer der bedeutendsten Vertreter der französischen Aufklärung.

Mirabeau betrieb seine wissenschaftlichen Studien mit der gleichen Besessenheit, wie er sich persönlichen Leidenschaften hingab. Er arbeitete viel, und in reifen Jahren gelangte sein Talent zu voller Blüte. In den sechziger Jahren des 18. Jahrhunderts gab er in Zeitabständen von drei, vier Jahren die Abhandlungen «Théorie de l'Impôt» (Theorie über die Steuer), «Philosophie rurale» (Bäuerliche Philosophie) und «Lettres sur le commerce de grains» (Briefe über den Getreidehandel) heraus, die ihn verdientermaßen neben Quesnay und Mercier de la Rivière als Wortführer und Theoretiker der Physiokratenschule bestätigten.

Er gab sich jedoch nicht mit der Rolle eines Forschers, eines ökonomischen Theoretikers zufrieden. Er brannte darauf, den Kampf gegen seinen Gegner – die absolutistische Monarchie Ludwigs XV. – aufzunehmen. Schon in der «Théorie de l'Impôt» griff er die Steuer-, ja die gesamte Finanzpolitik der königlichen Regierung in scharfer Weise an. Mirabeau trat bei seinen Attakken gegen die Politik des Hofes als Verteidiger des Volkes auf. Mit spitzer Feder beschrieb er dessen elende Lage und versetzte seinem Gegner empfindliche Schläge. Ludwig XV. befahl, Mirabeau zu verhaften und ihn in das Schloß von Vincennes einzukerkern. Die Popularität Mirabeaus wuchs daraufhin sprunghaft an. Seine trockenen, ausgesprochen akademischen Buchtitel, die bis dahin manch einen Leser abgeschreckt hatten, erregten nunmehr allgemeines Interesse. Marquis de Mirabeau kam als französischer Schriftsteller in Mode.

Zu jener Zeit war der Einfluß der Marquise de Pompadour auf Ludwig XV. noch nicht erloschen. Im Geist der Zeit erzogen, vertrat sie die Auffassung, daß der königliche Hof die Wissenschaftler und Künstler fördern müsse. In ihrem Salon trafen sich die berühmtesten Schriftsteller des Jahrhunderts, voran Voltaire. Um die Wette dichteten sie huldigende Verse auf die anmutige und mächtige Dame. Die Marquise de Pompadour begriff rasch, daß die Inhaftierung des bekannten Literaten im Schloß von Vincennes dem Hof nichts einbrachte, sondern eher dem Gefangenen zum Vorteil gereichte. Der Marquis de Mirabeau hatte in früherer Zeit einmal den Salon der Dame besucht, die als die eigentliche Lenkerin der Geschicke Frankreichs galt. Damals hatte er auf die

Mächtige einen denkbar günstigen Eindruck gemacht. Mühelos erwirkte sie die Zustimmung des Königs zur Freilassung des freidenkerischen Literaten aus dem Schloß von Vincennes. Ihm wurde Hausarrest auf dem Landgut von Bignon, das ihm als Mitgift seiner Frau, Geneviève, geborene de Vassan, zugefallen war, befohlen. Ohnehin längst gewohnt, seine Zeit überwiegend auf seinem Besitz zu verbringen, fand er sich leicht mit der Strafe des Monarchen ab.

Diese Episode förderte die Popularität des «Menschenfreundes» noch. Die mit seinem Namen untrennbar verbundene Bezeichnung erschien seinen Zeitgenossen nunmehr um so begründeter und verdienter. Was brauchte der «wilde Gutsherr», der der Auseinandersetzung mit dem allmächtigen König nicht ausgewichen war, noch mehr, um seinen Ehrgeiz zu stillen?

Im Hause seines Vaters lebte Honoré-Gabriel de Mirabeau unter Bedingungen, die für seine geistige Entwicklung außerordentlich günstig waren, aber auch schwer auf ihm lasteten. Der Vater besaß eine der besten Privatbibliotheken im damaligen Frankreich. Ganze Tage und Nächte verbrachte der kleine Honoré-Gabriel über Büchern. Den Grundstein für die umfassende Bildung, die seine Zeitgenossen später so stark beeindruckte, legte er zweifellos bereits dort. Ebenso begünstigte die in der Familie herrschende intellektuelle Atmosphäre eine Hochachtung vor den Wissenschaften, den Büchern und scharf gespitzten Gänsekielen.

Etwas anderes kam hinzu. Der übergroße Kopf des ältesten Sohnes und dessen häßliches Gesicht mißfielen dem Vater von Anfang an. In seiner kategorischen Art verstieg er sich in die Auffassung, daß der Sohn bis hin zum Äußeren alle widerlichen Eigenschaften der ihm verhaßten Familie de Vassan geerbt hätte, daß er der Mutter ebenso wie ihrem Vater, dem alten Baron de Vassan, ähnlich sähe und daß er nichts von dem alten Geschlecht der Mirabeau mit auf die Welt gebracht hätte.

Der «Menschenfreund» täuschte sich in dem Menschen, der ihm später am nächsten stehen sollte. Denn den Sohn kennzeichneten die Wesenszüge seines Vaters: die geistige Begabung und die Kreativität, aber auch der unbändige, unberechenbare Charakter und dessen Besessenheit von Ideen. Bis auf das Äußere war er ein echter Mirabeau.

Die Familie war kinderreich. Auf Honoré-Gabriel als den Erstgeborenen folgten weitere zehn Kinder, die der Vater mit ihm verglich: Sie alle waren gut gewachsen und schön, echte Mirabeaus, dem widerlichen Geschlecht der Vassan völlig unähnlich.

Obwohl Geneviève ihrem Mann elf Kinder geschenkt hatte, verschlechterte sich das Verhältnis zwischen den Eheleuten von Tag zu Tag. Schließlich artete die Abneigung in Feindschaft aus. Die Marquise de Mirabeau hatte einen ebenso ungebärdigen Charakter wie ihr Mann. Die Kinder, insbesondere ihr Ältester, blieben ihr gleichgültig. Sie ging ganz in dem Haß auf ihren Ehegatten auf, der weder aus seiner Abneigung gegen sie noch aus seiner ehelichen Untreue ein Hehl machte. Die Atmosphäre im Schloß von Bignon wurde unerträglich.

Der «Menschenfreund» fand eine, wie es ihm schien, einfache Lösung. Er schickte Geneviève unter dem Vorwand, sie müsse ihre kranke Mutter beaufsichtigen, in das Limousin. Später gab er ihr in einem Brief zu verstehen, sie könne sich mit der Rückkehr nach Bignon Zeit lassen, da ihr gemeinsames Leben unter einem Dache, wie die langjährigen Erfahrungen gezeigt hätten, unmöglich sei.

Vorerst empfand der «Menschenfreund» eine wohltuende Erleichterung. Er konnte seine geliebte literarische Tätigkeit wiederaufnehmen, frei von der Rachsucht, die er jedesmal verspürt hatte, wenn er der Marquise de Mirabeau begegnet war.

Befreit von seiner Ehefrau, schaffte sich der Marquis nun auch auf schnellstem Wege den ältesten Sohn aus den Augen. Nachdem Honoré-Gabriel das fünfzehnte Lebensjahr vollendet hatte, schickte er ihn zunächst nach Versailles, sodann nach Paris, wo er sich weiter bilden sollte. Als ältester Sohn einer Adelsfamilie mußte er dem König mit dem Degen dienen, wozu es aber einer gründlichen Vorbereitung bedurfte. Honoré-Gabriel hatte als Kind den Widerwillen seines Vaters stark zu spüren bekommen; gleichwohl brachte er ihm eine respektvolle Begeisterung entgegen. Mit der neuesten Literatur der Aufklärung gut vertraut, war er stolz darauf, daß sein Vater in ihr einen führenden Platz einnahm. Ein Sohn des berühmten «Menschenfreundes» zu sein – konnte man sich denn eine noch größere Ehre wünschen?

Er fand sich leichten Herzens auch damit ab, daß sein Vater ihm nicht den echten, von Rechts wegen zustehenden und landesweit bekannten Namen eines Grafen Mirabeau mit auf den Weg in die Hauptstadt gegeben hatte, sondern ihn mit Papieren ausstattete, die ihn als Chevalier de Pierre-Buffière auswiesen. Woher stammte dieser Name? Unter den vielen Gütern, die den Vassan gehörten, war auch eines mit dem Namen Pierre-Buffière. Als der Vater seinen ältesten Sohn mit diesem Namen versah, gab er ihm gleichsam zu verstehen, er habe sich das Recht, den Namen Mirabeau zu tragen, erst zu verdienen.

Der junge Chevalier de Pierre-Buffière fand in Versailles im Hause des verabschiedeten Kavalleriehauptmanns Sigrais, der ihm die Grundsätze der Militärwissenschaft vermitteln sollte, eine denkbar freundliche Aufnahme. Sigrais' Herzensgüte mißfiel aber dem Marquis de Mirabeau, und er setzte die Einweisung Honoré-Gabriels in eine geschlossene Militärschule durch, die von Abbé Chocard geleitet wurde.

Der Abbé stand im Rufe eines Mannes mit «fester Hand» und strengen Regeln. Nach Auffassung des «Menschenfreundes» schien er daher aufs beste geeignet, seinen ältesten Sohn zu disziplinieren. Er war dieser Aufgabe jedoch kaum gewachsen, denn der neue Zögling besaß nicht nur einen widerspenstigen Charakter, sondern gewann auch leicht Einfluß auf seine Schulkameraden.

Als Mirabeau junior das achtzehnte Lebensjahr erreicht hatte und nun seinen Militärdienst ableisten mußte, suchte Mirabeau der Ältere für seinen Sohn die am wenigsten glanzvolle Art aus: Honoré-Gabriel trat in das Regiment Berry-Cavalerie ein, das im Städtchen Saintes in Garnison lag und das der gestrenge Oberst Lambert kommandierte. Erst ein Jahr danach sollte er zum Unterleutnant befördert werden.

Gleich den meisten gebildeten jungen Männern seiner Zeit war Mirabeau der Jüngere ein überzeugter Anhänger der Aufklärung und vor allem der politischen und sozialen Ansichten Jean-Jacques Rousseaus. Dessen Ruhm erreichte in den sechziger Jahren den Höhepunkt. Ganz Frankreich las seine «Neue Héloise»; der junge Mirabeau gehörte zu seinen begeisterten Verehrern. Als Anhänger Rousseaus zu gelten, hieß, Gegner des Despotismus und der Unterdrückung in jedweder Form, Verteidiger und Freund des Volkes zu sein, hieß, für die gerechte Sache einzutreten und der Natur nahezustehen. Der junge Mirabeau war gern bereit, jedes Gebot des großen Lehrers zu befolgen und es ihm gleichzutun. Andererseits wurde er von ungestümen Wünschen und Leidenschaften beherrscht. Die Achtung vor dem großen Prinzip der Gleichheit verband sich bei ihm auf eigenartige Weise mit dem heimlichen Stolz auf seine aristokratische Herkunft, auf die Zugehörigkeit zu einem der ältesten Adelsgeschlechter Frankreichs.

Der Garnisonsdienst in Saintes war nicht sehr schwer und ließ hinreichend freie Zeit, ungeachtet des gestrengen Kommandanten Lambert, der seinen neuen Untergebenen ein um das andere Mal in Arrest nahm. Die High-Society der kleinen Provinzstadt empfing den jungen Mann, der einer der vornehmsten Familien Frankreichs angehörte, gern in ihrer Mitte. Hochgewachsen und kräftig, besaß der Jüngling trotz der unregelmäßigen Züge seines pockennarbigen Gesichts die besondere Gabe, die Menschen für sich einzunehmen. Seine unerschütterliche Selbstsicherheit und Redegewandtheit, seine treffenden Beobachtungen, seine höfliche und zugleich ungezwungene Art machten ihn zu einem gern gesehenen Gast und Gesprächspartner.

Mirabeau erwarb sich in dem Städtchen schnell allgemeine Sympathien und langweilte sich nicht. Er fand dort alles: eine angenehme Gesellschaft gebildeter Adliger, abendliche Schlemmereien, nächtliche Gelage, Kartenspiel und Frauen. Anfangs lebte er in finanzieller Bedrängnis. Sein Vater, der von Jahr zu Jahr geiziger wurde, schickte dem Sohn nur kleine Beträge.

Irgend jemand brachte den jungen Grafen auf den Gedanken, daß der Mangel an Edelmetall denkbar einfach zu überwinden wäre. Wer hätte es gewagt, dem ältesten Sohn des Marquis de Mirabeau, einem der vermögendsten Grundbesitzer der Provence, einen Kredit zu verweigern?

Seit er diese einfache Lösung gefunden hatte, floß ihm das

Geld wie von selbst zu. Er gab sich nicht einmal die Mühe, es nachzuzählen. Genauso wie einst sein Vater lebte er, ohne an das Morgen zu denken.

Er lernte in Saintes die Tochter eines Gendarmeriewachtmeisters oder -unterwachtmeisters kennen, verführte sie und versprach ihr die Ehe. Das Fräulein verbreitete diese Nachricht, die die Stadt in Aufruhr versetzte.

Davon erfuhr natürlich auch der Kavallerieoberst. Für ihn kam die Tat beinahe einer Schändung der Regimentsfahne gleich. Er drohte Mirabeau mit Festungsstrafe. Auch dessen Gläubiger zeigten plötzlich Interesse an der Angelegenheit: Die einen boten dem Grafen gegen hohe Zinsen neue Kredite an, weil eine Hochzeit nicht geringe Ausgaben mit sich bringe. Die anderen mahnten ihn höflich, aber nachdrücklich, seine Schulden unverzüglich abzugelten.

Der junge Graf Mirabeau geriet in eine schwierige Lage, erwog indes nicht im geringsten, dieses ihn bereits langweilende Provinzmädchen zu heiraten. Ebensowenig hatte er die Absicht, seine Schulden zu bezahlen. Es war ihm auch gar nicht möglich, weil er keinen Sou besaß.

Bald kam ihm ein rettender Gedanke: Unbemerkt verließ er eines Nachts Saintes.

Der Flüchtling tauchte in demselben Jahr, 1768, in der Pariser Villa des Herzogs von Nivernais auf, eines alten guten Freundes seines Vaters, den Honoré-Gabriel von klein auf kannte.

Wohl wissend, daß sein eigenmächtiges Verlassen des Regiments nach dem Dienstreglement eindeutig als Fahnenflucht galt, bat er den alten Freund der Familie, sich bei seinem Vater für ihn zu verwenden, damit dieser eine Versetzung in eine andere Garnison veranlasse. Herzog von Nivernais nahm Mirabeau als Gast bei sich auf und trat mit seinem Vater in Briefwechsel.

Die Bitten seines Sohnes machten keinen großen Eindruck auf den «Menschenfreund». Er sah in dessen Verfehlung eine direkte Verletzung der militärischen Pflicht, obgleich ihn die Schulden, die er wohl oder übel bezahlen mußte, eigentlich am härtesten trafen. Marquis de Mirabeau erwirkte einen Haftbefehl und ließ Mirabeau den Jüngeren auf der Inselfestung Ré gefangensetzen.

Honoré-Gabriel wurde nun als Staatsverbrecher auf Ré gefangengehalten, im Alter von achtzehn Jahren. Einerseits verspürte er Erleichterung. Er hatte sich für nichts mehr zu verantworten: weder für die Verletzung der militärischen Disziplin noch für die unbeglichenen Schulden noch für das gegebene Heiratsversprechen. Andererseits wuchs in ihm ein Gefühl des Protestes und der Empörung über die in der Welt herrschende Ungerechtigkeit, Brutalität und Willkür. Einen Menschen ohne öffentliche Gerichtsverhandlung in eine Festung zu sperren, ist in diesem angeblich so aufgeklärten Königreich genauso einfach wie zur Zeit der Katharina von Medici. In ihm werden Zweifel wach, ob sein Vater richtig und in guter Absicht gehandelt habe. Ein «Menschenfreund»? Ist er wirklich einer, wenn es um den eigenen Sohn geht?

Herr d'Aulan, Festungskommandant von Ré, der einen gefährlichen und grimmigen Verbrecher erwartet hatte, zeigte sich nunmehr aufs äußerste erstaunt, einen klugen, gebildeten und im persönlichen Umgang angenehmen jungen Mann kennenzulernen, der nachsichtig über die ihm unerwartet aufgezwungene Rolle eines Staatsverbrechers spottete. Mirabeau vermochte nicht nur den allmächtigen Festungskommandanten rasch für sich einzunehmen, sondern auch den zweiten Kommandanten, de Malmont, und dessen Tochter. Nun lebte es sich schon leichter. Ihm wurde volle Bewegungsfreiheit auf der Insel gewährt. Hin und wieder gestattete ihm d'Aulan einen Ausflug in die nahe gelegene Stadt La Rochelle. Die ungewöhnliche Situation, in der sich der junge Gefangene befand, brachte den alten und erfahrenen Festungskommandanten doch etwas in Verlegenheit. Als Mirabeau von der Vorbereitung einer militärischen Expedition auf die Insel Korsika erfuhr, meldete er sich dazu als Freiwilliger. D'Aulan stimmte gern zu und verwandte sich dafür, daß Mirabeau in die «lothringische Legion» eingereiht wurde, die sich nach Ajaccio wendete. Honoré-Gabriel wurde zum Leutnant befördert.

Gestern noch ein Gefangener, verließ Mirabeau die Insel als freier Mann, um abermals als Offizier des Königs den Dienst in der Armee aufzunehmen.

Rasch zeichnete sich der junge Leutnant bei den militärischen

Operationen auf Korsika aus. Kühn, draufgängerisch und gescheit, gelang es ihm, in dem vergleichsweise kurzen Krieg auf Korsika den Dienstgrad eines Dragonerhauptmannes zu erreichen.

Im Verlauf des Krieges gegen die von Paoli angeführten Korsen gewann Mirabeau allmählich die Überzeugung, daß das Recht auf seiten des korsischen Volkes stand. Als er sich dieser Erkenntnis voll bewußt wurde, war der Krieg jedoch bereits zu Ende.

Später bekannte Mirabeau öffentlich, seine Teilnahme am Krieg gegen die Korsen sei ein schwerwiegender politischer Fehler gewesen. Sein erstes literarisches Werk widmete er deshalb Korsika sowie dessen tapferem und begabtem Volk. Er übergab die Arbeit seinem Vater zur Beurteilung, der ihm als höchste literarische Autorität galt. Mirabeau der Ältere akzeptierte das Werk seines Sohnes nicht, und so blieb es zu Lebzeiten des Grafen Mirabeau unveröffentlicht.

Nachdem der Krieg beendet war, erhielt der Dragonerhauptmann Graf Mirabeau einen wohlverdienten Urlaub. Es zog ihn in die heimatliche Provence, eigentlich sehnte er sich immer nach der sonnenüberfluteten, in üppiges, sattes Grün gebetteten Küstenlandschaft. Nach allem, was geschehen war, hatte er es jedoch nicht eilig, seinen berühmten Vater wiederzusehen. Deshalb nahm er in Aix im Hause seines Onkels, Jean-Antoine, Quartier, eines jüngeren Bruders des Marquis de Mirabeau, der als Marineoffizier am Krieg in Kanada teilgenommen und als Gouverneur von Guadeloupe amtiert hatte und Ritter des Malteserordens war. Der hochaufgeschossene und gleich allen Mirabeaus gutaussehende Onkel verbrachte seinen Lebensabend als einsamer Junggeselle auf einem alten Familienschloß.

Täglich genoß Honoré-Gabriel im Schloß – ursprünglich eine Festung mit sechs runden Ecktürmen, Schießscharten und mit einer Zugbrücke – Entdeckerfreuden, wenn er auf bis dahin unbekannte Geheimgänge oder Labyrinthe stieß. Gewaltsam öffnete er verrostete Türen, immer in der Furcht, auf die sterblichen Überreste der sieben Frauen des Ritters Blaubart zu stoßen. Hier erfüllte Honoré-Gabriel ein gewisser Stolz – das Schloß der Mirabeau – eine Feste seiner Ahnen, und er selbst gehörte diesem ruhmvollen Geschlecht an, einem der ältesten in Frankreich.

Am Abend führten Onkel und Neffe lange Gespräche. Zunächst kannten sie einander kaum. Jean-Antoine hatte von seinem älteren Bruder wenig Schmeichelhaftes über dessen Sohn gehört. Nun erlebte er allabendlich voller Erstaunen und mit zunehmendem Interesse, daß sein berühmter Bruder den ältesten Sohn völlig verkannt hatte. Schon bald lernte er seinen Gesprächspartner schätzen: seinen scharfen Verstand, seine lebendige und ausdrucksvolle Sprechweise, seine treffenden Antworten und sein kraftvolles Temperament. Jean-Antoine schrieb seinem älteren Bruder unumwunden, daß er sich in der Einschätzung seines Sohnes zutiefst geirrt habe: «Wenn er nicht schlimmer als Nero werden wird, wird er besser als Mark Aurel sein; das sage ich, weil ich noch nie einem so scharfen Verstand begegnet bin ... Entweder wird er der größte Betrüger der Welt oder aber der größte Mann Europas und in der Lage sein, Papst, Minister, General zu Lande oder zur See, Kanzler oder ein hervorragender Landwirt zu werden.»

Dieses Urteil ist treffend. Es hebt die überdurchschnittliche Begabung des jungen Mirabeau ebenso hervor wie seine innere Widersprüchlichkeit. Onkel und Neffe freundeten sich rasch an. Im Sommer 1770 besuchte Louise, eine jüngere Schwester Honoré-Gabriels, die sich soeben mit dem Marquis de Cabris verheiratet hatte, ihren Onkel auf Schloß Mirabeau. Die junge, hübsche Louise belebte das alte, gespenstisch anmutende Gemäuer.

Die Geschwister hatten sich, nach fast zehn Jahren, viel zu erzählen. Sie verbanden nicht nur die gemeinsamen Kindheitserinnerungen, sondern auch die gleiche Ansicht über den Vater. Louise schilderte ihrem Bruder, wie hart der Vater mit ihr umgegangen war, mit seiner Tochter, der er keinesfalls eine Ähnlichkeit mit dem ihm verhaßten Geschlecht der Vassan nachsagen konnte. Ohne sie zu fragen, war sie mit dem Marquis de Cabris verheiratet worden, der ihr vor der Hochzeit nicht einmal vorgestellt wurde. Ihr zwanzigjähriger Ehemann, ein Psychopath, flößte ihr Grauen und Abscheu ein.

Der Bruder erzählte seiner Schwester, wie hart und unbarmherzig sein Vater sich zu ihm, dem ältesten Sohn und Erben des Familiennamens Mirabeau, verhalten hatte. Ihre Ansichten stimmten im wesentlichen überein, beide lehnten unausgesprochen das tyrannische Wesen ihres Vaters ab. Ebenso tauschten sich die Geschwister über das Verhältnis zur Mutter aus, deren Zerwürfnis mit dem Vater und die Trennung der beiden. Ständig sah man sie in angeregter Unterhaltung durch den riesigen Schloßpark oder die umliegenden Felder spazieren, manchmal in Begleitung ihres Onkels und seiner Hunde.

Der glückliche Sommer 1770 neigte sich dem Ende zu. In den letzten Augusttagen wurde er jäh unterbrochen, als der alte Marquis de Mirabeau seinen ältesten Sohn mit Eilpost zu sich rief.

Der «Menschenfreund» brauchte die Unterstützung seines ältesten Sohnes, ja seine Hilfe.

Auf Schloß Pierre-Buffière war die Baronin de Vassan, Honoré-Gabriels Großmutter, gestorben. Es ging nun um die Erbschaft der riesigen Güter im Limousin, seit langem schon Gegenstand der Begierde des Marquis de Mirabeau. Das Testament ließ sich indes sehr unterschiedlich auslegen. Es war folglich leicht vorauszusehen, daß die Marquise de Mirabeau ihre Ansprüche geltend machen würde.

Die bevorstehenden Verhandlungen sollten im engen Familienkreis stattfinden und durften nicht bekannt werden. Ihr Ergebnis hing in vieler Hinsicht von der Haltung des ältesten Sohnes ab, denn angesichts der komplizierten Situation, in der sich die Eheleute befanden, galt der älteste Sohn nach den Gesetzen und Bräuchen des Landes unstreitig als Haupterbe. Für wen würde er Partei ergreifen?

Der Vater unterließ es, um die Gunst des Sohnes zu buhlen. Er verkehrte mit ihm in zurückhaltend freundlichem Ton. Die Vergangenheit ließen beide ruhen. Als der Vater Honoré-Gabriel bat, ihn zu unterstützen, willigte er sofort ein.

Wie vom Marquis de Mirabeau vorausgesehen, brach bereits bei der ersten gemeinsamen Besprechung der unbezähmbare Haß der Eheleute aus, den weder höfliche Worte noch diskret abgewandte Blicke zu kaschieren vermochten. Verabredungsgemäß ergriff Honoré-Gabriel die Partei seines Vaters. Da die erste

Familienbesprechung im Sande verlief, mußten die Verhandlungen fortgesetzt werden.

Kurz danach bat die Marquise de Mirabeau ihren ältesten Sohn zu sich. Honoré-Gabriel, der seine Mutter fast zehn Jahre nicht gesehen hatte, war betroffen von ihrem Erscheinungsbild. Er hatte eine kleine alte Frau mit einem eingetrockneten und kraftlosen Körper vor sich, mit langen knochigen Fingern, mit einem zahnlosen, tief eingefallenen Mund und mit schwarzen, von einem Netz feinster Falten umgebenen Augenringen, die den Augen in diesem schrecklichen, durch seine Häßlichkeit Furcht einflößenden Gesicht einen eigenartig weißen Glanz verliehen.

«Du stellst dich also mit deinem Vater gegen mich?» fragte sie mit heiserer Stimme. Ihre trockenen, unter der Tischplatte verborgenen Hände bewegten sich.

In freundlichem Ton bemühte er sich um eine ausführliche und schonende Erklärung. Er könne nicht gegen seine Mutter sein, könne er sich aber gegen seinen Vater wenden? Es bestehe kein Grund zum Streit, es ließe sich eine allseits akzeptable Lösung finden.

Unaufmerksam folgte sie seinen Worten, allem Anschein nach mit etwas anderem beschäftigt. Er erklärte ihr von neuem, warum man seines, ihres Sohnes, ehrerbietigen Erachtens einen für alle annehmbaren Ausweg finden sollte. Beim Sprechen vermied er, sie anzusehen, um sein Grauen vor dieser Frau zu verbergen. Als er aber den Kopf hob, blickte er direkt in die Mündung einer auf ihn gerichteten Pistole. «Hören Sie! Wozu denn das?! Sie wagen doch nie in Ihrem Leben, auf Ihren eigenen Sohn zu schießen!» Statt einer Antwort fiel ein Schuß. Die Kugel streifte leicht sein Haar. Vielleicht hatte die altersschwache Hand gezittert oder war einfach zu kraftlos, eine Pistole sicher zu halten. Aber sie hatte direkt auf seine Stirn gezielt, um seinen Schädel zu zertrümmern. Langsam erhob er sich, ohne ein Wort zu sagen, und verließ ebenso langsam, ohne sich umzuschauen, das Zimmer.

Er stieg die Treppen zum Garten hinunter, ging über die Gartenwege zu einer im Schatten der Bäume stehenden Bank.

Honoré-Gabriel stand kurz vor Vollendung seines zweiundzwanzigsten Lebensjahres. Hatte er noch Illusionen? Von einer

Welt, in der die Mutter auf den Sohn zielte und der Vater den Sohn in eine Festung sperren ließ?

Nach diesem Erlebnis wollte Honoré-Gabriel nicht länger auf Schloß Pierre-Buffière bleiben. Auch der Vater hatte begriffen, daß der Aufenthalt unter einem Dach mit der Frau, die zwar seinen Namen trug, jedoch eine unversöhnliche Feindschaft gegen ihn empfand, unmöglich war. Ein gütlicher Vergleich war ausgeschlossen. Der Marquis de Mirabeau ließ sich auf einen langwierigen, all seine seelischen und körperlichen Kräfte verzehrenden Kampf ein: Er prozessierte gegen seine Frau. Dem Sohn schlug er vor, zur Zerstreuung nach Versailles zu fahren.

Marquis de Mirabeau – und das gereicht ihm zur Ehre – verhielt sich gegenüber dem Hof Ludwigs XV. mit unverhohlener Mißbilligung, ja mit Abscheu. Der älteste Sproß einer alten Adelsfamilie und erste Grandseigneur der Provence verstand sich, ungeachtet all seiner liberalen Ansichten, in einem gewissen Sinne als Oberhaupt einer kleinen, jedoch durchaus souveränen Macht. Nicht selten pflegte er das von ihm geprägte Wort zu gebrauchen: «Ich werde nie so tief sinken und zu einem Höfling werden.» Auch seinem ältesten Sohn riet er davon ab. König bleibt aber König, und Hof bleibt Hof, dem mußten auch die Mirabeau Rechnung tragen.

Honoré-Gabriel wurde, wie es üblich war, mit anderen vornehmen jungen Männern Ludwig XV. vorgestellt. Das waren die letzten Jahre der langen Herrschaft des Königs und seines von ununterbrochenen Zechereien und nächtlichen Orgien verwüsteten Lebens. Gerade sechzig Jahre alt, wirkte er wie ein uralter, von Krankheiten gebrochener Greis, der keine Freude mehr am Leben fand. Seine erloschenen Augen streiften die jungen Männer mit einem müden und gleichgültigen Blick, er bemühte sich nicht einmal, ein Wort der Begrüßung zu murmeln.

Mirabeau fühlte sich verletzt, ja sogar gekränkt durch diese gleichgültige und geringschätzende Haltung des Monarchen, fand sich jedoch später in den Verhältnissen von Versailles offensichtlich schnell zurecht.

Sein alter Freund, der junge Herzog von Lauzun, führte ihn in die vornehme Welt, in die Hofkreise des Königs, ein. Der Hof war seinerzeit in zwei große, miteinander rivalisierende Parteien gespalten. Die Männer und Frauen, die in den Tag hinein lebten, warben um das Wohlwollen, die Protektion oder um die Gunst der allmächtigen letzten Favoritin des Königs, der Gräfin Dubarry. Sie hatte sich früher in den Wirtshäusern als Straßendirne herumgetrieben; nachdem sie dem König aufgefallen und von ihm erwählt worden war, ließ er sie mit dem halbverrückten Grafen Dubarry verheiraten, um ihr einen standesgemäßen Anstrich zu verleihen. Allmählich gewann sie großen Einfluß auf den Monarchen. Attraktiv, fraulich, von der Natur mit einem praktischen Verstand und einer raschen Auffassungsgabe versehen, die ihr die Bildung ersetzte, fand sie sich schnell in der neuen Rolle zurecht.

Ihr sicherer, fast katzenhafter Instinkt gab ihr die unter diesen ungewohnten Bedingungen stets günstigste Handlungsweise ein. Der König mußte längst der großen Säle und des feierlichen Prunkes des riesigen Schlosses von Versailles überdrüssig sein. So wurde auf ihren Wunsch für sie eine kleine Villa mit nur fünf Zimmern erbaut, die mit weichen Teppichen ausgelegt und mit bequemen, eleganten Möbeln eingerichtet waren. Die Villa war weit genug vom Schloß Versailles entfernt, um die Aufmerksamkeit nicht auf sich zu lenken, nicht zu weit jedoch, um den König auf den Fahrten dahin zu ermüden.

Ludwig XV. besuchte die Villa gern. Nach der kalten Pracht in den pompösen Räumen des Schlosses fand er dort Ruhe und Gemütlichkeit vor.

Diese junge und lebensvolle Frau mit den derben Manieren, die von ihrem früheren Gewerbe herrührten, umsorgte den müden König mit unendlicher Aufmerksamkeit. Hin und wieder lud sie in ihr behagliches Speisezimmer eine kleine Gesellschaft von Regierungsbeamten ein. Die wichtigsten Staatsangelegenheiten wurden beim Essen nebenher besprochen. Meist speiste man zartes, noch blutiges Fleisch und Salat, der mit Provenceröl zubereitet war. Wurde der Käse gereicht, war es schon nicht mehr erlaubt, über ernsthafte Dinge zu reden. Bald empfahlen sich alle unter ehrerbietigen Verbeugungen. Niemand durfte sich zu lange aufhalten.

Der König, der nunmehr einige Staatsgeschäfte auf den Weg gebracht hatte, war müde. Er zog sich in sein Kabinett zurück, wo ihn ein bequemes Sofa erwartete, und fiel in einen angenehmen Nachmittagsschlummer. Gräfin Dubarry brachte ihn allmählich zu der Überzeugung, daß er sich mehr schonen sollte. Er müsse mit seinen Kräften haushalten, um dem Staat noch lange Jahre erhalten zu bleiben. Schließlich glaubte der König selbst daran, dem Staat zuviel Kraft geopfert zu haben. Immerhin regierte er fast ein halbes Jahrhundert lang.

Seine Zuneigung für die Dubarry wuchs, denn sie allein verstand, wie ihn das Regieren ermüdete. Sie, die ihn von vielen beschwerlichen, kaum notwendigen, dafür aber um so lästigeren Pflichten entband, zog allmählich und unmerklich die Herrschaft des Königreichs an sich. Zu Anfang fiel es ihr schwer, sich in dem komplizierten und schlecht funktionierenden Staatsapparat zurechtzufinden, zumal jeder einflußreiche Würdenträger seine selbstsüchtigen Ziele zu verwirklichen suchte, das durchschaute sie rasch. In der ersten Zeit folgte sie dem Rat des Herzogs von Aiguillon, später wählte sie, die einst von Männern erwählt worden war, selbst die Ratgeber. Dem König gegenüber ließ sie es an Aufmerksamkeit und Achtung nicht fehlen. Sie sorgte für seine Ruhe und Gesundheit, warf sich aber in Wirklichkeit zur Lenkerin der Geschicke des Königreichs auf.

Die «Partei des Königs» oder die «Partei der Dubarry», zu der sich die Mehrheit des einflußreichsten Hofadels hielt, war faktisch die regierende Partei. Sie übte seinerzeit die Macht im Königreich aus. Das Gefolge der Gräfin Dubarry bildeten junge Aristokraten, Würdenträger und Beamte, die schnell vorankommen wollten, aber auch Abenteurer, unternehmungslustige Geschäftemacher und auf Auszeichnungen versessene Literaten, diese bunt zusammengewürfelte höfische Gesellschaft, die nichts Eiligeres zu tun hatte, als von der königlichen Macht «alles und sofort» zu bekommen.

Dieser regierenden Partei, der «Partei von heute», stand die «Partei von morgen» gegenüber. Sie setzte sich aus Personen zusammen, die die Umgebung des «Kleinen Hofes», des Dauphins und späteren Königs Ludwig XVI. und seiner Gemahlin Marie

Antoinette, bildeten. Zu ihr zählten weniger Männer und Frauen als zur «Partei der Dubarry», und sie besaß weniger politischen Einfluß. Der «Kleine Hof» war aber nicht nur jünger, sondern stand auch in dem Ruf, eleganter und moderner zu sein. Man hielt ihn für liberaler und fortschrittlicher. Dort waren die neuesten Tänze in Mode, die Marie Antoinette über alles mochte. Außerdem gab es Literaturabende und Zusammenkünfte mit weithin bekannten Philosophen und Schriftstellern, noch häufiger mit Musikern. Marie Antoinette galt als ausgezeichnete Musikkennerin. Hier waren – natürlich verschleiert, jedoch allen verständlich – kritische Bemerkungen über die Hauptpersonen des «Großen Hofes» erlaubt. Man erkannte in allgemeiner und etwas abstrakter Form die Nützlichkeit, ja sogar die Notwendigkeit gewisser Reformen an. Die Partei des «Kleinen Hofes», die «Partei der Marie Antoinette» wurde für die Partei des künftigen Frankreichs gehalten.

Die Gruppe der «goldenen Jugend» hingegen, die außerhalb dieser beiden rivalisierenden «Parteien» stand, war von ihnen unabhängig und legte ihnen gegenüber sogar unverblümte Verachtung an den Tag. Sie wurde von Prinzen königlichen Geblüts, voran Graf d'Artois, Prinz de Conti und von anderen jüngeren Nachkommen des königlichen Hauses angeführt und besaß am Hof ebenfalls Einfluß.

Sie vertrieb sich die Zeit mit Gelagen und Orgien, führte ein ausschweifendes und lasterhaftes Leben, worin die vornehme Welt des 18. Jahrhunderts so erfinderisch war.

Honoré-Gabriel betrachtete das Treiben dieser aus der Ferne so eindrucksvollen und nahe besehen so abstoßenden, wenn auch glanzvollen vornehmen Welt von Versailles mit Interesse. Die Damen waren ihm wie überall zugetan. Die arroganten jungen Aristokraten hingegen schauten ihn von oben herab an und straften ihn mit Verachtung. Mirabeau verhielt sich zu ihnen wie ein Gleicher unter Gleichen und wies sie in ihre Schranken.

Drei Monate Versailles waren für Honoré-Gabriel mehr als genug. Diese schillernde bunte Welt der eleganten Damen mit den Galaschuhen auf hohen roten Absätzen und den dünkelhaften Chevaliers, der imposanten Würdenträger, die bei Hofe die höheren Dienste versahen, sowie Prälaten mit undurchdringlichem Gesichtsausdruck, diese Welt der ermüdend langen festlichen Zeremonien, der obligaten Gottesdienste und abendlichen Konzerte, einer tristen, ja gezwungenen Atmosphäre der Maskenbälle, diese Welt der geübten und teilnahmslos lächelnden Mienen mit ihren hinter schmeichelnden Worten verborgenen Intrigen, ihren heimlichen Ränkespielen, diese Welt der gegenseitigen, nach Einfluß strebenden Rivalität, dieses buntscheckige, unaufhörliche Rotieren des Hofkarussells wurde ihm unerträglich. Er floh aus der Welt von Versailles, die aus der Ferne so verlokkend wirkte und deren Glanz blendete.

Von Geldmangel geplagt, einem für einen jungen Adligen unerträglichen Makel, blieb Honoré-Gabriel lediglich der unter den Menschen seiner Schicht längst bekannte Ausweg: eine günstige Heirat.

Er begann das Haus einer der reichsten Erbtöchter der Provence häufiger zu besuchen. Émilie de Marignane, gebildet, klug und hübsch, besaß auch eine angenehme Stimme, sang und musizierte ein wenig.

Ihre persönlichen Qualitäten zogen ihn damals jedoch nicht an, denn seit einiger Zeit war er mit der allseits geachteten Marquise de Limaye-Coriolis innig befreundet. Sie besaß ein großes Gut in der Provence, war annähernd acht Jahre älter als ihr Liebhaber und erlebte ihre letzte Blütezeit.

Seine erfahrene Geliebte, die sehr gut wußte, daß sie bald von einer jüngeren Rivalin verdrängt werden würde, sah den sichersten Weg, Honoré-Gabriel länger an sich zu binden, darin, seine Heirat mit Mademoiselle de Marignane zu fördern. Sie hoffte, mit Émilie konkurrieren zu können. In dieser Weise ermuntert, besuchte Mirabeau eifrig das Haus der de Marignane, merkte aber rasch, daß sich in der hübschen Villa der de Marignane in Aix eine große Anzahl von Bewerbern einfand. Sie wetteiferten um die Hand und das Herz des Mädchens, Émilies persönlicher Qualitäten oder ihres künftigen Reichtums wegen. Einer unter ihnen, d'Albertas, Sohn des Oberhaupts des Magistrats von Aix, genoß die besondere Gunst von Émilies Vater. Er galt offiziell als Bräutigam von Mademoiselle de Marignane.

Mirabeau gab nicht auf. Seine Besessenheit und sein draufgängerisches Wesen verhalfen ihm zum Sieg. Er vermochte Émilie für sich zu gewinnen. Herr de Marignane blieb indes fest entschlossen, seine Tochter dem von ihm auserwählten Mann zur Frau zu geben.

Mirabeau ging bis zum Äußersten.

Eines Nachts blieb seine Equipage bis in die Morgenstunden vor der Auffahrt des Hauses der de Marignane stehen. Damit war Émilie kompromittiert. Ihrem Vater blieb nichts anderes übrig, als Wut und Zorn zu unterdrücken und einer unumgänglich gewordenen Heirat zuzustimmen.

Die Aushandlung des Ehevertrages übernahm Marquis de Mirabeau, denn nach den Sitten der Zeit erlangte der älteste Sohn erst mit dem Beginn des sechsundzwanzigsten Lebensjahres die vollen Rechte. Mirabeau den Jüngeren, folglich noch unmündig, hielt sein Vater von allen persönlichen Entscheidungen fern.

Die Verhandlungen waren schwierig, hegten doch die Eltern der Brautleute aus naheliegenden Gründen keinerlei Zuneigung füreinander. Monsieur de Marignane sah sich schweren Herzens gezwungen, seiner Tochter eine anständige Mitgift zu geben. Was die wichtigsten Besitztümer anbelangte, nach denen Mirabeau der Ältere wie der Jüngere gierig die Hände ausstreckten, so zeigte sich Monsieur de Marignane nicht im geringsten gewillt, auch nur ein Ar Land herauszurücken.

Die Trauung Honoré-Gabriel Graf Mirabeaus mit Émilie de Marignane fand am 23. Juni 1772 in der Kirche zum heiligen Geist in Aix statt. Die Zeremonie fiel recht freudlos aus. Der Vater der Braut verhehlte nicht seine Verärgerung über diese gegen seinen Willen geschlossene Ehe, von seiten des Bräutigams nahm lediglich die Schwester, Louise de Cabris, an der Hochzeit teil.

Honoré-Gabriel suchte die Mängel der kirchlichen Trauung durch anschließende Festlichkeiten wettzumachen. Sein Vater überließ ihm das Familienschloß Mirabeau. Sein Onkel war in ein anderes Familienschloß im Rouergue umgezogen. Der junge Mirabeau aber wollte seine Umgebung daran erinnern, daß er der älteste Sohn und das künftige Oberhaupt der vornehmsten und reichsten Familie der Provence war. Er ließ das alte Schloß renovieren und ausgestalten, die Wände in den Haupträumen neu und farbenfroh bespannen, breite Wege zum Schloß anlegen und sie mit Blumenrabatten bepflanzen.

Die prunkvollen Empfänge im altehrwürdigen Schloß Mirabeau zogen sich über Wochen hin. Der junge Graf lud nahezu alle, die in der Provence Rang und Namen hatten, ein: Die meisten Gäste kannte weder er noch die alten Schloßdiener. Für Émilie schaffte er Equipagen mit Pferden, Möbel sowie Kleider und Schmuck an, um auch sie mit dem Reichtum der Mirabeaus zu beeindrucken. Er schaute weder auf das Geld, noch kümmerte er sich um die Ausgaben!

Émilie, in Wohlhabenheit und Geborgenheit aufgewachsen, befremdete die Verschwendungssucht nicht, obwohl sie erst zwanzig Jahre alt war. Sie hatte weder Verständnis für die nächtlichen Gelage mit Leuten, die ihrem Mann nicht einmal bekannt waren, noch für die merkwürdigen und ihr verdächtig erscheinenden Herren, die sich rücksichtslos gegeneinander um ihren Mann drängten und ihm Geld gegen zweifellos gewaltige Zinsen anboten. Es mißfiel ihr dieses auf Prunk zurechtgemachte Schloß, und sie fürchtete sich, allein durch die endlosen Korridore zu gehen, deren Zimmer mit verrosteten Schlössern abgeschlossen waren.

Selbst der Ehemann flößte ihr hier Angst ein. In Aix hatte er so gutmütig, schlicht und ihr verständlich gewirkt. Nun aber konnte sie nicht klug aus ihm werden: Ständig lief er mit einem besorgten Gesichtsausdruck und unstetem Blick umher. Fast immer war er schlecht gelaunt und über irgend etwas aufgebracht.

Es dauerte kaum ein Jahr, bis Honoré-Gabriel durch seine unbedachte Verschwendung finanziell ruiniert war. Dahin waren das bedeutende Vermögen seiner Frau, das sie als Mitgift bekommen hatte, die von seinem Vater erhaltenen Mittel und schließlich auch alles Geld, das er von Wucherern in Marseille geliehen hatte. Der Name Mirabeau behielt in der Provence seinen Glanz, wer also wagte, dem Grafen Mirabeau einen Kredit zu verweigern? Aber die Zinsen – 100, 200 und 300 Prozent! Sie wuchsen in dem Maße, wie die Gläubiger die Unfähigkeit des jungen Grafen zur termingerechten Tilgung seiner Schulden erkannten.

Als Honoré-Gabriel die gesamte Mitgift seiner Ehefrau durchgebracht hatte und sich seine Schulden auf 120000 Franken beliefen, hielt der alte Marquis die Zeit für gekommen, abermals einzugreifen.

Im Oktober 1773 fand in der jungen Familie ein wichtiges Ereignis statt: Ein Sohn, der Stammhalter des ruhmvollen Geschlechts, wurde geboren. Der Junge erhielt zu Ehren des Großvaters den Namen Victor, und Honoré-Gabriel hoffte, durch diesen respektvollen Akt die Zuneigung seines Vaters zu gewinnen.

Der «Menschenfreund» ließ sich aber nicht davon beeindrukken. Vor die Notwendigkeit gestellt, die Schulden seines ältesten Sohnes zur Rettung der Familienehre bezahlen zu müssen, war er fest entschlossen, dieser Verschwendung ein Ende zu bereiten.

Im Dezember 1773 erhielt der Graf Mirabeau einen neuerlichen Haftbefehl des Königs, der einstweilen noch gnädig ausfiel: Er durfte seinen Familiensitz nicht verlassen. Der alte Marquis hoffte, sein ältester Sohn könnte nun nicht mehr nach Marseille reisen, um sich mit Wucherern auf neue Kreditgeschäfte einzulassen.

Aber es erwies sich als unmöglich, dem Sohn Sparsamkeit beizubringen und ihn dazu anzuhalten, seine Ausgaben den eigenen Einkünften anzupassen. Er wies die Diener an, künftig keine Gläubiger mehr ins Schloß zu lassen und wenn Worte nichts nützten, die Hunde auf sie zu hetzen. Honoré-Gabriel stand unter Aufsicht der königlichen Macht und durfte das Schloß nicht verlassen. Wenn die Gläubiger es so eilig hatten, dann sollten sie sich an Marquis de Mirabeau wenden. Honoré-Gabriels Zorn gegen seinen Vater nahm ständig zu: Der «Menschenfreund» wünschte nicht einmal seinen Enkel zu sehen!

Um den Vater zu ärgern, aber vor allem, um zu Geld zu gelangen, fand er eine einfache Lösung. Er verkaufte alte und wertvolle Gemälde und andere kostbare Stücke des Familienbesitzes, anfangs vorsichtig, mit der Zeit aber immer unverblümter.

Marquis de Mirabeau verfügte stets über ihm getreue Männer, die ihn über das Geschehen im Schloß auf dem laufenden hielten. Dem Ruin der Familie mußte Einhalt geboten werden.

Leicht und rasch schrieb der Marquis in die Hauptstadt, wo er zahlreiche Freunde in den einflußreichen Kreisen hatte. Er erklärte, solange er lebe, allein Oberhaupt und Verwalter aller Besitzungen und des gesamten Eigentums des Hauses Mirabeau zu bleiben. Fortan durfte Honoré-Gabriel keine Familienschätze verkaufen.

So blieb Honoré-Gabriel letztlich keine andere Wahl, als sich der königlichen Order zu fügen. Nach einem neuen Befehl mußte er im April 1774 mit Frau und Kind in das Städtchen Manosque in den Alpen übersiedeln.

In Manosque machte sich Mirabeau – endlich! – an die Arbeit. Mit spitzem Gänsekiel schrieb er hastig, denn die Gefühle eilten den Gedanken voraus. Es drängte ihn, all seine in langen Jahren angestaute Entrüstung und die Kränkungen zu Papier zu bringen.

Den Titel hatte er als erstes parat, er lautete klar und eindeutig: «Essai sur le despotisme» (Essay über den Despotismus).

Im Jahr zuvor, 1774, war in London ein Buch in englischer Sprache erschienen, dessen Autor aus verständlichen Gründen unbekannt bleiben wollte. Sein Inhalt sprach indes dafür, daß der anonyme Verfasser Franzose und von der französischen Aufklärung stark beeinflußt war. Die Schrift, die den Titel «The Chains of Slavery» (Die Ketten der Sklaverei) trug, machte von sich reden. 1793 wurde sie in Frankreich in französischer Sprache herausgegeben. In diesem vergleichsweise nicht sehr umfangreichen, jedoch in einem mitreißenden Stil geschriebenen Buch wird die Willkürherrschaft einer konsequenten und systematisierenden Kritik unterzogen.

Der Verfasser von «The Chains of Slavery» berief sich auf Jean-Jacques Rousseau. Er nannte sich nicht nur offen dessen Anhänger, sondern stimmte voll mit Rousseaus Ansichten überein und entwickelte sie weiter. Er ging jedoch einen bedeutenden Schritt weiter als Rousseau, indem er die These vom unumstößlichen Recht des Volkes auf Widerstand gegen die Tyrannei aufstellte. Darüber hinaus untersuchte der Verfasser sowohl vom theoretischen als auch vom praktischen Standpunkt aus die Frage des bewaffneten Kampfes oder sogar eines bewaffneten Aufstandes des Volkes gegen die Despotie.

Das Werk zog die Aufmerksamkeit der Zeitgenossen besonders deswegen auf sich, weil hier der Kampf gegen den Despotismus erstmals in der politischen Literatur jener Zeit aus dem Bereich der moralischen Verurteilung in die Sphäre realer und konkreter praktischer Aktionen übertragen wurde. In diesem Buch wurde folglich nicht nur die Frage gestellt, was die Ketten der Sklaverei sind, wie sich die Gewaltherrschaft äußert und welche Formen sie annimmt, sondern auch, wie man sie vernichten, wie man diese Ketten zerschlagen kann.

Der Verfasser des Werks, um den noch im Laufe von mehreren Jahren gerätselt werden sollte, war der Naturforscher, Biologe und Physiker Jean-Paul Marat, der aus Boudry in der Schweiz stammte. Als «L'Ami du peuple» (Der Volksfreund) wird er nach einer in den Jahren der Französischen Revolution von ihm herausgegebenen Zeitung dieses Namens in die Geschichte eingehen.

Man kann mit ziemlicher Sicherheit behaupten, daß Mirabeau im Frühjahr 1774, als er sein eigenes Werk über den Despotismus zu schreiben begann, Marats Buch noch nicht kannte. Denn «The Chains of Slavery» erschienen erst Ende 1774, während Mirabeau seinen «Essai sur le despotisme» im April/Mai desselben Jahres begonnen hatte.

Eine Gegenüberstellung der «The Chains of Slavery» mit dem «Essai sur le despotisme» verdient jedoch unsere Aufmerksamkeit vor allem deshalb, weil beide Autoren, ohne sich zu kennen, zu recht ähnlichen Schlüssen gelangten. Mirabeau schrieb in seinem «Essai sur le despotisme»: «Die Pflicht, das Interesse und die Ehre schreiben uns vor, sich den allerhöchsten Verfügungen des Monarchen zu widersetzen, ja ihm die Macht zu entreißen, wenn deren Mißbrauch die Freiheit zu vernichten droht und wenn keine anderen Mittel zu ihrer Rettung bleiben.»

Vergleicht man diese Zeilen mit den entsprechenden Seiten bei Marat, so stellt man fest, daß beide Autoren unabhängig voneinander zu einer gemeinsamen, prinzipiell wichtigen und neuen Schlußfolgerung im französischen gesellschaftlichen Denken des 18. Jahrhunderts gelangten. Marats und Mirabeaus Gedanken liefen auf das gleiche hinaus: Wenn die Macht des Despotismus (des Monarchen) die Freiheit mit Füßen tritt, so hat das Volk nicht nur das Recht, sondern auch die Pflicht, den Anschlägen auf die Freiheit Widerstand zu leisten bis hin zum Sturz des Monarchen, wenn das unumgänglich sein sollte. Das war eine politische Schlußfolgerung von grundlegender Bedeutung.

In den elf, zwölf Jahren, nachdem Jean-Jacques Rousseaus Werk «Du contrat social ou Principes du droit politique» (Der Gesellschaftsvertrag oder die Grundlagen des Staatsrechts) – das damals zu Recht als das kühnste im fortschrittlichen Denken des 18. Jahrhunderts galt – herausgekommen war, hatte sich die Krise des absolutistischen Feudalsystems in Frankreich so zugespitzt, war die allgemeine gesellschaftliche Unzufriedenheit dermaßen angewachsen, daß die abstrakten theoretischen Schlußfolgerungen Rousseaus bereits nicht mehr ausreichten. Das Jahr 1774 war der Vorabend des sogenannten Mehlkrieges, breiter und für die Regierung bedrohlicher Bauernunruhen, die in vielen Fällen den Charakter bewaffneter Aufstände annahmen und fast das gesamte Königreich erfaßten. Der «Mehlkrieg» brach 1775 aus, doch herangereift war er wesentlich früher. Die Ursachen lagen in der zunehmenden Verelendung und der herrschenden Hungersnot unter den meisten Produzenten von Getreide und anderen lebensnotwendigen Gütern. Die Grundherren, Großgrundbesitzer und Intendanten, die Steuerpächter, Steuereinnehmer, Gerichtsbehörden und die Kirche, die den Zehnten einforderte, der ganze gewaltig aufgeblähte Apparat der absolutistischen Monarchie und der privilegierten Stände lebte auf Kosten der unbarmherzig ausgebeuteten Bauernschaft und bereicherte sich an ihr. Deren maßlose und ständig wachsende Gier stürzte die Bauern zu Beginn der siebziger Jahre ins Verderben.

Die Krise des Regimes hatte sich im Verlauf von mehreren Jahren ausgebreitet und vertieft. Sie rührte vor allem von den Agrarverhältnissen, der Verkümmerung der Landwirtschaft, der Verarmung der Bauernschaft und der äußersten Zuspitzung der Klassengegensätze zwischen der Bauernschaft und allen sie unterdrückenden und ausbeutenden parasitären Gruppen der absolutistischen Monarchie her. Die Befreiung der Bauern von den Frondiensten, Feudalabgaben und allen anderen Formen der Unterdrückung des Feudalregimes bildete die Voraussetzung für den Fortbestand der Bauernschaft.

Die Krise des Regimes rührte indes nicht nur von den Klassengegensätzen auf dem Lande her. Die Lösung der Agrarfrage wurde zur zentralen Frage der heranreifenden bürgerlichen Revolution. Sie bildeten die wichtigsten, nicht jedoch die einzigen Widersprüche, und die Krisenerscheinungen beschränkten sich nicht nur auf sie. Vielfach wurden sie von anderen, mitunter nicht weniger scharfen Gegensätzen überlagert, die den Menschen jener Zeit oft bedeutender und wichtiger erschienen. Die liberale adlige und bürgerliche Opposition beispielsweise sah das Hauptübel, das bei ihr größte Unzufriedenheit auslöste, in dem von der absolutistischen Regierung Ludwigs XV. geführten Krieg gegen die Parlements, aber auch in der gesamten unverhohlen reaktionären Politik der letzten Jahre seiner Herrschaft.

Nicht von ungefähr wurde dabei der Tod Ludwigs XV. im Jahre 1774 nach einer so langen Herrschaft mit Erleichterung aufgenommen. Sein unerwarteter Tod – der König erlag den Pocken – wurde von niemandem betrauert, die Gräfin Dubarry vielleicht ausgenommen. Alle freuten sich bis zur Unanständigkeit über die Thronbesteigung des jungen Monarchen Ludwig XVI., in den sie ihre ganze Hoffnung setzten.

Manosque, das sich Mirabeau in seiner erhitzten Phantasie als einen Verbannungsort am Ende der Welt vorgestellt hatte, erwies sich als eine bezaubernde Stadt, in der einige im Geiste ihrer Zeit aufgeklärte Adelsfamilien den unfreiwilligen Neuankömmlingen einen überaus freundlichen Empfang bereiteten.

Der wohlklingende Name eines Grafen Mirabeau öffnete dem jungen Ehepaar die Türen aller Adelshäuser. Die gastfreundliche Familie de Gassaud, mit Émilie verwandt, besaß ein Haus in Manosque. Nach der Ankunft der Mirabeaus besuchte der Sohn, Chevalier de Gassaud, der eine unweit der Stadt stationierte Abteilung Musketiere befehligte, häufiger sein Elternhaus. Laurent und Émilie verband eine Kindheitsfreundschaft.

In Grasse, nahe Manosque, lag das Gut des Schwagers von Mirabeau, Marquis de Cabris. Honoré-Gabriel begegnete diesem degenerierten, stets vor sich hin lächelnden jungen Mann mit

Gleichgültigkeit, mehr noch – mit Widerwillen. Die Marquise de Cabris, Louise, seine Schwester, hingegen mochte er gern. Nicht selten, in letzter Zeit, so ging die Rede, unternahm die Marquise Louise de Cabris in Gesellschaft des Hauptmanns de Briançon lange Ritte durch die malerischen Voralpen. Mirabeau billigte Louises Verhalten.

Im eigenen Heim gab es unerwartete Komplikationen. Aus einem Brief von Laurent de Gassaud an Émilie, der er seit der Übersiedlung nach Manosque keine Aufmerksamkeit mehr geschenkt hatte, erfuhr er von der Untreue seiner stillen, unauffälligen Émilie.

Wie es üblich war, suchte er die Schuld dafür nicht bei sich, in seiner Untreue. Die Tatsache, daß seine Frau ihn betrog, machte ihn rasend vor Wut. Die von ihrem zornigen Gatten überraschte Émilie gestand alles. Unter Tränen bat sie ihn schließlich um Vergebung. Sie zeigte so viel Reue, daß er ihr letztlich verzieh. In der Familie kehrte wieder Frieden ein, zumindest nach außen.

Rasch verheirateten die Gassauds ihren Sohn, um einem Skandal zu entgehen. Die Braut war schon seit langem ausgesucht: Es handelte sich um die Tochter von Marquis de Tourettes, Erbin eines bedeutenden Vermögens. Die Ehre der Gräfin und des Grafen Mirabeau war wiederhergestellt.

Zerbrochenes Porzellan aber läßt sich schlecht kitten. Nach dem jüngsten Zerwürfnis war der Frieden im Hause Mirabeau brüchig geworden. Immer häufiger kam es zwischen den Eheleuten zu Streitigkeiten. Die Vermählung des jungen de Gassaud bedeutete für Émilie wohl kaum ein freudiges Ereignis. Sie war bei weitem nicht so einfältig, wie ihr Mann glaubte. Während einer Auseinandersetzung warf sie ihm kalt und trocken vor, sie sei längst über die merkwürdige Ähnlichkeit des Sohnes von Madame de Limaye-Coriolis mit ihm im Bilde. Die demütigen und reuigen Töne waren vergessen. Wenn sie jetzt etwas bereute, so nur eines: Wie sie sich nach jenem unglückseligen Brief so erniedrigen konnte und ihren unwürdigen Mann so unterwürfig um Verzeihung gebeten hatte. Immer häufiger und mutiger griff sie ihn an.

Während eines erneuten Ehezwistes ohrfeigte Honoré-Gabriel

seine Frau. Émilie vergaß diesen Schlag ihr Leben lang nicht. Im Hause Mirabeau war der Krieg ausgebrochen.

Es kümmerte Honoré-Gabriel wenig, daß er sich in Manosque unter polizeilicher Aufsicht befand und ihm das Verlassen der Stadt untersagt war. Eigenmächtig reiste Mirabeau nach Grasse, um Louise wiederzusehen.

Für fast vier Wochen vergaß er all seine Sorgen, diese ganze schreckliche und triste Welt. Tagsüber vertrieb er sich die Zeit in der Gesellschaft seiner Schwester und des Hauptmanns de Briançon mit fröhlichen, aber auch langen und ermüdenden Ritten über menschenleere, märchenhaft anmutende Gebirgswege in den Voralpen. Neigte sich der Tag dem Ende zu, und brach die Dunkelheit herein, kehrten sie in einem kleinen Gasthaus ein zum Schmaus.

Die prächtige Kavalkade, der in respektvollem Abstand Zureiter folgten und die so unbekümmert und heiter über die Wege der Provence dahinritt, lenkte die Aufmerksamkeit des Provinzklatsches auf sich.

Eines Sonntags tauchten an den Türen von Geschäften, Gasthäusern und Behörden, ja selbst in Kirchen an gut sichtbaren Stellen kleine Anschläge auf. Sie berichteten in einem schwülstigen, jedoch bösartigen, scharfsinnigen Ton über die schamlosen Abenteuer einer hochgestellten Dame mit ihrem Bruder – einem gottlosen Wüstling – und einem Kavalier. Alle drei, so hieß es, spotteten demonstrativ der heiligen Gesetze Gottes, der Kirche und des Königs.

An einem herrlichen, sonnigen Tag begegneten sie unterwegs Baron de Villeneuve-Mouans, einem in jener Gegend bedeutenden Seigneur und Gutsbesitzer. Die Gesellschaft kehrte etwas angeheitert nach Hause zurück. Der gestrenge alte Herr gehörte zwar keineswegs zu den Verehrern der Marquise de Cabris, und er billigte auch ihren ungezwungenen Lebenswandel nicht. Es bleibt jedoch im dunkeln, warum Mirabeau gerade in ihm den Verfasser der Schmähschrift vermutete und in herausfordernd grober Weise von ihm verlangte, sich zu entschuldigen oder sich mit ihm zu duellieren.

Baron de Villeneuve-Mouans zeigte sich weder geneigt, die erste noch die zweite Forderung zu erfüllen. Daraufhin riß Mirabeau dem alten Herrn den Regenschirm aus der Hand. Er zerschlug ihn auf dessen Kopf, gab sich damit indes noch nicht zufrieden. Er hob den alten Mann hoch, warf ihn auf die Erde und begann ihn vor den Augen der herbeieilenden Bauern mit Füßen zu treten.

Halbtot erreichte der Baron sein Haus; nachdem er einigermaßen wieder zu sich gekommen war, erhob er Klage gegen Mirabeau wegen versuchten Mordes.

Honoré-Gabriel wurde klar, daß der Vorfall nicht ungestraft vorübergehen würde. Diese unsinnige Geschichte war um so peinlicher, als sich bald herausstellte, wer in Wirklichkeit der Verfasser der niederträchtigen Schrift gegen Louise de Cabris und ihre beiden Gefährten war: ihr rechtmäßiger Ehegatte, Marquis de Cabris. Böse und rachsüchtig, wie er war, hatte er sich heimlich seiner Frau an die Fersen geheftet.

Mirabeau kehrte nach Manosque zurück und schrieb seiner Mutter einen ehrerbietigen Brief, da ihn wieder Geldsorgen drückten. Sie teilte ihm aber mit, sie habe kein Geld für ihren Sohn.

Nach diesem Brief verfiel er auf einen anderen Gedanken. Er würde Émilie in einer «Mission guten Willens» nach Bignon zu seinem Vater, dem Marquis de Mirabeau, schicken. Vielleicht gelänge es Émilie mit ihren guten Manieren und mit ihrer wohlklingenden Stimme, die Zuneigung des «Menschenfreundes» zu gewinnen. Dessen Verbindungen reichten bis zu den Mächtigen in Paris, und seit der Thronbesteigung König Ludwigs XVI. waren die Physiokraten in Mode. Es dürfte dem Vater folglich nicht schwerfallen, die Anklage des Barons de Villeneuve-Mouans zu hintertreiben. Émilie sollte darüber hinaus ihren Schwiegervater überzeugen, daß sein übrigens schon volljähriger Sohn schwerlich ohne Geld auskommen konnte.

Émilie willigte in den Vorschlag ihres Gatten ein. Sie begriff sofort, daß die vorgeschlagene Trennung angesichts ihrer familiären Beziehungen der beste und würdigste Ausweg aus der unüberwindbaren Krise war. Honoré-Gabriel dachte offensichtlich genauso wie sie, hielt mit seinen Gedanken aber aus verständlichen Gründen zurück.

Mirabeaus Rechnung ging zum Teil auf. Tatsächlich gelang es Émilie mühelos, ihren Schwiegervater für sich einzunehmen. Der alte Marquis fand größten Gefallen an ihr. Sie war klug, belesen und wohlerzogen; sie hatte angenehme Manieren und eine entzückende Stimme. Émilie gefiel es in dem soliden, wenn auch etwas altmodischen Schloß Bignon, das sie an ihre glückliche Kindheit erinnerte, sehr.

Den kleinen Enkel, Victor de Mirabeau, schloß der alte Marquis bald ins Herz. Er erklärte sich bereit, dessen Erziehung ganz zu übernehmen.

In Manosque trafen freundliche, beruhigende Briefe aus Bignon ein. Honoré-Gabriel fühlte sich endlich etwas sicherer. Er nahm seine unterbrochene literarische Tätigkeit wieder auf und arbeitete fleißig an der Vollendung des «Essai sur le despotisme».

Der Herbst nahte. Täglich zählte nun Mirabeau die Stunden. Mit Ungeduld wartete er auf die zweispännige Postkutsche, mit der das Geld kommen sollte. Zugleich erwartete er einen königlichen Erlaß aus Versailles, der nicht nur die Klage des Barons de Villeneuve-Mouans aufhob, sondern ihm vielleicht sogar die Freiheit zurückgeben würde.

Mirabeaus Pläne, die er an Émilies Mission geknüpft hatte, enthielten einen einzigen, aber folgenschweren Fehler. Es war Émilie in der Tat gelungen, sich mit ihrem Schwiegervater, dessen einflußreiche Verbündete sie wurde, anzufreunden. Das Bündnis zwischen der Schwiegertochter und ihrem Schwiegervater brachte aber dem Ehegatten beziehungsweise Sohn nichts ein, sondern richtete sich gegen ihn.

Eines Abends, nachdem die Post seine Erwartungen wieder einmal enttäuscht hatte, klopften Gendarmen an Mirabeaus Tür. Sie wiesen ihm einen königlichen Befehl vor, der seine Einkerkerung auf der Inselfestung des Château d'If für unbestimmte Zeit vorsah. Die gemeinsamen Bemühungen des alten Marquis und der Gräfin Mirabeau waren nicht ergebnislos geblieben.

Honoré-Gabriel wurde in die Festung gesperrt ohne das Recht, mit seinem Vater, seiner Mutter, seinen Schwestern oder irgend jemand anderem, seine Frau ausgenommen, Briefe zu wechseln. Mit sechsundzwanzig Jahren hatte er schon viele Schicksalsschläge, viele Niederlagen erlitten! Vor ihm lag eine Gefängnisstrafe von ungewisser Dauer in einer furchterregenden, vom Festland abgeschiedenen Festung. Gegen ihn richtete sich die uneingeschränkte Macht des Despotismus, die das ganze Land umfassende erbarmungslose und unüberwindbare Maschinerie der Staatsgewalt.

Der Herbst mit seinem finster bewölkten Himmel, dem kalten Wind und langen Nächten nahte. Die bisher härteste Prüfung in seinem kurzen und stürmischen Leben mußte Mirabeau natürlich entmutigen. Daß ihn die Hilflosigkeit ebenso wie die Abgeschiedenheit von der ganzen Welt, einer Welt, in der man frei und unabhängig lebte, schwer bedrückte, geht aus dem regen Briefwechsel mit seiner Frau hervor. Die Eheleute hatten in der letzten Zeit nicht nach gegenseitigen Kontakten gesucht, ganz im Gegenteil. Nachdem Émilie nach Bignon abgereist war, schrieb ihr Mirabeau selten, kurz und allein in geschäftlichen Angelegenheiten. Auf der Insel If aber erschien ihm seine Frau, seine kleine Émilie, wie ein Lichtstrahl in der undurchdringlichen Finsternis, wie das letzte Band, das ihn mit der Außenwelt verknüpfte.

Honoré-Gabriel schrieb seiner Frau häufiger als je zuvor. Er schrieb ihr liebevolle und freundliche Briefe. Er sehnte sich nach ihr und nach seinem kleinen Sohn, die er beide liebte.

Auch Émilie schrieb ihm zärtliche Briefe, die ihn tief berührten. Als treue, ihres Gatten beraubte Ehefrau denke sie nur an ihn. Ihre einzige Sorge sei es, ihm zu helfen.

Anfangs war Mirabeau von Émilies Zärtlichkeit und von ihren Liebesbeteuerungen erfreut und gerührt. Doch bald gewann der Insasse der Inselfestung des Château d'If den Eindruck, daß die Briefe seiner Frau zuviel Honig enthielten. Ihre beharrlichen Liebesbezeugungen, ihre Beteuerung, in ständiger Sorge um ihn schlaflose Nächte zu verbringen, kamen ihm intuitiv unecht vor und weckten in ihm Besorgnis. Seine Briefe wurden seltener und nüchterner.

Émilie tat, als ob sie das zunehmende Mißtrauen ihres Mannes und die Trockenheit seiner Briefe nicht bemerke. Auf direkte Fragen aber, ob sie beispielsweise zu ihm auf die Insel kommen würde, gab sie unklare und ausweichende Antworten. Mirabeau besaß kein Vertrauen mehr zu seiner Frau, und seine Illusionen zerstoben.

Nachdem er sich auf Château d'If einigermaßen eingelebt hatte, stellte sich allmählich heraus, daß man auch dort leben konnte. Wie immer bei seinen Mißgeschicken halfen Mirabeau auch diesmal sein wohlklingender Name und seine besondere Gabe, die Menschen für sich einzunehmen, ja sie zu bezaubern.

Der alte Kommandant der Festung, d'Allègre, ein mäßig bemittelter Adliger, jedoch mustergültiger Amtsdiener, wußte anfangs nicht, wie er seinen vornehmen Gefangenen behandeln sollte, denn er hatte in diesem Fall keinerlei direkte Order, besonders strenge Haftbedingungen anzuwenden. Es gab aber wohl keinen berühmteren und mehr Respekt einflößenden Namen in der Provence als den des Grafen Mirabeau. Der alte Festungskommandant wußte nur zu gut, daß alle Mächtigen der Provence mit ihm verwandt oder befreundet waren. Heute noch ein Gefangener der Inselfestung, konnte er morgen schon Minister sein. Kommandant d'Allègre hielt es für klug, den Gefangenen an seinen Mittagstisch zu bitten.

Allmählich gewann Mirabeau die Zuneigung des Kommandanten, der ihn in seinem Haus gern zu Gast hatte. Selbst als Gefangener auf der Insel If konnte Graf Mirabeau ein recht freies Leben führen.

Plötzlich kam es zu Komplikationen. Zu den wenigen freien Bewohnern der Festung gehörte eine gewisse Lasarie Mouret, die Frau eines niederen Beamten. Sie ging mit dem vornehmen Festungsinsassen ein Verhältnis ein und verschaffte ihm die Möglichkeit, den Briefwechsel zu ihn interessierenden Personen aufzunehmen.

Auf einer kleinen Insel bleibt jedoch nichts lange geheim. Lasarie hielt es für vernünftig, nicht erst die Rache ihres Mannes abzuwarten. Eines Abends verschwand sie von der Insel. Sie trug einen Brief Mirabeaus an die Marquise de Cabris bei sich, aber auch die Ersparnisse ihres Mannes, rund 4000 Livres, die sie ihm entwendet hatte.

Betrogen und beleidigt, beklagte sich der Ehemann über den dreisten Verführer beim Festungskommandanten. Seine Beschwerde schickte er auch an die Gräfin Mirabeau.

Die Klage machte auf den Kommandanten keinen großen Eindruck. Wegen einer Betrügerin wollte er sich mit seinem namhaften Gefangenen nicht überwerfen. Auf eine offizielle Anfrage über die Führung des Grafen Mirabeau in der Inselfestung stellte er ihm ein schmeichelhaftes und lobendes Zeugnis aus.

Émilie hingegen tat in ihren Briefen an Mirabeau so, als sei ihr nichts bekannt. Sie änderte weder den Ton noch den Inhalt ihrer Briefe, wußte jedoch den Wert des ihr in die Hände gefallenen Schriftstücks richtig einzuschätzen. Sofort setzte sie aber den alten Marquis über die Beschwerde in Kenntnis.

Zu dieser Zeit lief bereits ein von Marquis de Mirabeau gegen seine Frau eingeleitetes Gerichtsverfahren, das er leicht zu gewinnen hoffte, wenn er sie für geisteskrank erklären ließe. Er kaufte sich ein Haus in Paris und hielt sich in Begleitung seiner Schwiegertochter monatelang in der Hauptstadt auf, um Einfluß auf den Ablauf des Verfahrens nehmen zu können. Es zog sich indes in die Länge, weil die Marquise – von ihrer Tochter Louise de Cabris tatkräftig unterstützt – recht geschickt gegen den verhaßten Ehegatten vorging.

Der «Menschenfreund», der ganz in dem Krieg gegen seine Angehörigen aufging, hielt es für sehr gefährlich, wenn sein Sohn plötzlich für die Mutter Partei ergreifen würde. Darüber hinaus hielt er es unter den gegebenen Umständen für besser, die Haftbedingungen für seinen Sohn zu mildern, ihn aber weiterhin von Grasse, das heißt von seiner Tochter Louise de Cabris, fernzuhalten.

Mit Hilfe von Freunden erwirkte er sodann einen königlichen Haftbefehl, der die Einschließung seiner Tochter in ein Kloster befahl.

Sein ältester Sohn, Graf Mirabeau, hingegen wurde gleichfalls auf Anweisung des Königs aus dem Château d'If in die Festung Joux im höchstgelegenen Teil des Jura an der Grenze zwischen dem Franche-Comté und der Schweiz verlegt.

Unter Bewachung traf Mirabeau im Frühjahr 1775 nach einer langen Reise in seinem neuen Verbannungsort ein.

Bei seiner Ankunft auf der Festung Joux, die von unpassierbaren Wäldern umschlossen war, bereitete ihm der alte, zuvorkommende Kommandant, Monsieur de Saint-Mauris, einen freundlichen, ja herzlichen Empfang. Er bat Mirabeau, als Gast an seiner Mittagstafel zu speisen, und ließ ihm volle Bewegungsfreiheit. Mirabeau durfte sich in die nahe gelegene Stadt Pontarlier begeben und auf die Jagd gehen, nicht jedoch das Monsieur de Saint-Mauris anvertraute Gebiet verlassen.

Beide faßten Zuneigung füreinander. Sie gehörten nicht nur denselben Kreisen an, sondern hatten auch verwandte Ansichten; beide standen der Aufklärung nahe.

Mirabeau jagte viel, fuhr häufig auch nach Pontarlier, einer abgelegenen Kleinstadt in den Bergen mit annähernd zweitausend Einwohnern, wo er vom Adel sehr wohlwollend aufgenommen wurde.

Gedrungen und häßlich, jedoch hochgewachsen, jung und höflich, geistreich und selbstsicher, wurde Mirabeau zu einem gern gesehenen Gast in der guten Gesellschaft von Pontarlier.

Im Jahre 1775 fand die Krönung des jungen Königs Ludwig XVI. statt, mit dem sich damals so viele Hoffnungen verknüpften. Aus diesem Grunde rissen die Festlichkeiten, bei denen Graf Mirabeau immer zugegen war, nicht ab.

Die Mirabeau in Joux gewährte Freiheit mußte ihm natürlich fast grenzenlos scheinen. Die erste Jahreshälfte 1776 brachte allerdings eine unverhoffte Wendung in sein Leben. Er verbrachte die meiste Zeit außerhalb der Festung, begab sich jedoch nicht nur nach Pontarlier oder auf die Jagd. Mehrmals überschritt er illegal die Grenze und hielt sich einige Zeit in der Schweiz auf.

In einem der Adelshäuser von Pontarlier, in dem der Halbgefangene ständig zum Diner und zu Festen zu Gast war, lernte er das Ehepaar de Monnier kennen. Der Marquis de Monnier zählte an die siebzig Jahre, seine Frau Sophie jedoch war eine noch junge Frau. Mirabeau beeindruckte die Eheleute. Nachdrücklich forderte der Marquis den jungen Mann, dessen Scharfsinn und lebhafte Sprache er schätzte, auf, sie zu besuchen.

Mirabeau kam der Bitte gern nach, weniger des Mannes denn der Frau wegen.

Die einundzwanzigjährige Sophie de Monnier war 1775, als sie Mirabeau begegnete, bereits seit vier Jahren verheiratet. Sie war in einer der aufgeklärtesten und angesehensten Familien des burgundischen Robenadels zur Welt gekommen und aufgewachsen. Ihr Vater, Richard de Ruffey, der Präsident des Rechnungshofes von Dijon und enger Freund von Buffon, der hin und wieder keinen Geringeren als Voltaire besuchte, unterhielt in seinem Haus einen literarischen Salon. Er wurde von allen Berühmtheiten der Gegend, zu denen er sich natürlich auch selbst als Verfasser zahlreicher Gedichte zählte, besucht. Es handelte sich folglich um eine gebildete Familie, in der Sophie, die jüngste von insgesamt fünf Geschwistern, eine nach den Vorstellungen jener Zeit vorbildliche Erziehung erhalten hatte. Sie kannte die Briefe der Julie und des Saint-Preux aus Rousseaus Roman «Die neue Héloise» fast auswendig, und sie war eine begeisterte Anhängerin des großen Jean-Jacques. Zudem verfügte sie über natürliche Klugheit, Charakterstärke und Willenskraft.

Ihre Mutter war im Grunde eine streitsüchtige und recht unverständige Frau. Sie bildete sich etwas darauf ein, eine geborene La Foret de Montfort zu sein und von einer alten Adelsfamilie abzustammen. Ständig stellte sie ihre strengen Grundsätze heraus und hielt das ganze Haus unter ihrer Fuchtel. Ihr Mann hatte lediglich etwas auf dem Gebiet der Poesie zu sagen. Sie sah den Sinn ihres Lebens darin, ihr Haus berühmt zu machen, und verkuppelte daher ihre Töchter mit namhaften Greisen. Sophie war noch nicht einmal fünfzehn, als ihre Mutter versuchte, sie mit dem damals verwitweten Buffon zu verheiraten. Der bedeutende Naturforscher war zum Glück vernünftig genug, die ihm erwiesene Ehre abzulehnen.

Madame de Ruffey-Montfort, wie sie sich zuweilen gern nannte, blieb jedoch ihren fixen Ideen treu. Bald darauf verheiratete sie ihre jüngste Tochter mit dem Marquis de Monnier. Dieser fast fünfzig Jahre ältere Mann besaß zwar keinen so bekannten Namen wie Buffon, war jedoch viel reicher als dieser und von verträglicherer Wesensart.

Sophie und Mirabeau unterhielten sich häufig und lange, tauschten Briefe aus und redeten über Kleinigkeiten. Vielleicht zum erstenmal in seinem Leben versuchte er, einer auf ihn zukommenden Liebe auszuweichen.

Er ließ sich im Hause des Marquis de Monnier nicht mehr sehen und mied ihn. An Émilie schrieb er einen liebevollen Brief, in dem er sie und seinen kleinen Sohn zu sich nach Pontarlier rief.

Émilie antwortete ihm umgehend, aber trocken und kalt. Sie gab ihm deutlich zu verstehen, daß sie nicht einen seiner Vorschläge anzunehmen gedachte. «Ich muß gestehen, daß der in Ihrem jüngsten Brief enthaltene Vorschlag mich in eine so schwierige Lage gebracht hat, daß ich nicht weiß, wie ich Ihnen antworten soll, um die Unmöglichkeit seiner Verwirklichung zu erklären. Ich will Ihnen nicht all die zahllosen Unbequemlichkeiten vorhalten, deren es mehr als genug gibt und die einer Verwirklichung Ihrer Pläne hinderlich im Wege stehen.»

Als Mirabeau diesen Brief seiner Frau gelesen hatte, sprach er die später so häufig wiederholten Worte: «Mein Fehler bestand darin, von einem Baum Früchte zu erwarten, der nur Blüten zu tragen vermochte.» Für immer strich er Émilie aus seinem Leben.

Im Oktober 1775 folgte Mirabeau einer Einladung des Monsieur de Monnier und sah Sophie wieder.

Mirabeaus Verbindung mit Sophie de Monnier wurde für beide schon bald zu einer schweren Prüfung. In einem stürmischen Auftritt erklärte Saint-Mauris Mirabeau am 1. Januar 1776, alle ihm gewährten Vorrechte und Freiheiten zu entziehen. Darüber hinaus befahl er dem Gefangenen, die vorgeschriebene Haftordnung fortan einzuhalten. Ergeben bat Mirabeau Saint-Mauris um die Erlaubnis, zum letztenmal einen Ball, der am 14. Januar dem König zu Ehren gegeben werden sollte, besuchen zu dürfen. Gnädig gewährte ihm der Gouverneur diese Bitte.

Dieser Ball war in der Tat Mirabeaus letzter, denn er kehrte danach nicht in die Festung Joux zurück und floh.

Es ist nun an der Zeit, das Bild unseres Helden, der dem Leser als ein zügelloser Verschwender, als ein Wüstling und Abenteurer, als ein aufgeklärter und gebildeter, scharfsinniger Genießer zugleich, als ein junger Aristokrat, der die Wesenszüge seiner Kaste am vollständigsten verkörperte, erscheinen muß, abzurunden.

Um ihn aber in all seiner Widersprüchlichkeit richtig zu verstehen und seine spätere Rolle erfassen zu können, sollte man neben diesem mit einer gewissen Prahlerei zur Schau getragenen ungezügelten Lebenswandel auch sein zweites, vor fremden Augen sorgfältig verborgenes, illegales Leben betrachten.

Dieses «zweite» Leben hatte 1774 angefangen, als er mit der Arbeit am «Essai sur le despotisme» begann.

Sie war für ihn weder eine literarische Spielerei noch eine Stilübung zu einem frei gewählten Thema, sondern ein Mittel des politischen Kampfes.

Aus innerer Überzeugung trat er in den Kampf gegen die Willkürherrschaft ein. Nach seiner Ansicht dürfe man auch vor Gewaltanwendung nicht zurückschrecken, wenn es gälte, dem Despoten die Macht zu entreißen.

Damit seine Ansichten, seine Beweisführung das Volk erreichten und die Menschen zum Kampf ermutigten, durfte das Manuskript nicht in einem Geheimfach seines Schreibtisches vermodern. Es mußte gelesen, folglich vor allem gedruckt werden.

Als Mirabeau 1775 in die Festung Joux und damit nach Pontarlier kam, beide an der Grenze zur Schweiz gelegen, mußte er angesichts der ihm von Saint-Mauris großzügig gewährten Freiheit natürlich versuchen, die sich ihm bietende Gelegenheit zu nutzen. Ziel seiner heimlichen Reisen in die Schweiz waren Verhandlungen mit Verlegern über die Herausgabe seines «Essai sur le despotisme».

Anfangs wußte Monsieur de Saint-Mauris selbstverständlich nichts davon. Ende Dezember erhielt er wahrscheinlich Informationen über die gesetzwidrigen Reisen Mirabeaus in die Schweiz, Anfang Januar den sicheren Hinweis, daß das Ziel dieser Reisen die Herausgabe einer regierungsfeindlichen Schrift sei.

Wohl war Saint-Mauris ein liberaler und aufgeklärter Mann, der bei einer Tasse Kaffee mit Mirabeau gern und mit Bewunderung über Jean-Jacques Rousseau plauderte und den Despotismus im Prinzip verurteilte.

Aber als Gouverneur eines Grenzgebiets vertrat er die Macht des Königs und war berufen, dessen Interessen zu wahren. Er durfte also nicht zulassen, daß der ihm anvertraute und unter polizeilicher Aufsicht stehende Gefangene außerhalb von Frankreich die Herausgabe regierungsfeindlicher Bücher betrieb.

Als er aktiv eingriff und die «verbrecherischen» Handlungen Mirabeaus zu unterbinden suchte, war es schon zu spät. Der Verfasser des «Essai sur le despotisme» war längst mit den Verlegern übereingekommen. Das Buch erschien 1776 – selbstverständlich anonym.

Nachdem Marquis de Mirabeau von Monsieur de Saint-Mauris über die neuen Eskapaden seines ältesten Sohnes unterrichtet worden war, versuchte er, Honoré-Gabriel als geisteskrank hinzustellen und zu entmündigen.

Mirabeaus Flucht aus der Festung war keine leichtsinnige, an Wahnsinn grenzende Kurzschlußhandlung. Seine Biographen erklären sie recht häufig mit der überwältigenden Liebe zu Sophie de Monnier. Erstmals nahm ihn die Liebe zu einer Frau restlos gefangen. Hätte er das Leben eines von allen geachteten Halbgefangenen weiterführen und sein intimes Verhältnis zu Sophie geheimhalten oder zumindest nicht an die große Glocke hängen wollen, so wären ihr ungezählte seelische Belastungen und Erniedrigungen erspart geblieben, und es hätten sich ihnen sogar bessere Möglichkeiten für heimliche Begegnungen geboten. Er aber setzte sich über all das hinweg und stürzte sich in eine gefahrvolle Ungewißheit. Worauf hoffte er?

Im Sommer 1774 brach in Frankreich eine Zeit großer Veränderungen an. Die Thronbesteigung Ludwigs XVI. bedeutete nicht schlechthin einen Monarchenwechsel. Überall weckte der neue, kaum zwanzigjährige König große Hoffnungen, und seine ersten Handlungen ließen auf eine Wendung zum Besseren schließen. In seinem ersten Erlaß vom 30. Mai 1774 verzichtete er auf 24 Millionen Livres, die ihm nach altem Brauch zustanden. Auch die Königin Marie Antoinette schlug eine große Geldsumme aus, auf die sie ein Anrecht hatte.

Lange war ein Staatsakt nicht mehr mit einer so großen und allgemeinen Zustimmung zur Kenntnis genommen worden. Alle priesen den neuen großzügigen und gerechten Monarchen. Man erwartete längst überfällige Reformen, insbesondere die Absetzung von Maupeou und Terray, den beiden verhaßten Günstlingen aus der Regierungszeit Ludwigs XV. Vom ersten Tag seiner Regierung an legte der König jedoch die ihm eigene Langsamkeit und Unentschlossenheit an den Tag. Erst am 25. August wurden Maupeou und Terray ihres Amtes enthoben. Das Volk begrüßte diese Entscheidung mit Jubel. In Paris und in Rouen, aber auch in anderen Städten wurden auf Plätzen Puppen verbrannt, die die beiden verhaßten Minister darstellten.

Unmittelbar danach berief Ludwig XVI. Turgot, unter den Physiokraten einer der bedeutendsten, zum Finanzminister. Vielmehr Staatsmann und Praktiker denn Theoretiker, traten in seinen Schriften bürgerliche Ansichten weit stärker hervor als in denen Quesnays oder Mirabeaus des Älteren. Fast fünfzehn Jahre Intendant der Generalität Limoges, hatte er eine Reihe von Reformen durchgesetzt, über die damals das ganze Land sprach. Auch in seiner neuen Funktion als Finanzminister mühte er sich tatkräftig, Verbesserungen einzuführen. Marx hieß Turgot einen «radikalen Bourgeois*minister*, der die Französische Revolution einleitete».

Nach Turgots Berufung zum Finanzminister wurde die Regierung vollständig umgebildet. Als einer der einflußreichsten Minister erwies sich Malesherbes, ein Aufklärer von Rang, Freund Rousseaus und gleich Turgot entschlossen, die sozialen Mißstände im Königreich zu beseitigen. In Frankreich brach eine neue Zeit an.

Mirabeau nahm die gesellschaftlichen Veränderungen wahr und konnte auf die Hilfe von Turgot und Malesherbes, die ihn kannten, rechnen.

Seine Flucht aus der Festung Joux war folglich nicht unüberlegt oder spontan, sondern vielmehr ein wohldurchdachter und zeitlich richtig berechneter Schritt. Mirabeau hoffte unzweifelhaft auf die Aufhebung des Haftbefehls, den er im Widerspruch zu dem Kurs der reformfreudigen Regierung Turgot/Malesherbes hielt.

Selbst in diesen Details bewies Mirabeau ein sicheres Gespür für die politische Situation. Nach seiner Ernennung zum Staatssekretär ging Malesherbes wirklich zuerst daran, die Haftbefehle, die jedweder gesetzlichen Grundlage entbehrten, als einen schändlichen Überrest der absolutistischen Willkür abzuschaffen. Er wies seine Beamten an, ihm eine vollständige Liste derjenigen vorzulegen, die auf Geheimbefehl des Königs inhaftiert oder unter Polizeiaufsicht gestellt worden waren, und jeden Fall gründlich zu prüfen. Sein Befehl zielte darauf, alle Gefangenen freizulassen und die Geheimbefehle, die er für unvereinbar mit den Grundsätzen des neuen, aufgeklärten Zeitalters hielt, abzuschaffen.

Mirabeau richtete ein umfangreiches Schreiben an Malesherbes, in dem er die an ihm begangenen Gewalttaten und Gesetzwidrigkeiten aufzählte und Gerechtigkeit forderte.

Die Ereignisse nahmen einen stürmischen Verlauf. Anderthalb Monate hielt sich Mirabeau in einem kleinen Zimmer nahe dem Haus der Marquise de Monnier versteckt. Seine Lage war alles andere als beneidenswert. Er befand sich in völliger Abhängigkeit von Sophies Dienern, die ihm das Essen brachten und ihn vor Entdeckung schützten. Hin und wieder gelang es Sophie, sich mit ihm zu treffen.

Ganz Pontarlier war durch den beispiellosen Skandal aufgebracht. Der Ort, wo sich die Liebenden heimlich trafen, wurde schließlich von den Dienern verraten. Fortan blieben der Marquise de Monnier die Türen aller Adelshäuser in Pontarlier verschlossen. Allgemein verachtet, lebte sie in vollständiger Isolation. Wären die äußeren Formen des Anstands gewahrt worden, hätte das Liebesverhältnis der verheirateten Marquise mit dem ebenfalls verheirateten Grafen niemanden aufgeregt, und alles wäre in Ordnung gewesen. In diesem Fall aber wurden die landläufigen Verhaltensnormen ganz offen verletzt. Für Sophie de Monnier brachen harte Zeiten an.

Mirabeau, der erzwungenen Einsamkeit in dem unansehnlichen Raum überdrüssig, tauchte unverhofft mit der ihm eigenen Dreistigkeit im Haus de Monniers auf. Redegewandt, wie er war, beschwatzte er den alten Marquis so lange, bis dieser ihm voller Rührung Kost und Logis im eigenen Hause anbot. Allmählich wurde sich jedoch der ehrwürdige Marquis bewußt, daß er sich in der kläglichen Rolle eines gehörnten Ehemannes befand. Wutentbrannt fiel er über seine ungetreue Ehefrau her.

Um sich den anschuldigenden Tiraden ihres ungeliebten Mannes zu entziehen, fuhr sie zu ihren Eltern nach Dijon. Hier wurde auch ihr Geliebter in einer im voraus heimlich vorbereiteten Wohnung in Sicherheit gebracht.

In Dijon gestaltete sich das Leben für Sophie noch schwieriger als in Pontarlier. Ihre Mutter, Madame de Ruffey-Montfort, war vor allem darum besorgt, den Ruf ihres Hauses als des ersten Salons von Burgund zu wahren. Die Gefühle ihrer Tochter hingegen interessierten sie herzlich wenig. Sie fand deren Geschichte, über die sie bestens im Bilde war, äußerst kompromittierend und stellte ihre Tochter unter strenge Aufsicht.

Honoré-Gabriel vermochte die erzwungene Untätigkeit und Einsamkeit in seinem Versteck kaum noch zu ertragen. Er nannte sich Marquis de Lancefoudras und wagte sich auf einen Ball, den der Grand-Prévot von Burgund – Monsieur de Montherot – gab. Unter den geladenen Gästen befand sich gleichfalls die Familie de Ruffey, und Sophie, auf diese Begegnung nicht gefaßt, fiel in Ohnmacht und verriet sich dadurch. Madame de Ruffey erwirkte Mirabeaus Festnahme.

Im Schloß von Dijon abermals gefangengesetzt, befand sich Mirabeau gleichwohl in ausgezeichneter Laune.

Montherot, dessen Vertrauen Mirabeau gewonnen hatte, gewährte seinem Gefangenen im Schloß von Dijon denkbar günstige Bedingungen. Mirabeau lebte als Gefangener in Burgund freier und besser denn je.

Seine gute Stimmung hatte indes eine andere Ursache: Anfang 1776 hatte er von Malesherbes die Nachricht erhalten, daß sein Fall in Kürze positiv entschieden werden sollte.

Über den Machtwechsel zugunsten der Regierung Turgot freute sich nicht nur Graf Mirabeau. Dem Marquis de Mirabeau, seinem Vater, imponierte die neue Regierung ebensosehr. Nicht ohne Grund hielt sich der «Menschenfreund», der als einer der bedeutendsten Männer der Physiokraten galt, für einen Vertreter der regierenden Partei. In einer Unterredung mit Malesherbes verlangte er strenge und wirksame Maßregeln gegen seinen widerspenstigen Sohn. Malesherbes, entschlossen, den jungen Mirabeau freizulassen, mußte zugleich den Forderungen eines so bedeutenden Physiokraten Rechnung tragen. Er fand schließlich einen Ausweg. Einerseits gab er dem Marquis de Mirabeau beruhigende Zusagen, andererseits rief er den Grafen Mirabeau nach Paris, damit er vor höchsten Staatsbeamten die Ungerechtigkeit der ihm widerfahrenen Gewalt schildere. Honoré-Gabriel war von der Macht seines Rednertalents vollkommen überzeugt. In den Tagen aber, als er in Gedanken bereits seine Rede entwarf, die weniger ein Plädoyer als vielmehr eine Anklage gegen das despotische Regime werden sollte, traf eine alle erschütternde Nachricht aus Paris ein: Die Regierung Turgot war im Mai 1776 gestürzt worden. Mit Turgot verlor natürlich auch Malesherbes seinen Posten. Malesherbes riet dem Gefangenen, ins Ausland zu fliehen. Das war das letzte, was er für Mirabeau tun konnte.

Der Zusammenbruch der Regierung Turgot war bereits zum Zeitpunkt ihrer Bildung vorauszusehen. Ihr Sturz rührte nicht nur von dem gewachsenen Einfluß der verschwenderischen Marie Antoinette und des Grafen d'Artois, eines Bruders des Monarchen, auf den willensschwachen Ludwig XVI. her. Er hing insbesondere mit der Natur der feudalabsolutistischen Monarchie und den Interessen der herrschenden Feudalclique, der privilegierten Stände, zusammen, die nicht ein Quentchen ihrer Vorrechte verlieren wollten. Die absolutistische Reaktion war zum Gegenangriff übergegangen. Sie hob die wichtigsten und fortschrittlichsten Reformen Turgots wieder auf und verbannte seinen engsten Berater, den tatkräftigen und begabten Dupont de Nemours. Das Amt des Finanzministers erhielt der frühere Intendant von Bordeaux, der unfähige und durchtriebene Clugny. Dieser bediente sich seines Postens vor allem, um die eigenen Taschen und die des Hofadels zu füllen. Er fand die denkbar einfachste Möglichkeit, die in einem erschreckend hohen Tempo wachsenden Staatsschulden zu tilgen, indem er Frankreich für zahlungsunfähig erklärte. Sein unerwarteter Tod im Oktober 1776 rettete das Land vor den verderblichen Folgen seiner Finanzpolitik.

Der labile und stets schwankende Ludwig XVI. unternahm den Versuch, zur Reformpolitik zurückzukehren. Diesmal wurden die Hoffnungen in den Bankier Jacques Necker gesetzt. Er wurde nur zum Direktor der Staatskasse und nicht zum Minister berufen, da er Protestant war. Necker besaß jedoch zwei positive Eigenschaften, die ihm weitgehend die Sympathien der adligen Gesellschaft sicherten. Er lehnte nicht nur die Physiokraten und folglich auch Turgot entschieden ab, sondern vermochte zudem seine Geschäfte so erfolgreich zu führen, daß er zu einem der reichsten Bankiers von Paris aufstieg.

In strengster Sparsamkeit sah Necker das einzige Mittel, die Finanzlage zu bessern. Er zog sich aber die Feindschaft der Privilegierten zu, als er die Verschwendungssucht der Königin und der Brüder des Königs zu zügeln und die Pensionen der Hofleute, die sich auf eine Gesamtsumme von achtundzwanzig Millionen Livres beliefen, einzugrenzen suchte. Sein Schicksal war damit besiegelt; im Mai 1781 trat er zurück. Auf ihn folgte Joly de Fleury, der das Staatssäckel unbekümmert plünderte und das Geld wahllos an die Höflinge verteilte.

Sobald Mirabeau die schicksalhaften Nachrichten vernahm, die all seine rosigen Hoffnungen und Illusionen zerstörten, befolgte er den letzten Rat Malesherbes: Er floh aus Frankreich. Das war leichter, als er gedacht hatte. Ihm wurden sogar zwei Postkutschen zur Verfügung gestellt. Monsieur de Montherot, der aufgeklärte oberste Verwalter von Burgund, ebenfalls vom Sturz der so viele Hoffnungen weckenden Regierung erschüttert, hielt es für seine Pflicht, dem armen Grafen Mirabeau nach Kräften zu helfen. Einmal mußte doch die Gerechtigkeit triumphieren. Die Anhänger Rousseaus und der Enzyklopädisten glaubten felsenfest an den endgültigen Triumph der natürlichen Rechtsgleichheit der Menschen.

Mirabeau war frei. Er konnte wieder ruhig atmen: Er verspürte nicht mehr das bis zur Unerträglichkeit gesteigerte Gefühl, von allen Hunden gehetzt zu sein. Als freier Mensch hielt er sich in der Schweiz auf.

Mirabeau vertraute auf seine Kräfte. Die Natur hatte ihn mit einer hervorragenden Redegewandtheit begnadet, und er führte eine flinke Feder. Es war höchste Zeit, mit diesen machtvollen Waffen gegen den Despotismus zu Felde zu rücken.

Honoré-Gabriel Riqueti Graf Mirabeau war Fleisch vom Fleische der französischen Aristokratie. Niemand aber kannte ihre Laster, die Niederträchtigkeiten und all die Verbrechen, derer sie fähig war, besser als er. All das hat er am eigenen Leibe gespürt.

Sein Vater, der «Menschenfreund», ein aufgeklärter Liberaler mit fortschrittlichen Ideen, verfolgte den Sohn, von Rachegefühlen besessen, mit Hilfe königlicher lettres de cachet und wollte ihn in den Kerkerverliesen umkommen lassen. Seine Mutter zielte kaltblütig auf die Stirn ihres Erstgeborenen: Diese Minuten im Schloß Pierre-Buffière würde er nie vergessen. Seine Frau, die sanftmütige Émilie, die so süß lächelte und böse wie eine Schlange war, wartete graziös und elegant nur auf den passenden Augenblick für den tödlichen Biß. Marquis de Marignane, ihr Vater und sein Schwiegervater, war ein raffgieriger und gewissenloser Mann ohne Ehre und Herz, ein Wucherer und Tyrann. Madame de Ruffey-Montfort, ohne Grund dünkelhaft und hochmütig, verharrte in kleinlicher Eitelkeit und Dummheit.

Graf Mirabeau kochte vor unbändiger Entrüstung gegen seinen eigenen Stand, gegen diese beschränkte und hochmütige Aristokratie, gegen dieses hinfällige und konservative Regime des Despotismus. Er war stark in seiner Negation, in allem, was er gegen den Despotismus ins Feld führte. War er aber in der Lage, mit der gleichen Überzeugungskraft dieser alten, überholten Welt ein positives Programm entgegenzustellen?

Hier zeigte sich seine Achillesferse. Er war in all den Jahren seines Werdegangs als Politiker und Gegner des Regimes ein Alleingänger geblieben, ein verfolgter Paria unter den Aristokraten, ein ständig Kasematten und Festungen wechselnder, von der Welt abgeschiedener Gefangener, der dem Volke unendlich fern stand. Und darin offenbarte sich Mirabeaus Hauptschwäche. Obwohl ein Gegner und Ankläger des Despotismus, konnte er sich nicht wie Jean-Paul Marat einen Freund des Volkes nennen. Er kannte das Volk noch nicht einmal. Er wußte von ihm nicht mehr als das, was er in den Werken Jean-Jacques Rousseaus gelesen hatte.

Man nimmt allgemein an, und dafür gibt es gewichtige Gründe, daß Mirabeaus Entwicklung zum Wortführer der liberalen Opposition und zum Gegner des absolutistischen Regimes von der fortschrittlichen Aufklärungsliteratur des 18. Jahrhunderts beeinflußt wurde. Bis zu einem gewissen Grade stimmte das. Bei der Herausbildung seiner antifeudalen und antiabsolutistischen Ansichten spielte aber auch sein eigener Lebenslauf eine bedeutende Rolle, hatte er doch zehn, nein fünfzehn Jahre lang die Verfolgungen durch die Mächtigen dieser Welt zu spüren bekommen. Nicht aus Büchern, sondern aus den eigenen bitteren Erfahrungen seiner erbarmungslos zerstörten Jugend hatte er die schwere Hand des Oberhaupts einer Feudalkaste kennengelernt. Er wußte, wie brutal, despotisch und gesetzlos die uneingeschränkte königliche Macht war und wie sie die Menschenrechte mit Füßen trat.

Mirabeau war sich darüber im klaren, daß eine Flucht aus Frankreich zusammen mit Sophie ihn in eine völlig andere, unvergleichlich schwierigere und gefährlichere Lage bringen würde. Die Schwierigkeiten bestanden nicht allein in der Verantwortung für Sophies Schicksal, sondern vielmehr darin, daß er, der legitime Gatte Émilie de Marignanes, der Gräfin Mirabeau, Sophie nicht als seine Frau ausgeben konnte. Die Entführung einer verheirateten Frau, der angetrauten Gemahlin des Marquis de Monnier, würde man als Staatsverbrechen qualifizieren. Seit Homers Epos über den Trojanischen Krieg und über den Raub der schönen Helena, der Gemahlin des Menelaos, des Königs von Sparta, waren Generationen im Respekt vor dem unumstößlichen Gesetz erzogen worden, wonach die Ehe von Gott und Kirche geheiligt sei.

Was sollte er also tun? Er war doch vor allem Politiker. Er war aus dem heimatlichen Frankreich auf Anraten von Malesherbes nicht um des eigenen Wohlergehens willen geflohen, sondern um aus einem freien Land die dunklen Kräfte des Bösen, die im Königreich wieder die Oberhand gewonnen hatten, mit seiner Feder anzugreifen. Diese von der Vernunft diktierten Argumente brachen jedoch zusammen. Er konnte sich nicht entschließen, Sophie zu verlassen, er konnte ihre Liebe nicht verraten.

Honoré-Gabriel nahm aus der Schweiz, wohin er in der Nacht vom 25. auf den 26. Mai 1776 geflohen war, Verbindung mit Sophie auf. Mit Hilfe ihnen getreuer oder auch bezahlter Leute tauschten sie insgeheim Briefe aus. In einer Anwandlung von Verzweiflung nahm Sophie eine größere Dosis Gift, überlebte jedoch. Nunmehr entschloß sie sich, zu ihrem Geliebten ins Ausland zu fliehen.

Sie zog von Dijon nach Pontarlier, um der Schweizer Grenze näher zu sein. Am 31. Mai schlug ein Fluchtversuch ebenso fehl wie am 12. Juni; sie wurde an der Grenze festgehalten.

Von der starken Leidenschaft der jungen Frau berührt, zögerte Mirabeau nicht länger. Er durfte weder Sophies Erwartungen enttäuschen noch ihre Liebe verraten. Am 15. Juni schrieb Mirabeau an seine Schwester: «Ich habe meiner Liebe alles geopfert. Ich werde nie in meine Heimat zurückkehren können, selbst dann nicht, wenn einmal die Zeit kommen sollte, da ich es von mir aus wünsche.» Er war sich im klaren darüber, welch eine schwere Verantwortung er auf seine Schultern lud.

Von nun an kümmerte er sich darum, daß Sophie de Monnier die Schweizer Grenze unbehelligt überschreiten konnte. Das Ehepaar de Ruffey hingegen verbündete sich mit dem Marquis de Monnier und dessen Verwandtschaft, um durch gemeinsame Anstrengungen die Flucht der untreuen Ehefrau und ungehorsamen Tochter abzuwenden. Mirabeau rief seinerseits seine Schwester Louise de Cabris zu Hilfe, die in einen stillen Ort nahe der Schweizer Grenze fuhr. Sie stellte durch Verbindungsmänner Kontakt zu Sophie her, entwarf aber auch einen auf die Minute berechneten Fluchtplan.

Ein von Madame de Ruffey gekauftes Stubenmädchen fing jedoch einen Brief von Mirabeau an Sophie ab. Madame de Ruffey schickte ihn an ihren Verbündeten, den Marquis de Mirabeau. Der «Menschenfreund» war in den letzten Jahren ganz von dem Prozeß gegen seine Frau in Anspruch genommen. Immer noch war er von der fixen Idee besessen, die unermeßlichen Reichtümer der de Vassan an sich zu bringen. Daher mühte sich der «Menschenfreund» um den Beweis, daß die Marquise de Mirabeau geisteskrank und folglich unzurechnungsfähig sei. Der Prozeß, der seine ganzen Kräfte, Gedanken und seine gesamte Zeit forderte, richtete ihn finanziell und seelisch zugrunde. Er vernachlässigte seine theoretischen Studien, um neue Rechtskniffe zu erfinden. Da fiel ein nicht mit Gold aufzuwiegendes Schriftstück in seine Hände, ein Brief, der seinen Sohn und seine Tochter eines schweren Verbrechens, eines blutschänderischen Verhältnisses, überführte. Nun würde er den Sohn lebenslänglich ins

Gefängnis, die Tochter ins Kloster stecken lassen. Der alte Mann rieb sich in seinem grenzenlosen Haß gegen seine ehemalige Frau und seine leiblichen Kinder vor Vergnügen die Hände. Er verbarg den Brief, der ihm so kostbar schien, in einem Geheimfach für besonders wichtige Papiere. Einstweilen würde er ihn zurückhalten, zu gegebener Stunde aber mit ihm auftrumpfen.

Endlich ist der lang ersehnte Tag gekommen. Begleitet von zwei Helfern Mirabeaus, passierte die Marquise de Monnier am Abend des 24. August 1777 in Männerkleidung und mit einem breitkrempigen Hut ihres Mannes, der ihr Gesicht verdeckte, bei einem heftigen Gewitter und starken Regengüssen die Staatsgrenze. Geführt von den ihr unbekannten Begleitern, eilte sie über Gebirgswege der Schweizer Alpen, um schließlich in der kleinen Stadt Verrières Mirabeau in die Arme zu fallen.

Wie lange würde das Glück wohl währen?

Sophie erwies sich als eine vorsorgliche Frau. Sie hatte nicht nur alle unentbehrlichen Toiletten einer Dame von Welt mitgebracht, sondern auch 2000 Livres aus dem Geheimtresor ihres Herrn Gemahl. Nunmehr waren sie durch ein gemeinsames Schicksal miteinander verbunden. Mirabeau wollte sich in diesen ersten Tagen des Glücks und der Freiheit keinen Gedanken über drohende Gefahren hingeben. Er begriff natürlich nur allzugut, wie die von Sophie vorgenommene «Teilregelung» ihrer finanziellen Beziehungen mit ihrem Ehegatten gegen ihn ausgespielt werden konnte.

Honoré-Gabriel war leichtsinnig und lebte in den Tag hinein. Seine leeren Taschen waren nun wieder gefüllt, und man konnte fürs erste unbekümmert und ohne Gedanken an das Morgen leben.

Nach reiflicher Überlegung gelangten sie zu dem Schluß, daß es nicht ungefährlich sei, in einer so bedrohlichen Nähe von Pontarlier zu bleiben. Sie verwischten ihre Spuren, setzten sich von ihren Verfolgern ab, die sie nicht sahen, jedoch erahnten, wandten sich nach Basel, sodann nach Bern, gelangten an den Rhein und fuhren mit einem kleinen, sehr schönen Schiff langsam stromabwärts.

In Amsterdam fanden die Flüchtlinge ein neues Asyl. Die

Stadt, die von allen Seiten vom Meer umgeben war, schien ihnen das sicherste Versteck.

Mirabeau griff wieder zur Feder. Die Rechnung mit den Gegnern war noch nicht beglichen. Die harten Lehren seines Lebens hatten ihn umsichtiger gemacht. Man durfte seine ersten Schläge nicht gegen das Hauptziel führen, sondern gegen die Flanken. In Amsterdam schrieb er «Avis aux Hessois et aux autres peuples d'Allemagne vendus par leurs princes à l'Angleterre» (Mahnung an die Hessen und andere deutsche Stämme, die von ihren Fürsten an England verkauft wurden). Diese äußerst kritische Schrift richtete sich formal gegen die regierenden deutschen Fürsten, insbesondere gegen den Herzog von Hessen, der seine Untertanen ins Ausland verkaufte. Vor allem aber richtete sie sich gegen den alten Feind, den erbarmungs- und schonungslosen Despotismus in allen seinen Varianten und Schattierungen, der die Freiheit erstickte, die natürlichen Menschenrechte mit Füßen trat, für das Böse und die Willkür stand.

Sophie war überglücklich. Alle ihre Träume hatten sich erfüllt. Ihr Honoré-Gabriel weilte bei ihr, er war zärtlich zu ihr, und bald würde sie ein Kind von ihm bekommen.

Sophie glaubte, ihr Glück werde ewig währen. Das war allerdings eine Illusion.

Mirabeau bemerkte eines Tages, daß ihm in der Nähe seines Hauses stets ein und dieselbe Person begegnete. Stand er am Fenster, spürte er immer wieder einen auf ihn gerichteten Blick. Es gab keine Zweifel: Sie wurden wieder gejagt, die Spürhunde verfolgten ihre Spur.

Mirabeau irrte sich nicht. Überall erzählte der Marquis de Monnier, Mirabeau hätte ihm nicht nur die Ehefrau, sondern auch all seine Ersparnisse geraubt. Ganz Frankreich war durch diese beispiellose Verletzung der ehelichen Rechte, der königlichen Gesetze und der Gebote der heiligen Kirche erschüttert. Der Graf Mirabeau und die Marquise de Monnier, diese Verbrecher mit den wohlklingenden Namen, hätten, so hieß es, den gesamten Adelsstand entehrt und beleidigt. In den aristokratischen Salons der französischen Hauptstadt und auf den Adelsgütern wurde die Affäre über die Maßen hochgespielt: aus den

2000 Livres, die dem Marquis de Monnier entwendet worden waren, wurden 20 000, ja 200 000! Dieser schreckliche Verbrecher, der seinen unglücklichen Vater in den Schmutz gezogen hatte, sei zu jedem Verbrechen, zu Raub und Mord fähig.

Die öffentliche Entrüstung wurde von denjenigen in die gewünschte Richtung gelenkt, die am meisten geschädigt oder am schwersten betroffen worden waren: dem Marquis de Monnier, den die in ihren Gefühlen verletzten Damen zu einem Märtyrer der Nation oder sogar zu einem Nationalhelden erhoben; dem Monsieur de Saint-Mauris, Kommandant der Festung Joux, aus der der Schuft zu fliehen gewagt hatte; dem von seiner verbrecherischen Tochter entehrten und bestohlenen Ehepaar de Ruffey; dem Marquis de Mirabeau, genannt der «Menschenfreund», der sich sein Leben lang mit diesem Scheusal von einem Sohn abplagen mußte, und dem Marquis de Marignane, der sich von Anfang an gegen eine Ehe seiner Tochter mit diesem Unhold gestellt hatte. Die vornehmsten, wohlhabendsten und einflußreichsten Personen Südfrankreichs bildeten ein mächtiges Bündnis, das die Justiz nach seinem Willen lenkte.

In dem Prozeß gegen die beiden Flüchtlinge, der in Pontarlier stattfand, wurde ein hartes Urteil gefällt: Honoré-Gabriel Graf Mirabeau wurde «wegen Raubes und Entführung» zum Tode durch das Beil verurteilt; Sophie de Monnier sollte mit geschorenem Kopf den Rest ihres Lebens in einem Haus für gefallene Mädchen verbringen.

Es galt nur noch, das Urteil zu vollstrecken.

Die Polizei verstand ihr Handwerk. Zwei flüchtige Staatsverbrecher aufzuspüren, war für die französische Polizei keine schwierige Aufgabe, auch wenn sie auf Umwegen nach Amsterdam geflohen waren. Sie kam ihnen schnell auf die Spur. Jedoch dauerte es Wochen, die Auslieferung der beiden gesuchten Staatsverbrecher mit den niederländischen Behörden auszuhandeln.

Mirabeau fühlte, wie sich der Kreis um sie immer enger schloß. Im Mai 1778 traf er die Entscheidung, auf schnellstem Wege aus Amsterdam zu fliehen. Sophie konnte sich jedoch anfangs nicht entschließen, das stille Haus, in dem sie so glücklich gewesen war, zu verlassen. Von einem Tag auf den anderen zögerte sie die Abreise hinaus.

Die beiden konnten eine Zeitlang bei Amsterdamer Freunden Unterkunft finden. Am 14. Mai gelangte Mirabeau unbemerkt aus dem Haus. Als Sophie sich schließlich gegen Abend anschickte, das ihr so lieb gewordene Heim für immer aufzugeben, war es bereits zu spät. Das Haus war umzingelt, die Polizei drang in das Innere ein.

Zum zweitenmal stand Mirabeau vor einem Scheideweg. Er hätte seinen Verfolgern entkommen können. Seine Freunde würden ihm behilflich sein, falls er untertauchen wollte. Es ging um seinen Kopf, darüber war er sich vollständig im klaren. Durfte er aber Sophie allein in den Händen der Polizei, in den Händen ihrer Todfeinde, lassen?

Vielleicht könnte er ihr als freier Mann besser helfen? In dieser entscheidenden Stunde, in der ihr gemeinsames Glück wahrscheinlich für immer zerbrechen sollte, vermochte er es nicht, Sophie zu verraten, sie allein zu lassen.

Sophie blieb das Gefängnis Sainte-Pélagie erspart, in dem Prostituierte, Mörderinnen und «Hexen» einsaßen. Da sie ein Kind erwartete, wurde sie in eines der elenden Pariser Armenhäuser eingewiesen, dort sollte sie mit drei «Hexen» und einer an das Eisenbett geketteten Irren in einer kleinen und feuchten Zelle ihre Tage und Nächte verbringen. Als das Kind, ein Mädchen, geboren war, erwachte ihr Lebensmut von neuem. Es wurde Sophie-Gabrielle getauft, aber nach einigen Wochen Stillzeit der Mutter weggenommen und in ein entlegenes Dorf gebracht. Das Kind, nach dem sich Sophie stark sehnte, starb nach einiger Zeit. Sophie wurde in das Kloster in Gien verlegt. Wohl war das Leben dort leichter zu ertragen; aber es blieb ohne Hoffnung.

Mirabeau wurde nicht geköpft. Der alte Marquis de Mirabeau verfügte über genügend Einfluß, um mühelos die Umwandlung der Todesstrafe in lebenslängliche Gefängnishaft zu erwirken. Graf Mirabeau wurde in eine Einzelzelle im Turm der Festung Vincennes eingeschlossen.

Mauern, Fußboden und Decke aus Stein, ein schmaler Lichtstreifen, der früh am Morgen violett aufleuchtet, um schnell wieder zu erlöschen, sechs Schritte hin und sechs Schritte zurück, Tag für Tag, Woche für Woche, Monat für Monat, Jahr für Jahr, so sah Graf Mirabeaus Leben aus.

Nach einigen Bemühungen bekam er Papier, Federn und Tinte. Anfangs schrieb er Briefe – Proteste und flehentliche Bitten an den König, an Minister, an seinen Vater und an seine Verwandten. Alle bat er darum, ihm ein wenig Gerechtigkeit und Menschlichkeit widerfahren zu lassen und sein Schicksal zu ändern. Er bat sogar darum, ihn als einfachen Soldaten nach Amerika in den Krieg oder anderswohin zu schicken, nur nicht dort zu lassen, wo er lebendig begraben war. Auf seine Briefe erhielt er jedoch keine Antwort.

Er war fest entschlossen, nicht aufzugeben und weiterzukämpfen. Mirabeau schrieb im Kerker von Vincennes mehr als je zuvor. Dort entstand eines seiner reifsten und stärksten politischen Werke unter dem Titel «Des lettres de cachet et des prisons d'État» (Über die Haftbefehle und die Staatsgefängnisse).

«Ich denke immer und werde auch in Zukunft so denken, daß Gleichgültigkeit gegenüber Ungerechtigkeit Verrat und Gemeinheit ist.»

Die andere verallgemeinernde Schlußfolgerung reicht weiter und hat bereits einen deutlichen revolutionären Charakter: «Dem Menschen sind ausnahmslos alle Mittel erlaubt, um seine Ketten zu sprengen ...»

Wenn Mirabeau von den «erlaubten Mitteln» spricht, meint er ohne Zweifel das von ihm bereits in dem «Essai sur le despotisme» anerkannte Recht auf bewaffneten Widerstand gegen das System der Unterdrückung, das Recht auf gewaltsame Entmachtung der Unterdrücker.

Durch diese extremen Schlußfolgerungen wurde von Mirabeau im Grunde das Recht auf den bewaffneten Kampf gegen das System der Unterdrückung, das Recht auf die Revolution anerkannt und vom Standpunkt der von ihm verteidigten natürlichen Menschenrechte begründet.

Mirabeau war, ausgehend von seinem persönlichen Schicksal, zur Kritik an dem bestehenden Regime übergegangen. Objektiv bedeutete dies, daß diesem System der feudal-absolutistischen

Rechtlosigkeit und des Despotismus ein anderes, auf dem Grundsatz von den «natürlichen Menschenrechten» beruhendes der bürgerlichen Rechtsordnung gegenübergestellt wurde.

Man muß aber einen weiteren, für Mirabeau wichtigen Aspekt erwähnen. Er maß einer liberalen, fortschrittlichen und repräsentativen Monarchie eine große Bedeutung bei. Vom Standpunkt seiner Ideale aus stellte die englische konstitutionelle Monarchie die beste Form der Monarchie dar. Die erste und wichtigste Forderung, die Mirabeau an die ihm vorschwebende Gesellschaftsordnung stellte, war, daß sie eine Monarchie sein sollte.

Seine Vorliebe für die Monarchie hatte nichts mit dem persönlichen Geschmack dieses hervorragenden Politikers zu tun. Sie wies nicht etwa auf eine besondere Eigenart hin. Im Gegenteil, die Idee von einer Monarchie beherrschte im 18. Jahrhundert Frankreich; sie ist auch bei Mirabeaus politischen Zeitgenossen und Theoretikern anzutreffen. Eine Debatte über eine andere Gesellschaftsordnung wäre für eine unvernünftige, unpraktische, sinnlose und völlig abstrakte Denkweise gehalten worden. Drei Beispiele belegen das überzeugend: In den Jahren vor der Revolution rechneten die drei später berühmten Redner der Jakobiner und Führer der revolutionären Regierung, Maximilien Robespierre, Georges-Jacques Danton und Jean-Paul Marat, unter die überzeugten Anhänger der Monarchie. Noch zehn Jahre vor Ausbruch der Revolution wurde die These von der Unerschütterlichkeit der Monarchie fast in der gesamten fortschrittlichen Literatur Frankreichs verbreitet.

Alle waren mit der Monarchie unzufrieden, keiner jedoch kam auf den Gedanken, sie in Zweifel zu ziehen. Die gesamte politische Literatur in der Zeit vor der Revolution, Camille Desmoulins vielleicht ausgenommen, lehnte republikanische Einrichtungen rundweg ab. Noch früher hatte offensichtlich der Gedanke Verbreitung gefunden, wonach eine Republik aristokratisch sei. Die Monarchie wurde der Republik entgegengestellt, vor allem aus Furcht vor der Republik, in der man eine direkte Bedrohung für die künftigen Freiheiten sah.

Honoré-Gabriel Mirabeau teilte voll und ganz alle Vorurteile oder Irrtümer seiner Zeitgenossen. Er dachte nicht über eine abstrakte Republik nach, sondern über die Welt, in der er lebte. Er lebte in einer Monarchie, die die privilegierten Stände verdorben hatten und die die abstoßenden Züge eines despotischen Regimes kennzeichneten. Der Despotismus mußte vernichtet werden, damit die alte französische Monarchie besser und gerechter würde.

Diese politischen Ansichten vertrat Mirabeau in jener Zeit.

Dem Traktat «Über die Haftbefehle und die Staatsgefängnisse» wird kein dominierender Platz im literarischen Nachlaß von Mirabeau zugewiesen. Dieses Werk, das seine sich allmählich herausbildenden politischen Überzeugungen am deutlichsten widerspiegelt, blieb unterbewertet.

Alphonse de Lamartine, der nicht nur ein berühmter romantischer Dichter und Historiker, sondern auch Staatsmann, Minister des Äußeren und einer der besten Redner Europas war, der mit seinen wohlklingenden Reden und seinem üppigen Haarwuchs die Aufmerksamkeit der ganzen Welt auf sich zog, entwarf in seiner berühmten «Histoire des girondins» (Geschichte der Girondisten) ein treffendes Porträt von Mirabeau.

Als erster hieß er die Briefe von Sophie Monnier und Mirabeau, die sie sich im Verlauf von fast vier Jahren aus den Gefängnissen geschrieben haben und die seinerzeit viel Aufsehen erregten, verehrungswürdig. Die Meinung des Dichters, dessen Autorität und ästhetische Kompetenz ebenso als unanfechtbar galten wie sein künstlerischer Geschmack, wurde nahezu klassisch.

Diese Ansicht, die Lamartine erstmals offen vertreten hatte, wurde von Mario Proth in einer umfangreichen Einleitung zu den von ihm unter dem Titel «Lettres d'amour» (Liebesbriefe) herausgegebenen Briefen Mirabeaus dreißig Jahre danach bekräftigt. Der Briefwechsel zwischen Mirabeau und Sophie de Monnier wurde zu einem gleichsam klassischen Vorbild der Liebe zweier Menschen, die sich grenzenlos ergeben waren.

Man kann sich nur vorstellen, wie langsam, wie unendlich langsam die Zeit für zwei Menschen vergeht, die einander lieben, aneinander denken und umeinander fürchten, die für lange Jahre getrennt sind. Wahrscheinlich hat Lamartine recht mit seiner Behauptung, daß die Liebesgeschichte von Sophie und Honoré-Gabriel unsterblich ist.

Doch lesen wir diese Briefe noch einmal aufmerksam. Ein Jahr ist vergangen, in dem kein Wunder geschah. Die wuchtigen Türme der Festung Vincennes reckten sich wie eh und je drohend empor. Nach wie vor lebten deren Insassen nach denselben unumstößlichen, harten Regeln. Wie früher wurde das Kloster, in das Sophie de Monnier eingeschlossen war, von strengen, schwarzgekleideten Nonnen behütet. Ein Tag glich dem anderen.

Fest entschlossen, seinen Feinden nicht wie ein dummes und halbblindes Kaninchen in die Hände zu fallen, tat Mirabeau alles, sich ihrem Willen zu entziehen. Er durchdachte den zeitlichen Ablauf der Aufgaben, die in den nächsten zwei Jahren vor ihm standen.

Mirabeau begann also an seinem Traktat «Über die Haftbefehle und die Staatsgefängnisse» zu schreiben. Im Verlauf der Arbeit zog er eine immer größere Anzahl von Belegen und literarischen Quellen heran, die ihm bei der Untersuchung der jeweiligen Fragen halfen. Gleichzeitig nahm er die Arbeit an einer Reihe von größeren literarischen Werken auf: umfangreiche Nachdichtungen aus Homer, nach altgriechischen Quellen und der englischsprachigen Version von Pope, Übersetzungen aus den Werken von Tacitus und von Boccaccio, die ihm schnell von der Hand gingen und die er sorgfältig redigierte. Seine Leistungsfähigkeit war ebenso beeindruckend wie sein hohes Konzentrationsvermögen.

In der Festung Vincennes entwickelte er eine so große Produktivität, wie sie unter anderen, weitaus günstigeren Bedingungen schwerlich zu erwarten gewesen wäre. Mit List gelang es ihm, die Herausgabe von Boccaccios Werken in die Wege zu leiten.

Jeden Tag schrieb er zwei, drei Briefe an Sophie. Er schickte ihr seine Übersetzungen, fragte sie um ihre Meinung zu diesem oder jenem literarischen Problem. Aufrichtig war er um die Entwicklung ihres literarischen Geschmacks bemüht, und wie früher fand er liebevolle, zärtliche Worte für sie.

Indessen waren bereits drei Jahre ins Land gegangen.

Die Briefe der Liebenden, die einst so glücklich gewesen waren, wurden immer kürzer und seltener. Honoré-Gabriel und Sophie verspürten weniger den Wunsch, sich einander mitzuteilen.

Im dritten Haftjahr traten im Verhalten, in der Lebensweise und in der Psyche dieses Mannes, der bisher eisern erschienen war, Verfallserscheinungen auf. Er schrieb in den Nächten ungeheuerliche erotische Geschichten und vermochte stundenlang in Gedanken versunken auf einen Punkt zu starren.

Die Nachrichten, die ihn von außen erreichten, waren ebenso traurig und hart wie alles, womit er in dieser Festung in Berührung kam. Sein Sohn, der kleine Victor, an den er in den Tagen der erzwungenen Einsamkeit so viel dachte, war einer Kinderkrankheit erlegen.

Sophie und Honoré-Gabriel verheimlichten einander die traurige Nachricht vom Tod ihrer kleinen Sophie-Gabrielle. Aber beiden lag dieser Verlust wie ein schwerer Stein auf dem Herzen.

Im Spätherbst 1780, als der Novemberwind die letzten Blätter von den Bäumen riß, als die frühe Dämmerung schonungslos die Unabwendbarkeit des heranrückenden Winters verkündete, glaubte Mirabeau, das alles nicht mehr länger ertragen zu können. Er fühlte sich nicht imstande, noch einen Winter durchzustehen.

Seinem Vater, der sich auf Schloß Bignon aufhielt, schrieb er reuevolle Briefe, mit der Bitte, ihm alles zu verzeihen. Bedingungslos erkenne er die moralische Überlegenheit des Vaters, dessen Weisheit und Großmut an. Demütig bat er, alles zu versuchen, um ihn, seinen Sohn, aus dieser schrecklichen Gruft herauszuholen, in der er lebendig begraben sei. Auch an seine Frau richtete er flehentliche Briefe. Spürte Marquis de Mirabeau in diesen Zeilen nun eine letzte, alles übersteigende Verzweiflung, oder hatte sich der schroffe Charakter des greisen Mannes verändert? Ohne weitere Überlegung ergriff er die erforderlichen Maßnahmen. Die Entscheidung des alten Marquis genügte, um in wenigen Stunden des Schicksal seines Sohnes zu ändern.

Den Winter 1781 brachten Vater und Sohn gemeinsam im alten Schloß Bignon zu. Mirabeau gab dem Vater in allem recht. Aber nach einiger Zeit begann dieser scheinbar von den Haftjahren völlig gebrochene, zerstörte Mann allmählich aufzuleben.

An einem Frühlingstag des Jahres 1781 trat Mirabeau die Reise nach dem fernen Gien an, wo Sophie de Monnier noch immer unter der Aufsicht der Nonnen stand.

Nach vierjähriger Trennung kam es endlich zu einem Wiedersehen, von dem sie so oft als von dem glücklichsten Tag ihres Lebens geträumt hatten. Beiden fiel es schwer, ihre wahren Gefühle, die sich in ihren Gesichtern widerspiegelten, zu verbergen. Honoré-Gabriel erblickte eine nicht mehr junge, schwerfällige Frau mit graumelierten und sich bereits lichtenden Haaren, mit geschwollenen Lidern über verblaßten Augen und mit verwaschenen Gesichtszügen. Ihre einstige lebhafte Leichtigkeit war völlig verlorengegangen. Auch er hatte sich verändert. Selbstverständlich waren die beiden bemüht, sich den Anschein zu geben, als sei alles beim alten geblieben. «Ich liebe dich noch so wie früher. Ich werde dich immer lieben», beteuerten sie einander wie einst. Diese Worte aber waren eine Lüge, und beide spürten das deutlich. In den Jahren der Trennung war ihre Liebe gestorben.

Beide fühlten sich wahrscheinlich erleichtert, als diese schwer zu ertragende Begegnung zu Ende war. Beim Abschied wiederholte er natürlich noch einmal die so oft gegebenen Versprechungen. Worte waren jedoch schon überflüssig. Es war ihre letzte Begegnung. Honoré-Gabriel schrieb nicht mehr an Sophie.

Sie lebte noch einige Jahre im Kloster von Gien, von dem sie sich nicht trennen wollte. Im September 1789, als der sie regelmäßig besuchende Geistliche in den Morgenstunden wie gewöhnlich ihre Zelle betrat, fand er Sophie tot auf. Sie hatte am Vorabend absichtlich brennende Kohlen im Ofen gelassen und die Ofenklappe geschlossen. Offensichtlich war sie an Kohlengasvergiftung gestorben.

An einem Wintertag des Jahres 1781 fand Marquis de Mirabeau, nachdem er sich überzeugt hatte, daß sein Sohn geistig wie körperlich wiederhergestellt war, es sei nun an der Zeit, mit ihm ein offenes Wort zu reden. Honoré-Gabriel befand sich nach wie vor in einer zweideutigen Position, ja, es stand denkbar schlecht um ihn. Die Gerichtsentscheidung von Pontarlier war nicht aufgehoben worden, sogar das Todesurteil, eine grausame Strafe für Mirabeaus Vergehen, war voll in Kraft geblieben; es war lediglich noch nicht vollstreckt worden. Honoré-Gabriels erste und wichtigste Aufgabe bestand darin, eine Überprüfung der Gerichtsentscheidung von Pontarlier zu erwirken und um die Aufhebung des

Urteils sowie die Wiederherstellung seines guten Namens zu kämpfen.

Danach gedachte der Marquis die zweite Aufgabe anzugehen, nämlich Honoré-Gabriel mit seiner Frau auszusöhnen, ihr Familienleben ins reine zu bringen und eine vollständige Fusion der Besitztümer und Ländereien der Marignane mit denen der Mirabeau zu erreichen.

Honoré-Gabriel nahm den strategischen Plan seines Vaters ohne Widerrede an. Im Grunde genommen hätte ihm ein Einspruch auch nichts genutzt. Der Kampf zur Wiedererlangung der eingebüßten Positionen mußte mit den elementarsten Dingen beginnen. Es galt zunächst einmal, den Kopf auf den Schultern zu behalten.

Graf Mirabeau traf im Februar 1783 in Pontarlier ein, suchte freiwillig das dortige Gefängnis auf und erklärte gegenüber den örtlichen Behörden, er sei gekommen, um persönlich an dem Gerichtsprozeß teilzunehmen, der vor ein paar Jahren in seiner Abwesenheit stattgefunden habe.

Das wiederaufgenommene Verfahren dauerte einige Monate und zog während seines Verlaufs die Aufmerksamkeit der französischen Öffentlichkeit in einem zunehmenden Maße auf sich. Graf Mirabeau verzichtete auf einen Rechtsanwalt und verteidigte sich selbst. Er nutzte einen in der Gerichtsentscheidung von 1778 enthaltenen Widerspruch aus, denn die Hauptanklage hatte damals nämlich auf Verführung der Marquise Sophie de Monnier gelautet.

Von Verführung (séduction) konnte aber nach der geltenden Rechtsordnung nur in dem Falle die Rede sein, wenn es sich um ein unschuldiges und unverheiratetes Mädchen handelte. Mirabeau nutzte diesen juristischen Punkt gekonnt aus. In Pontarlier zeigte er zum erstenmal in überzeugender Weise seine gewaltige Rednerkraft. Er verhöhnte seine Gegner und verspottete ihre haltlosen juristischen Argumente. Wie könne man ihm die Verführung einer Dame zur Last legen? Wie könne man wegen der Verführung einer Dame seinen Kopf verlangen, wenn diese Dame bereits mehrere Jahre verheiratet gewesen sei? Er ging von der Verteidigung zum Angriff über. Seine Anklagereden waren genauso kunstvoll aufgebaut und aussagekräftig wie seine Plädoyers. Er ließ sie als Broschüre drucken und landesweit verbreiten. Ganz Frankreich las hingerissen Mirabeaus Reden.

Er wies nach, daß die Anklageschrift auf Widersinnigkeiten und Fehlern aufgebaut worden war, und verlangte kategorisch eine Aufhebung des Gerichtsurteils, demzufolge zwei unschuldige Menschen eine so schwere und keineswegs verdiente Strafe verbüßen mußten. Er forderte ferner die vollständige Rehabilitierung für sich selbst und für die Marquise Sophie de Monnier.

Mirabeaus erstaunliche Redegewandtheit war so überzeugend, daß sie ihm die Zuneigung der meisten Richter gewann. Am 14. August 1783 fällte das Gericht seine endgültige Entscheidung und hob das frühere Urteil auf. Alle Anschuldigungen gegen Mirabeau wurden als rechtsungültig erklärt. Sogar die sich auf eine recht bedeutende Summe von vierzigtausend Livre belaufenden Gerichtskosten wurden dem betagten Marquis de Monnier auferlegt.

Das war der vollständigste Sieg, den Mirabeau jemals errungen hatte. Ein derartiges Gerichtsurteil war schwerlich zu erwarten gewesen. Graf Mirabeau hatte seinen guten Namen wiedererlangt. Er war vom Nimbus eines Märtyrers umgeben und zählte zu den bekanntesten Persönlichkeiten des Landes.

Der alte Marquis, der während des Prozesses die Taktik seines Sohnes als eine viel zu gefährliche und draufgängerische mißbilligt hatte, rieb sich nun vergnügt die Hände mit dem Bemerken: «Diese Esel hatten offenbar vergessen, daß sie es mit meinem Sohn zu tun haben.»

Die Lösung der zweiten Aufgabe hingegen, die sein Vater Honoré-Gabriel gestellt hatte, wollte nicht so recht gelingen.

Für Émilie Gräfin Mirabeau waren die Jahre, die ihr Mann in der Burg von Vincennes verbracht hatte, die glücklichsten ihres Lebens. Sie gehörte in dieser Zeit zu den favorisierten Damen, und eine Vergnügung löste die andere ab. Das aristokratische Frankreich wußte von ihrem Verhältnis mit dem Grafen Gallifet. Die gleichen Anschuldigungen, die 1778 dem Gericht in Pontarlier den Anlaß gegeben hatten, Mirabeau erst zum Tode, dann aber doch zu lebenslanger Haft in der Burg von Vincennes zu verurteilen sowie Sophie de Monnier zu Schmach und Schande und zur Einschließung in ein Kloster zu verdammen, hätten eigentlich auch gegen den Grafen Gallifet und die Gräfin Mirabeau erhoben werden können. Es gab aber einen Unterschied: Während im ersteren Fall die beiden Liebenden hart dafür zahlen mußten, weil sie sich offen zueinander bekannten, ohne sich um die öffentliche Meinung zu kümmern, geschah im letzteren Fall der Ehebruch unter Einhaltung der üblichen Spielregeln und unter Respektierung der offiziellen Scheinheiligkeit.

Émilie de Mirabeau konnte dank ihres besonderen Status ein leichtes und ungezwungenes Leben führen, und sie war nicht im geringsten geneigt, ihre Lebensweise zu ändern. Außerdem besaß sie ein beträchtliches, von ihrem Vater ererbtes Vermögen, worüber sie allein zu verfügen gedachte.

Verhandlungen zwischen beiden Parteien blieben deshalb erfolglos. Daraufhin strengte Honoré-Gabriel Mirabeau, der wie früher den Ratschlägen seines Vaters folgte, einen Prozeß gegen Émilie an. Das Gerichtsurteil sollte Émilie verpflichten, zu ihrem Ehegatten zurückzukehren und mit ihm unter einem Dach zu leben.

Der im Februar 1783 in Aix beginnende Prozeß stellte im Grunde genommen eine Auseinandersetzung zwischen den beiden mächtigsten Familienkasten der Provence, der der Mirabeau und der der Marignane, dar. Allerdings mit dem Unterschied, daß die Mirabeau nicht durch ihre beiden Oberhäupter, den Marquis de Mirabeau und dessen jüngeren Bruder Bailli Mirabeau, vertreten waren. Das war vielmehr ein Prozeß des Grafen Mirabeau gegen die Familie de Marignane. Die Rednerkunst stand gegen die Macht des Reichtums. In der Hauptstadt der Provence, in Aix, war alles und jeder von Marquis de Marignane und seinem Clan gekauft. Als Mirabeau versuchte, sich wenigstens einen Rechtsanwalt geneigt zu machen, erwies sich das als unmöglich. Die großen wie die kleinen Gerichtsbeamten, alle an dem Verfahren Beteiligten, standen unter Marignanes Einfluß. Bei einer solchen Konstellation war das Gerichtsurteil gleichsam vorausbestimmt. Obwohl der Prozeß in Aix – darüber war sich Mirabeau völlig im klaren – ihm materiell und moralisch Schaden zufügte, so würde er doch insgesamt zum weiteren Anwachsen seiner Popularität beitragen.

Das öffentliche Interesse an dem Prozeß, der in Aix stattfand, war unheimlich groß. Der Gerichtssaal faßte nur einen Teil jener, die dem berühmtesten Gerichtsverfahren jener Zeit beiwohnen wollten.

Der Hauptgrund für dieses Interesse an einem scheinbar völlig privaten Fall blieb Uneingeweihten verborgen. Die Familiensippe der Marignane rang um ihr alleiniges Recht auf die gewaltige Erbschaft des Marquis. Solange der kleine Victor noch lebte, war er neben seinem Vater, dem Ehemann Émilie de Mirabeaus, der Haupterbe. Nach Victors Tod aber und angesichts der Unstimmigkeiten zwischen Émilie und ihrem Mann ergab sich für die Marignane eine günstige Gelegenheit, durch Schüren der Zwistigkeiten zwischen den Eheleuten Mirabeau aus dem Kreis der Erben auszuschließen. Ebendiese eigennützigen Pläne machten die Marignane so unversöhnlich.

Unter den eigens nach Aix gekommenen Zuhörern der Gerichtsverhandlungen sah man in den ersten Reihen den österreichischen Erzherzog Ferdinand, einen Bruder der Königin Marie Antoinette und den Statthalter der Lombardei mit Gemahlin. Der hohe Gast, der gerade eine Reise durch Frankreich unternahm, vermutete nicht ohne Grund, daß das Interessanteste, was er in dem benachbarten Königreich sehen und erleben könne, der Prozeß des berühmten Mirabeau sein werde.

Das Verfahren dauerte einige Monate. Beide Parteien gingen anfangs vorsichtig vor, wußten sie sich ja im Besitz noch stärkerer Waffen, die sie einstweilen noch nicht ins Feld führten. Es ist schwer zu sagen, was in diesen ersten Reden der miteinander prozessierenden Parteien dominierte: Täuschungsmanöver, den Gegner ablenken, oder theatralische Effekte, die die Sympathien der Zuhörerschaft gewinnen helfen sollten.

Den entscheidenden Schlag versetzte Portalis, der Hauptverteidiger der Marignane, Mirabeau am 7. Mai. Émilie dachte von vornherein nicht an eine Aussöhnung mit dem Mann, der sich noch immer ihr Ehegatte nannte. Sie übergab Portalis Briefe des Marquis de Mirabeau an sie, in denen von Honoré-Gabriel die

Rede war. Es gab keine noch so unwahrscheinlichen, grauenhaften, denkbaren und undenkbaren Greueltaten, die dem schrekkenserregenden Gemahl der unglücklichen Gräfin Mirabeau nicht angelastet wurden. Portalis schilderte Mirabeau als einen Missetäter, Tyrann, Wüstling und Betrüger, als einen gewissen- und ehrlosen Menschen. Das Schlimmste an Portalis' Anklageschrift war, daß er sich auf Äußerungen des ehrwürdigen Vaters Honoré-Gabriels, des Marquis de Mirabeau, oder aber der Gräfin Mirabeau berufen konnte.

Der verheerende Schlag ließ Mirabeau scheinbar keine Chance, sich von ihm zu erholen und das gerichtliche Duell fortzusetzen.

Mirabeau hielt seine Antwortrede, die vier Stunden dauerte, am 23. Mai. Sie gilt als der Höhepunkt des Gerichtsverfahrens in Aix. Zu Beginn seiner Rede brachte Mirabeau sein Bedauern zum Ausdruck, daß die Rechtsanwälte der Gegenpartei sich einzig um die Sammlung von ihn belastenden Materialien bemüht hätten, anstatt nach Wegen zu einem Vergleich der beiden Seiten zu suchen. Sie hätten ihn, Mirabeau, gezwungen, sich Kapiteln der Vergangenheit zuzuwenden, die von ihm unter anderen Umständen niemals berührt worden wären. Daraufhin zitierte er einen Brief Émilies, den er seit dem Jahr 1774 aufbewahrte und der sich auf die ersten und glücklichen Tage ihres Ehelebens bezog. Sie gestand darin ihr Verhältnis mit dem Chevalier de Gassaud ein und bat ihren Mann um Verzeihung. Darüber hinaus versprach sie, daß sich nichts dergleichen wiederholen würde.

Dieser erste gewaltige Gegenschlag rief nach dem Verlesen des Briefes laute Ausrufe bei den Anwesenden hervor. Gräfin Mirabeau, die von Portalis als züchtiges Schäflein hingestellt worden war, was Mirabeau bis dahin auch kein einziges Mal bestritten hatte, erschien nun in einem ganz anderen Licht. Der Instinkt eines geschickten Redners, der vor allem über ein feines Gespür für die Stimmung der Zuhörer verfügt, hielt Mirabeau vor weiteren kritischen Bemerkungen an die Adresse seiner Frau zurück. Zuerst richtete er seine Kritik und seine zunehmende Entrüstung gegen Émilies Vater. Sodann führte er seine Hauptwaffe gegen Portalis ins Feld, mit dem er für die Gerichtsverhandlung vom 7. Mai abrechnen mußte.

Mirabeau warf Portalis vor, die ihm gebotenen Möglichkeiten als Rechtsanwalt nicht zum Guten genutzt zu haben und genaugenommen der Anstifter des laufenden Prozesses zu sein. Er stürzte sich mit zunehmender Wut auf seinen Gegner und schloß seine Anklagerede mit folgenden Worten: «Wenn ein Rechtsanwalt mit seiner ganzen Beredsamkeit erlogene Erklärungen abgibt und Verleumdungen ausspricht, wenn er Schriftstücke unterschlägt oder falsch deutet, so ist ein solcher Mann ein Verkäufer von Lüge und Verleumdung.»

Portalis versuchte aufzustehen, um Mirabeau zu antworten, konnte aber den vernichtenden Schlägen seines Gegners nicht standhalten. Er verlor das Bewußtsein, brach auf der Stelle zusammen und wurde aus dem Gerichtssaal getragen.

Im Juli fällte das Gericht, das sich aus den Leuten der Marignane zusammensetzte, ein Urteil, auf das der Marquis de Marignane erheblichen Einfluß genommen hatte. Mirabeau war vom Ausgang dieses Prozesses nicht überrascht. Eine Aussöhnung mit Émilie war sowieso unmöglich, und er brauchte sie eigentlich auch nicht. Was in diesem Prozeß wirklich zählte, waren die Vermögensinteressen der beiden Parteien.

Noch vor der Entscheidung des Gerichts hatte Mirabeau den Grafen Gallifet zum Duell herausgefordert. Am 6. Juli verletzte Mirabeau seinen Gegner mit dem Säbel leicht am Arm. Zwei Tage später forderte Mirabeau Gallifet erneut heraus; dieser zog es jedoch vor, nicht an dem festgelegten Ort zu erscheinen. Daraufhin schickte ihm Mirabeau eine Schachtel mit Krebsen, der er einen Zettel mit folgendem Inhalt beilegte: «Bei ihnen sollten Sie lernen, wie man sich zurückzieht!»

Der Prozeß in Aix war für Mirabeau ergebnislos verlaufen, brachte ihm jedoch einen bedeutenden moralischen Gewinn. Noch mehr als der Prozeß in Pontarlier trug er dazu bei, seine Popularität unter breitesten Bevölkerungsschichten und insbesondere unter dem Dritten Stand zu heben. Ging Mirabeau durch die Straßen von Aix oder anderen Städten Südfrankreichs, wurde er mit Beifall begrüßt. Unbekannte Menschen drückten ihm die Hand, zogen grüßend den Hut und stellten sich auf seine Seite.

Der Prozeß in Aix gehörte nicht nur zu den sensationellsten

seiner Zeit, sondern erregte noch größeres Aufsehen als der spektakuläre Prozeß Beaumarchais' gegen Goezman.

Mirabeau wurde berühmt. Von seiner Redekunst, die er im Verlauf der Wortgefechte im Gerichtsaal bewiesen hatte, erzählte man sich wahre Wunderdinge. Um Mirabeau schlossen sich nunmehr junge und überwiegend fortschrittlich gesinnte Männer zusammen: Brissot, der spätere berühmte Führer der Girondisten, der sich damals mit journalistischen Arbeiten und philosophisch-publizistischen Werken hinaufzuarbeiten versuchte; Clavière, einer der führenden Genfer Demokraten, der später ebenfalls eine nicht geringe Rolle unter den Girondisten spielen sollte und der bereits ein bedeutender Finanzier war; Chamfort, einer der bekanntesten Schriftsteller der vorrevolutionären Zeit, der schon zu Lebzeiten großes Ansehen genoß und einen anerkannten Platz in der literarischen Welt einnahm. Chamfort und Mirabeau verband bald enge Freundschaft, die die Zeit überdauerte. Mirabeaus Volkstümlichkeit war so groß, daß sie sogar einige junge Aristokraten anzog, die die nahenden Veränderungen spürten. Unter ihnen befand sich der junge, charmante Bischof von Autun, Charles-Maurice de Talleyrand-Périgord, dessen hervorragender Spürsinn Mirabeaus Ausstrahlungskraft erkannte. Talleyrand stand damals noch am Anfang. Man nannte ihn, vornehmlich im Kreise der Damen, zärtlich lächelnd einen «entzückenden Jungen». Dieser gewandte Charmeur zeigte aber bald auch andere, wesentlich nützlichere Eigenschaften. Anfang der achtziger Jahre sah er Mirabeau zum erstenmal. Er spürte dessen Kraft und hatte eine besondere Vorliebe für ihn. Viel später vermochte er den jungen General Bonaparte richtig einzuschätzen.

Auch einflußreiche Minister kamen nun nicht umhin, Mirabeaus Meinung zu respektieren. Graf de Vergennes, Minister des Äußeren unter Ludwig XVI., bat ihn in einer Reihe von Fragen um Rat. Im Jahre 1786 erhielt Mirabeau einen streng geheimen diplomatischen Auftrag, der ihn nach Berlin führte. Er hing mit komplizierten diplomatischen Kombinationen Vergennes' zusammen, der von einem neuen Bündnis zwischen Großbritannien, Frankreich und Preußen träumte. Von dessen Vorteilen sollte Mirabeau den betagten König Friedrich II. ebenso überzeugen wie den Prinzen Heinrich. Diese diplomatische Mission war in Wirklichkeit bei weitem nicht so harmlos, wie sie auf den ersten Blick scheinen mochte. Gegen wen war diese Koalition, falls sie zustande kam, gerichtet? Die Antwort ist nicht schwer zu erraten: gegen das mächtige Reich der Habsburger. Eine Politik, die sich jedoch gegen Österreich richtete, erforderte höchste Vorsicht, vor allem aus innenpolitischen Rücksichten. Gegen Österreich kämpfen hieß, gegen die mächtige Königin Frankreichs, Marie Antoinette, und gegen die ihr ergebene österreichische Partei kämpfen.

Mirabeau ließ sich aber davon nicht beeindrucken. Er wußte nur allzu gut, daß ihn Marie Antoinette nicht ausstehen konnte. Schon früher, als in England sein Pamphlet zur Verteidigung des unter dem Despotismus der Habsburger leidenden niederländischen Volkes erschienen war, hatte sie einen Geheimbefehl über seine Einkerkerung vorbereitet. Mirabeau wußte auch noch von anderen Haftbefehlen, die sie bereithielt, um ihn bis ans Ende seiner Tage in der Festung Vincennes gefangenzusetzen.

Doch die Zeiten änderten sich. Nicht nur die Fürsprache einiger hochgestellter Damen, die sich des Grafen Mirabeau angenommen hatten, schützte ihn vor den Geheimbefehlen. Auch die Macht der Königin war nicht mehr so groß wie früher.

Ab Mitte der achtziger Jahre spürte man in Frankreich, daß eine Explosion von gewaltiger Stärke bevorstand. Die Aufmerksamkeit, die nunmehr dem ehemals rechtlosen Gefangenen von Vincennes zuteil wurde, war schon ein direkter Beweis für die Veränderungen, die im gesellschaftlichen Bewußtsein vorgingen.

Im Jahre 1783 unterzeichnete Frankreich den Versailler Vertrag, der dem Krieg gegen England ein Ende setzte. Er ließ zuerst die Hoffnung aufkommen, daß die Beendigung des Krieges die Finanzen des Königreichs bessern würde. Marie Antoinettes Verschwendungssucht, die auf immer neue Möglichkeiten verfiel, das Geld mit vollen Händen auszugeben, aber auch die ungezügelte Geldgier der Höflinge, schamloser Diebstahl, die allgemeine Korruption und Verantwortungslosigkeit, die ans Verbrechen grenzenden Spekulationen, in die höchste Beamte des Königs ebenso verwickelt waren wie der Minister Calonne, ließen jedoch das Defizit in der Staatskasse mit einer bedrohlichen Schnelligkeit anwachsen und schufen unüberwindliche finanzielle Schwierigkeiten.

Die unfähigen und der Königin hörigen Finanzminister betrieben eine solche Politik, als wollten sie die allgemeine Unzufriedenheit noch schüren. Der im September 1786 mit England abgeschlossene Handelsvertrag gereichte allein der englischen Seite zum Nutzen; für Frankreich war er äußerst ungünstig. Vom Dritten Stand wurde der Vertrag völlig zu Recht kritisiert.

Die Finanzminister behielten ihren Posten nie sehr lange. Auf Joly de Fleury folgte Lefèvre d'Ormesson, der sich ebenfalls nicht lange zu halten vermochte. Charles Alexandre de Calonne hatte diese wichtige Funktion am längsten inne, er übte sie von 1783 bis 1787 aus.

Wohlgestaltet, elegant und freundlich, schien Calonne ein Geheimnis besonderer Art zu kennen. Für ihn gab es keine unüberwindbaren Hindernisse, keine Schwierigkeiten. Ohne die geringste Widerrede erließ er Schulden, gewährte er Pensionen und Anleihen. Mit seinem entwaffnenden, hinreißend vertraulichen Lächeln gestand er dem König einmal in einem Gespräch seine privaten Schulden ein, die sich zwar nur auf die «Kleinigkeit» von 220 000 Livres beliefen, ihn aber doch bedrücken würden. Daraufhin soll der König sofort die Summe seiner Privatschatulle entnommen und sie dem Minister übergeben haben. Seine finanziellen Transaktionen waren überhaupt sehr undurchsichtig. Fast jedes Jahr nahm Calonne Anleihen in Höhe von 100 Millionen Livres und mehr auf, um die laufenden Unkosten zu bestreiten. Die damit verbundene Subskription verlief stets recht erfolgreich. In seinen offiziellen Reden versicherte Calonne, die finanzielle Lage des Staates sei in bester Ordnung und sie werde sich in Zukunft noch mehr bessern. Den Wunsch der Königin, das Schloß Saint-Cloud zu erwerben, erfüllte Calonne unverzüglich und gab dafür 15 Millionen Livres aus. Weitere 14 Millionen kostete Schloß Rambouillet, auf das der König ein Auge geworfen hatte.

Marie Antoinette und alle Hofdamen atmeten erleichtert auf: Im Gegensatz zu diesem Geizhals von Necker, der sogar noch an Kerzenstummeln sparen wollte, sei in Frankreich nun endlich ein tüchtiger Finanzminister am Ruder, der sein Handwerk verstand.

Es kam diesen Herrschaften nicht in den Sinn, daß der von Natur aus recht kluge Calonne längst begriffen hatte, wie groß und untilgbar die Staatsschulden waren, und daß er daher den alten Staatsschulden sorglos neue hinzufügte. Ob 30 Millionen mehr oder weniger, was für einen Unterschied machte das schon, wo der Staat sowieso zahlungsunfähig war.

Die königliche Kasse war leer. Der Staat vermochte seinen Zahlungsverpflichtungen nicht nachzukommen. Der König sah 1787 keinen anderen Ausweg, als eine Notabelnversammlung nach Versailles einzuberufen. Die privilegierten Stände aber zeigten sich nicht einmal bereit, ein Quentchen ihres Vermögens zu opfern, um das schwankende Gebäude der Monarchie zu stützen. Die Beratung der Notabeln endete mit einem vollständigen Mißerfolg.

Die Lage der Bauern, der Armen und der kleinen Leute in den Städten verschlechterte sich nicht nur durch die Mißernten von 1787 und 1788 radikal, sondern auch durch den harten Winter 1788/89, als die Seine und andere Flüsse in Nordfrankreich zugefroren waren. Das Volk konnte und wollte sich nicht mehr mit den Entbehrungen und Leiden abfinden. Die königliche Macht versuchte, die sich rasch vertiefende Krise zu überwinden, sie schrieb die längst fälligen Wahlen zu den Generalständen aus.

Graf Mirabeau verließ im Januar 1786 in einer kleinen, aber bequemen Equipage Paris. Mit einem Diplomatenpaß versehen, fuhr er in Richtung Ostgrenze. Mit ihm hatten Amélie-Henriette de Nehra und Mirabeaus kleiner Sohn Lucas de Montigny die weite Reise angetreten. Fast doppelt so alt wie sie, hatte Mirabeau plötzlich Zuneigung zu dieser jungen Blondine gefaßt. Klug, gebildet und besonnen, gewann Madame de Nehra von Tag zu Tag an Einfluß auf ihn. Die Liebe ergänzte Freundschaft und eine Art intellektuelle Zusammenarbeit. Madame de Nehra nahm an all seinen literarischen Vorhaben teil und leistete ihm dabei eine recht wertvolle Hilfe. Der kleine Junge, der in der Kutsche mitfuhr, war Mirabeaus Sohn von einer anderen Frau. Mirabeau hing sehr an dem Kind, dem Madame de Nehra aus freiem Herzen die Mutter ersetzte. Lucas de Montigny haben die nachfolgenden Generationen eine der vollständigsten und am besten belegten Biographien Mirabeaus zu verdanken.

Die immer weiter ostwärts rollende Kutsche näherte sich indessen Berlin. Wir wollen hier davon absehen, den zweijährigen Aufenthalt Mirabeaus und seiner kleinen Familie zu schildern, die Stationen in Potsdam, wo er zweimal den schon fast im Sterben liegenden Friedrich II. besuchen durfte, in Magdeburg, Berlin und auf dem Erbgut des Herzogs von Braunschweig.

Mit einem hervorragenden politischen Gespür versehen, fand sich Mirabeau rasch sowohl in den inneren Mechanismen der preußischen Monarchie als auch im bestehenden politischen Kräfteverhältnis des Landes zurecht. Seine praktischen Überlegungen, die er an das Kabinett in Versailles übermittelte, waren vernünftig und in Hinblick auf die Interessen Frankreichs wohlbegründet. Vom ersten Tag seines Aufenthalts in Berlin an stieß Mirabeau auf die ablehnende Haltung des französischen Botschafters. Zweifellos verstand Mirabeau die preußische Politik besser als der offizielle Vertreter Frankreichs.

In Berlin nahm Mirabeau die Arbeit an seinem umfangreichen Werk über die preußische Monarchie auf, und er besaß hinreichend Kraft und Beharrlichkeit, um das Buch zu Ende zu schreiben. In der umfangreichen, vierbändigen Abhandlung untersuchte er unter den verschiedensten Aspekten die Tätigkeit und das innere Wesen der von den Hohenzollern geführten preußischen Monarchie. Sie ist aber nicht nur ein Beweis für Mirabeaus bewundernswerte Arbeitsfähigkeit und sein zielstrebiges literarisches Schaffen. Noch heute gilt sie als ein Standardwerk, das Aufschluß über das sozialpolitische Wesen des preußischen Staates im 18. Jahrhundert gibt. Die monumentale Arbeit imponiert nicht nur durch ihre Fülle an konkreten Tatsachen und zahlreichen Informationen. Sie beeindruckt ebensosehr durch ihre treffenden Charakteristiken des preußischen Adels.

Das Werk wäre nicht ohne die Mitwirkung von Madame de Nehra vollendet worden. In den in literarischer Hinsicht fruchtbarsten Jahren war Madame de Nehra im Grunde seine engste Mitarbeiterin, ja sogar seine Mitautorin. In dieser Zeit bildete sich eigentlich das heraus, was später als «Mirabeaus Atelier» bezeichnet wurde. Schon in Preußen leistete neben Madame de Nehra auch Mauvillon, der dort lange lebte und die preußischen Verhältnisse bestens kannte, Mirabeau eine große Hilfe bei der Auswahl von Material. Weitere Mitarbeiter waren Clavière, Brissot und einige weniger bekannte Personen.

Honoré-Gabriel widmete nun der literarischen Tätigkeit immer mehr Aufmerksamkeit, Zeit und Kraft. 1788 veröffentlichte er in England ein scharfes Pamphlet gegen Preußen und gegen den Herzog von Braunschweig, den er noch vor kurzem für einen seiner Gesinnungsgenossen gehalten hatte, der jedoch den Befehl über die preußische Armee übernommen hatte und gegen die Niederlande zu Felde gezogen war.

Ein Jahr später, bereits wieder nach Frankreich zurückgekehrt, gab Mirabeau Auszüge aus Briefen heraus, die Licht auf die intimen Geschichten des Hofes der Hohenzollern warfen. Das mit dem auffälligen Titel «Historie secrète de la cour de Berlin» (Geheimgeschichte des Berliner Hofes) versehene Buch erregte außerordentlich starkes Mißfallen in den französischen Regierungskreisen. Einen ihm drohenden Konflikt konnte Mirabeau nur verhindern, indem er seine Beteiligung an der betreffenden Ausgabe offiziell leugnete.

In diesen letzten Jahren vor der Revolution schrieb Mirabeau viel. Einige seiner Werke waren weithin bekannt, obwohl sie – wie damals üblich – anonym erschienen. So stand sein erstes Buch, «Essai sur le despotisme», beinahe in dem Ruf, eines der führenden Werke der Aufklärung zu sein.

Mirabeau griff auch Politiker, die großes Ansehen im Dritten Stand genossen, an. Der reiche französische Bankier Necker galt nicht zuletzt dem Bürgertum als größter Finanzexperte, weil er erfolgreich ein Vermögen angehäuft hatte. Alle seine Hoffnungen setzte das französische Bürgertum in ihn. Nur er, hieß es allgemein, sei in der Lage, das Königreich vor einem finanziellen Bankrott zu retten, nur er habe die Taschen voller Rezepte für eine finanzielle Gesundung Frankreichs.

Diese Ansichten teilte Mirabeau keinesfalls. Er war Necker aus privaten, zum Teil nebensächlichen Gründen nicht gewogen. Obwohl Mirabeau wußte, daß ein Kampf gegen Necker seiner Popularität schaden könnte, entschloß er sich zum offenen Krieg gegen den berühmten Bankier. Zu einem Zeitpunkt, da Neckers Ansehen den Höhepunkt erreicht hatte, veröffentlichte Mirabeau das Pamphlet «Lettre du comte de Mirabeau sur l'administration de M. Necker» (Brief des Grafen Mirabeau über Neckers Regierung). Darin nannte er Necker geringschätzend eine Uhr, die stets nachgehe.

Anfang 1788 ließ sich Mirabeau, der zeitiger aus Berlin nach Paris abgereist war, endgültig in Paris nieder. Da sich seine Familie zunächst noch in Preußen aufhielt, suchte er nach Möglichkeiten, sie ebenfalls in die französische Hauptstadt zu holen. Die Hauptschwierigkeiten waren, wie fast immer in seinem Leben, finanziellen Charakters. Schon fast vierzigjährig, beherrschte er immer noch nicht die Kunst, mit Geld umzugehen und entsprechend seinen Einkünften zu leben. Schließlich halfen ihm Freunde, und noch im gleichen Jahr war er wieder mit seiner Familie vereint.

Amélie-Henriette traf gerade zur rechten Zeit in Paris ein, denn Mirabeau fesselte eine geheimnisvolle Krankheit an das Bett. Die Ärzte vermochten keine genaue Diagnose zu stellen und ließen ihn entsprechend den damaligen medizinischen Erkenntnissen zur Ader. Dank seinem von Natur aus kräftigen Organismus, aber auch dank der liebevollen Pflege seiner Frau überwand er schließlich die Krankheit.

Dieser chaotische und widerspruchsvolle Mensch verspürte in der Tat nur dann Erleichterung, wenn er seine treue Freundin um sich wußte. Aufrichtig war er bestrebt, diesen Bund, der ihm erstmals im Leben innere Ruhe gab, gesetzlich zu verankern. Dieser Mensch brachte es jedoch fertig, das ihm unverhofft zugefallene Glück mit eigenen Händen zu zerstören. Er ließ sich in eine kleine Intrige verwickeln, aus der ein dauerhaftes Verhältnis mit einer Frau von zweifelhaftem Ruf entstand, die ihn anfangs lediglich als Inhaberin eines Verlagsunternehmens interessiert hatte. Einige Zeit nahm Amélie-Henriette de Nehra die Untreue Mirabeaus hin. Im August 1788 riß ihr jedoch die Geduld, und sie reiste noch am selben Abend nach London.

Mirabeau war fest entschlossen, Amélie-Henriette nach London zu folgen, sie zur Rückkehr zu überreden und das durch seinen unverzeihlichen Leichtsinn zerstörte Familienglück wiederherzustellen.

Jeder neue Tag brachte ihm neue Sorgen und neue unaufschiebbare Aufgaben. Er trat in den wichtigsten Abschnitt seines Lebens ein, der auch der kürzeste sein würde. Sein Leben, das ihm als unbegrenzter Ozean erschien, neigte sich schon seinem Ende zu, knapp zwei Jahre später sollte es vom Tode ausgelöscht werden.

Mirabeau schrieb am 18. November 1787: «Frankreich ist reif für eine Revolution.»

Nicht selten in diesen letzten Jahren irrte sich Mirabeau, handelte falsch oder übereilt. Über die Richtung der gesellschaftlichen Entwicklung urteilte er aber immer richtig. Der eingangs zitierte Satz bezeugt ebenfalls, daß er die Lage besser verstand als viele seiner Zeitgenossen. Frankreich stand tatsächlich an der Schwelle einer Revolution. Ebenso begründet sagte Mirabeau bereits zum Zeitpunkt der Notabelnberatung, als vieles noch unklar war und die letzte, von Calonne unternommene Finanzmanipulation sich noch nicht so deutlich als Mißerfolg abzeichnete, vorher, daß der König sich in Kürze gezwungen sehen würde, die Generalstände einzuberufen. Er hatte sich auch darin nicht geirrt.

Nachdem alle Versuche Loménie de Briennes, der Calonne im Amt gefolgt war, fehlgeschlagen waren, die sich vertiefende Krise durch eine reaktionäre Politik zu überwinden, nachdem das ganze Land erfahren hatte, daß das Staatsdefizit entgegen allen Beteuerungen 140 Millionen Livres überstieg, blieb der Monarchie im August 1788 nichts anderes übrig, als die Generalstände für den Mai 1789 einzuberufen.

Ihre Einberufung und die bevorstehende Nominierung der Abgeordneten weckte freudige Erwartungen und große Hoffnungen.

Kaum war die Einberufung der Generalstände bekanntgegeben worden, zeigte sich der tiefe Gegensatz zwischen den Zielen der Monarchie und denen der gesamten Nation. Der König erhoffte sich von den Generalständen Mittel, um der revolutionären Krise wehren, den finanziellen Bankrott zu überwinden und das leere Staatssäckel füllen zu können. Der politisch denkende Teil der französischen Gesellschaft hingegen sah in der Einberufung der Generalstände den Anbruch einer neuen Epoche, aber auch die Vorstufe zur Nationalversammlung. Er sah in ihnen ein Gremium, das die Nation repräsentierte und dazu berufen war, durch vereinte Anstrengungen Frankreich eine Verfassung zu geben.

Lange hatte Mirabeau keinen solchen Aufschwung geistiger und körperlicher Kräfte mehr verspürt, keinen so starken inneren Tatendrang wie in jenen Tagen des Jahres 1788. Er wußte, daß seine Zeit gekommen war.

Sofort faßte er den Entschluß, für die Provence zu kandidieren. Aber wessen Kandidat sollte er werden? Der des Adels oder der des Dritten Standes? Zuerst traf er die unüberlegte Entscheidung, sich als Kandidat des Adels der Provence aufstellen zu lassen. Graf Mirabeau fand das wahrscheinlich am natürlichsten und einfachsten. Er ließ seinen Grundbesitz registrieren und trat einem der Klubs bei. Mit Talleyrands Hilfe wurde er Mitglied des «Komitees der Dreißig». Alle Bemühungen schlugen jedoch fehl. Er hatte nämlich außer acht gelassen, daß die Marignane, denen er vor noch nicht allzu langer Zeit in dem Prozeß in Aix eine schwere moralische Niederlage zugefügt hatte, die Wahl ihres Todfeindes zum Abgeordneten des Adels der Provence unmöglich zulassen würden.

Der Adel der Provence wandte sich von Mirabeau ab, der seine Kandidatur dem Dritten Stand anbot. Er veröffentlichte ein geschickt verfaßtes Manifest unter dem Titel «À la nation provençale, par le comte de Mirabeau» (Der Graf Mirabeau an die Nation der Provence), das im Bürgertum und in der einfachen Bevölkerung dieses reichen Landstriches eine begeisterte Aufnahme fand. Den Winter und die ersten Frühlingswochen des Jahres 1789 verbrachte Mirabeau in der Provence. Im Verlauf des Wahlkampfes hielt er programmatische Reden, in denen Mirabeaus erstaunliche Redekunst voll zur Entfaltung gelangte.

Im 18. Jahrhundert war es üblich, Reden nach einer im voraus geschriebenen Vorlage zu halten. So handelten die später berühmten Redner des Konvents, Robespierre, Danton und Saint-Just. Genauso war auch Mirabeau früher verfahren. Seine zahlreichen Auftritte in den Jahren 1788/89 in der Provence zeigten indes, daß seine frei gesprochenen Reden am wirksamsten waren. Mirabeau fand in seinen Reden, die sich spontan zu entwickeln schienen, so bildhafte, sich dem Bewußtsein der Zuhörer einprägende Worte, wie es ihm beim Verlesen einer bis ins Detail durchdachten und ausgearbeiteten Rede niemals möglich gewesen wäre. Er erweckte den Eindruck, als würde er von dem Strom seiner Gedanken und Worte hinweggetragen. Seine Reden wirkten auf die Zuhörer stets wie ein Wunder, wie Zauberei. Diese mitreißenden Improvisationen wären ohne die außergewöhnlichen stimmlichen Mittel Mirabeaus nicht denkbar gewesen. Seine Fähigkeit, die Lautstärke seiner Stimme zu steigern, schien unbegrenzt; ebenso die ererbte Kunst, sie beliebig zu modulieren. Neben seinem Rednertalent besaß Mirabeau auch noch eine große natürliche schauspielerische Begabung. Er verfügte über ein äußerst feines Gespür für seine Zuhörerschaft, deren Gedanken, Wünsche und Absichten er intuitiv erfaßte.

Der in den letzten zwei Jahren seines Lebens erworbene gewaltige politische Einfluß ließ sich weniger auf seine erstaunliche Kraft als Tribun als auf den politischen Inhalt seiner Reden zurückführen, so groß die Macht seiner außergewöhnlichen Begabung auch gewesen sein mochte.

Es war die Zeit der grenzenlosen Hoffnungen und Illusionen, der Erwartung des allgemeinen Glückes. Das Goldene Zeitalter brach an, die glückliche Zeit, in der die Vernunft herrschen sowie die Tugend und die Grundsätze triumphieren sollten, die von den fortschrittlichsten Denkern und Aufklärern verkündet worden waren. Die von Montesquieu, Voltaire, Helvétius, Diderot, Holbach, Condillac, d'Alembert und Rousseau idealisierte Welt des Triumphs der natürlichen Rechtsgleichheit des Menschen wurde Wirklichkeit. Das Ansehen und die moralische Autorität der Schriftsteller, die unter die Aufklärer rechneten, war in jenen Jahren größer denn je. Die Brüder Montgolfier hatten einen Warmluftballon entwickelt, Charles und Robert waren erstmals mit einem mit Wasserstoff gefüllten Luftballon aufgestiegen. Blanchard war im Jahre 1785 mit dem Luftballon über den Ärmelkanal geflogen, und Lavoisier hatte die chemische Zusammensetzung des Wassers entdeckt. Ihre großartigen Erfolge ließen die Zuversicht in die unbegrenzten Möglichkeiten des vorwärts strebenden menschlichen Geistes aufkommen.

Alle erwarteten, daß die Welt sich in kürzester Zeit zum Besseren verändere. Aber die Bourgeoisie, die Bauern und die Stadtarmut, folglich der überwiegende Teil der Bevölkerung, wartete nicht untätig auf ein Wunder von außen. Ihre Entrüstung, ihr sozialer Zorn richteten sich gegen die beiden privilegierten Stände, den Klerus und den Adel. Diese herrschenden Stände hatten im Verlauf von mehreren Jahrhunderten das gesamte Volk unterdrückt, ausgebeutet und erniedrigt.

Mirabeau klagte vor dem Dritten Stand der Provence vor allem die Aristokratie und den Klerus an. Er hatte seine eigene Rechnung mit diesem dünkelhaften Besitzadel zu begleichen, der ihn zwanzig Jahre lang regelrecht gehetzt hatte. Er vergaß weder das Château d'If noch Manosque, die Festung Joux noch die Festung Vincennes. Auch der Prozeß in Aix war ihm noch gut in Erinnerung, der Hochmut und die Verachtung des Adels der Provence. Kein anderer als Graf Mirabeau verstand es so gut, die Aristokratie der Provence an ihrer empfindlichsten Stelle zu treffen, denn er war aus ihrer Mitte hervorgegangen. Er entlarvte sie schonungslos, zeigte den Wählern ihr wahres Gesicht. Die Diener des Despotismus, wer waren sie? Die Aristokratie und der hohe Klerus.

Mirabeaus Zuhörerschaft setzte sich aus Kaufleuten, Reedern, Händlern, Städtebürgern und Bauern aus der Umgebung zusammen. Sie schrieen vor Begeisterung, wenn dieser Ankläger der privilegierten Stände kühn wie keiner zuvor sprach. Seine Herkunft verlieh den sensationellen Enthüllungen einen um so höheren Wert. «Es lebe Graf Mirabeau!» riefen die Zuhörer, und die Marktfrauen von Marseille überschütteten die Kutsche, in der er durch die Stadt fuhr, mit Blumen.

Mirabeau begriff jedoch als erfahrener Politiker, daß es nicht genügte, die bestehenden Zustände abzulehnen, den lasterhaften privilegierten Ständen die Maske vom Gesicht zu reißen und die ungeheuerliche Willkür des despotischen Systems bloßzustellen. Er wartete daher mit einem positiven Programm auf, dessen gemäßigter Charakter jedoch offenkundig war.

Es enthielt die allgemeine politische Losung: Freiheit und Gleichheit! Aber ihren dritten Bestandteil, die Brüderlichkeit, erwähnte Mirabeau in seinen Reden zwar, schenkte ihr indes weniger Aufmerksamkeit. Freiheit ging ihm über alles!

Das Wort Freiheit hatte für ihn einen klaren und konkreten Inhalt: Es schloß die Beseitigung des Despotismus, folglich die Abschaffung des feudalabsolutistischen Regimes ebenso ein wie die Errichtung einer konstitutionellen Monarchie in Frankreich.

Die Freiheit konnte nur errungen, die Gleichheit nur sichergestellt und eine entsprechende Verfassung nur geschaffen werden, wenn sich der gesamte Dritte Stand zu einem unerschütterlichen Bündnis zusammenschloß. Die Aufrufe zur Einheit und zum Zusammenschluß bildeten den Grundtenor all seiner öffentlichen Auftritte jener Zeit. Immer wieder kam er in seinen Reden darauf zurück.

Mirabeaus Programm, das er vor seinen Zuhörern entwickelte, war vornehmlich politischen Inhalts. Die sozialen Fragen hingegen, die seinerzeit ebenso wichtig wie die politischen waren, überging er mit Schweigen. Die Gleichheit, eine der populärsten Forderungen seiner Epoche, legte er einseitig als Forderung nach der Abschaffung der Stände und der damit verbundenen Ungleichheit aus. Auf die sozialen Aspekte, die sich hinter der Forderung nach Gleichheit verbargen, zum Beispiel die Aufhebung der Besitzunterschiede, ging Mirabeau nicht ein. Wenn er sie einmal erwähnte, dann nur in allgemeiner Form, um so nachdrücklicher auf deren Undurchführbarkeit zu verweisen.

Die Macht des feudalabsolutistischen Regimes und der privilegierten Stände, die sich auf einen schlagkräftigen Unterdrükkungsapparat stützten, konnte zweifellos nur gebrochen werden, wenn der Dritte Stand geschlossen auftrat. Es gab in ihm bekanntlich erhebliche soziale Unterschiede. Die Interessen des Besitzbürgertums und der Bauern, des Proletariats, das sich erst herauszubilden begann, und der Armen in den Städten stimmten bei weitem nicht in allem überein. Es bestanden vielmehr – und das zeigte die Französische Revolution später anschaulich – erhebliche Gegensätze.

Zu Beginn der Revolution, insbesondere vor ihrem Ausbruch, gaben jedoch nicht die gegensätzlichen Interessen, sondern die Gemeinsamkeiten den Ausschlag. Sie vor allem trieben die Revolution voran. Die Bourgeoisie und die Bauernschaft, aber auch die Arbeiter und die Sansculotten waren gleichermaßen zutiefst daran interessiert, die Herrschaft der privilegierten Stände zu brechen und das feudalabsolutistische Regime zu beseitigen.

Keine Schicht oder Gruppe des Dritten Standes war in der Lage, diese Aufgaben allein zu lösen. Die Großbourgeoisie, die sich von den Resten des Mittelalters, die ihre volle Entfaltung hemmten, befreien wollte und auch die politische Reife besaß, die Regierung zu übernehmen und das Land auf neue, bürgerliche Weise umzugestalten, bedurfte der Hilfe der Volksmassen, um ihre Ziele durchzusetzen. Die Bauern hingegen, die mehrere Millionen zählten und die überwiegende Mehrheit der Bevölkerung ausmachten, vermochten das feudalabsolutistische Regime nur zu stürzen, wenn sie sich mit dem Besitzbürgertum und mit den ärmsten Schichten des Dritten Standes, den Arbeitern und Bedürftigen, verbanden. Alle Schichten des Dritten Standes mußten ein einheitliches Lager bilden, um den Kampf gegen die mächtigen Kräfte des alten Regimes aufnehmen zu können und sie zu bezwingen.

Mirabeau, der über ein ausgeprägtes Gefühl für die politischen Zustände verfügte, erkannte die Besonderheiten des im Lande entstandenen Kräfteverhältnisses und erfaßte die vordringlichsten politischen Aufgaben. Mirabeaus Reden gewannen vor allem an Überzeugungskraft, weil sie die Einheit und den Zusammenschluß aller Schichten des Dritten Standes forderten.

Jean Jaurès hob in der «Histoire socialiste de la Révolution française» (Sozialistische Geschichte der Französischen Revolution) völlig zu Recht hervor, daß Mirabeau in seinen Reden vor den Ständen der Provence das Volk als Gemeinschaft von Produzenten der unproduktiven privilegierten Adelskaste, der schmarotzenden Minderheit, gegenüberstellte.

Dieselben Fragen wurden natürlich auch von anderen Politikern vor der Revolution aufgeworfen. Wenden wir uns in diesem Zusammenhang einem der populärsten Werke der vorrevolutionären Zeit zu, der Schrift «Qu'est-ce que le Tiers État?» (Was ist der Dritte Stand?) von Sieyès, die seinerzeit viel Aufsehen erregte. Ein Vergleich zeigt jedoch, daß Sieyès diese Fragen auf eine ganz andere Art und Weise behandelt. Seine ersten drei Fragen, die er darin stellte, klangen wie folgt: «1. Was ist der Dritte Stand? – Alles. 2. Was war er bisher in der politischen Ordnung? – Nichts. 3. Was verlangt er? – Etwas zu sein.» Sieyès' schüchterne und betont bescheidene Formulierungen stehen in krassem Kontrast zu Mirabeaus Reden.

Im Gegensatz zu Sieyès' bittendem Ton stellte Mirabeau bereits Forderungen und sparte auch nicht mit Drohungen. Seine Reden zeugten von Schwung und Tatkraft.

Zu der Zeit, als gegen den Faschismus und die heraufziehende Kriegsgefahr gekämpft wurde, verweist Romain Rolland auf den Redestil des Jahres 1789: «Die Franzosen kannten zu jener Zeit den vollen Sinn des Wortes ‹wollen›. Er bedeutete nicht ‹ich möchte›. Er bedeutete ‹ich will›. Folglich, ich handle.»

Mirabeau gehörte mit zu den Schöpfern dieses entschlossenen Stils von 1789, der zum Handeln aufforderte. Er bittet nicht, sondern bedient sich eines gebieterischen Tons. Er spricht im Namen des Volkes, im Namen der gesamten Nation. Das Volk, nicht die Adligen, diese Nichtstuer, sollen die Geschicke des Landes lenken.

Mirabeau hob hervor, daß die Existenz der privilegierten Stände voll und ganz von den arbeitenden Menschen, angefangen vom Unternehmer bis hin zum einfachen Arbeiter, abhänge. Aber in allen seinen Reden stellte Mirabeau das sie Verbindende heraus, nicht die Gegensätze zwischen den Fabrikbesitzern und Arbeitern, zwischen den Reichen und Armen.

Diese Haltung entsprach den politischen Erfordernissen der Zeit. Als die Bastille, die als Staatsgefängnis dienende Festung, noch über Paris emporragte, als die tausendjährige Monarchie mit ihrem überaus umfangreichen Unterdrückungsapparat als eine unüberwindliche Macht erschien, geboten die Aufgaben der nahenden Revolution mit Nachdruck den Zusammenschluß aller Kräfte des Dritten Standes. Alle strittigen und ungelösten Fragen mußten zeitweilig in den Hintergrund treten, es galt, die einigenden Elemente zur Geltung zu bringen.

Das Besitzbürgertum ging in den Jahren 1788/89 ohne Bedenken ein Bündnis mit dem besitzlosen werktätigen Volk ein, das es stärkte. Die unteren Schichten des Dritten Standes sahen zu jener Zeit im Besitzbürgertum vor allem einen Verbündeten im Kampf gegen die verhaßten despotischen Zustände und gegen die feudale Ausbeutung. Es lag im Lebensinteresse des gesamten Dritten Standes, dem Feudalismus ein Ende zu bereiten.

Mirabeau verstand damals die gesellschaftspolitische Situation besser als die übrigen Zeitgenossen. Das machte seine Stärke aus. Aber ungeachtet seiner unbändigen Energie, seiner aufrichtigen Verachtung und mitunter zur Schau gestellten feindseligen Einstellung gegenüber den herrschenden Ständen, blieb er nach Herkunft und Auffassung, Erziehung und Gewohnheit ein Seigneur und ein Adliger. Nie fühlte er sich mit dem einfachen Volk, für dessen Interessen er zu jener Zeit eintrat, eins.

Mirabeaus ungewöhnliche Volkstümlichkeit und Autorität, die von der Provence schnell auf ganz Frankreich ausstrahlte, beruhte vornehmlich auf seinem klaren und bestimmten politischen Programm, das den Erfordernissen der Zeit entsprach. Darin liegt das Geheimnis seines verblüffenden Erfolges verborgen. Seine Reden waren jedesmal von stürmischem Beifall begleitet. Die Jugend spannte die Pferde seiner Equipage aus, um den Wagen selbst zu ziehen, oder trug ihn auf Händen. Bankiers, Großkaufleute, Fischhändlerinnen und Hafenarbeiter bildeten in Marseille eine dichte Volksmenge, warfen ihm Blumen zu und riefen: «Es lebe Mirabeau, der Vater unseres Heimatlandes!»

Gleichzeitig von Aix und Marseille zum Abgeordneten des Dritten Standes in den Generalständen gewählt, gab er Aix, wo er an erster Stelle auf der Wahlliste stand, den Vorzug.

Über Mirabeaus beispiellosen Erfolg erschrocken, wählte der Adel der Provence daraufhin seinen jüngeren Bruder, Vicomte de Mirabeau, als seinen Abgeordneten zu den Generalständen. Wegen seiner Trunksucht wurde er Mirabeau-Tonneau (Mirabeau das Faß) genannt.

Das Volk nahm Mirabeaus Wahl zum Abgeordneten mit großem Beifall auf. Der Stadtkommandant von Marseille, Monsieur de Caraman, der um sein Leben fürchtete und noch vor kurzem ziemlich abfällig über Mirabeau geredet hatte, bat Mirabeau, den angesehensten Führer des Dritten Standes der Provence, in respektvoll demütigen Worten, gegen die Volksunruhen anzugehen, für die die Behörden Anlaß gegeben hatten.

Mirabeau reiste nach Marseille, sprach vor dem Volk und brachte die Stadt zur Ruhe. Auch in Aix vermochte er die Ordnung wiederherzustellen. Er rückte zum politischen Schiedsrichter der gesamten Provence auf, obwohl er weder ein Amt noch eine offizielle Stellung innehatte.

Aus eigenem Antrieb faßte er den Entschluß, aus Freiwilligen des Dritten Standes bewaffnete Abteilungen aufzustellen. Mirabeau wurde noch vor den politischen Ereignissen in Paris zum Organisator der Nationalgarde, der Streitmacht des Dritten Standes, der Streitmacht der nahenden Revolution. Fortan mußten alle Mirabeau respektieren. Jedes seiner Worte wurde aufmerksam verfolgt, von der ihm begeistert zujubelnden Volksmenge ebenso wie vom Adel, der ihm gestern noch so unüberlegt und überheblich den Rücken gekehrt hatte. Denn immerhin könnte dieser Mann, wenn er nur wollte, ohne nennenswerte Schwierigkeiten zum Diktator der Provence aufsteigen.

Doch das lag nicht in Mirabeaus Absicht. Auf schnellstem Wege begab er sich nach Paris, nach Versailles. Erst dort sollte das große Spiel beginnen. Er reiste in einer mit Blumen überschütteten Kutsche, die Reiter mit Fackeln bis zur Grenze zwischen der Provence und dem Dauphiné eskortierten.

Ein eigenartiges und wandelbares Schicksal war diesem Mann beschieden! Nach zwanzig Jahren Verfolgung, Erniedrigung und Gefängnishaft ein fast augenblicklicher Übergang zum Triumph, zu allgemeiner Anerkennung, Ehre und Ruhm.

Am 5. Mai 1789 traten in Versailles im Großen Saal der Menus Plaisirs die Generalstände zusammen. Zu ihrer feierlichen Eröffnung hielt der König eine Ansprache, Jacques Necker, der faktische Regierungschef, einen Vortrag.

Die Deputierten vertraten die drei Stände. In vornehmer Kleidung, mit breitkrempigen und mit Federn geschmückten Hüten und in Schuhen mit hohen roten Absätzen standen in malerischen Reihen und abgesondert von den anderen die Repräsentanten des Adels in selbstbewußter und ungezwungener Haltung.

Auf der anderen Seite verharrten die Vertreter des Klerus in prachtvollen Soutanen oder in strenger schwarzer Kleidung, sich ebenfalls ihrer Bedeutung bewußt.

Ein Stück von ihnen entfernt, gleichsam im Hintergrund, drängten sich, barhäuptig und eintönig gekleidet, die Vertreter des zahlreichsten, des Dritten Standes zusammen. Der Dritte Stand, der neun Zehntel der Nation umfaßte, durfte entsprechend einem königlichen Erlaß sechshundert Abgeordnete entsenden, ebensoviel wie der Klerus und Adel zusammen.

Im Saal herrschte eine lebhafte Atmosphäre. Die Versammelten erfüllte eine ungeduldige Erwartung und die Hoffnung, daß Ludwig XVI. in seiner Thronrede große Reformen verhieß, die dem Land zur Erneuerung und Wiedergeburt verhelfen würden.

Die Abgeordneten des Dritten Standes wirkten in diesem prächtigen und vornehmen Saal schüchtern und unsicher. Nur ein einziger stand hocherhobenen Hauptes und blickte gelassen auf die Anwesenden: Graf Mirabeau. Aber auch er fiel in der Menge der Abgeordneten des Dritten Standes kaum auf; auch ihm wurde keine große Aufmerksamkeit zuteil.

Sein Ruhm hatte an der Grenze der Provence haltgemacht. In Paris und Versailles mußte er von vorn beginnen.

Es war keineswegs leicht, sich im Großen Saal der Menus Plaisirs oder in den anderen Gemächern des prachtvollen königlichen Palastes von Versailles, wo die Generalstände tagten, Gehör zu verschaffen. Unter den Abgeordneten der Generalstände befanden sich einige Persönlichkeiten, die im Land bekannt waren und deren Eigenschaften sie vorherbestimmten, zu Wortführern oder einflußreichen Beratern des Dritten Standes aufzusteigen. Das größte Ansehen genoß unstreitig der Marquis de Lafayette. Er hatte am amerikanischen Unabhängigkeitskrieg teilgenommen, war General der amerikanischen Armee gewesen und galt als Freund Washingtons. Lafayette wurde als Held der Neuen und der Alten Welt gefeiert. Obwohl vom Adel zu den Generalständen gewählt, galt er auch den Abgeordneten des Dritten Standes als die größte Autorität. Weithin bekannt waren daneben der äußerlich recht unscheinbare Abbé Sieyès, der hochmütige, gravitätische und selbstsichere Astronom Bailly, der Rechtsanwalt René Le Chapelier, ein kräftiger untersetzter Rechtsanwalt aus der Bretagne, der es vom ersten Sitzungstag an für seine Pflicht hielt, zu jeder Frage Stellung zu nehmen, ebenso Charles de Lameth, der aus einer alten adligen Familie stammte und gleichfalls im amerikanischen Unabhängigkeitskrieg gefochten hatte, Antoine Barnave, mit achtundzwanzig Jahren einer der jüngsten Abgeordneten und ein kluger, tatkräftiger Mann und brillanter Redner, der hinterlistige und schlaue Talleyrand, den der Klerus zum Abgeordneten gewählt hatte. Unter den Deputierten befand sich auch der bescheidene und damals noch unbekannte Abgeordnete aus der Stadt Arras, Maximilien Robespierre. Es fehlte also nicht an hervorragenden Politikern, von denen die meisten die führende Rolle in dieser Versammlung für sich beanspruchen könnten. Wenn beispielsweise Lafayette, Bailly oder Sieyès durch den Saal gingen, raunten sich die unbekannten Abgeordneten aus der Provinz, die das Gros der Vertreter des Dritten Standes bildeten, untereinander zu: «Sehen Sie, da kommt Lafayette», «da kommt Sieyès».

Es war für Mirabeau nicht einfach, sich unter all diesen rivalisierenden Ehrgeizlingen hervorzutun, Sympathien zu gewinnen oder sich wenigstens Gehör zu verschaffen. Es wäre jedoch falsch anzunehmen, sein Name sei gänzlich unbekannt gewesen. Er stand schon in einem gewissen Ruf, leider in einem recht zweideutigen, der eher eine voreingenommene Haltung ihm gegenüber begründete. Die skandalösen Begebenheiten seines früheren Lebens hatten Aufsehen erregt und waren, nicht selten gewaltig übertrieben, der Bourgeoisie zu Ohren gekommen. Man begegnete ihm mit Mißtrauen und Vorsicht. Maximilien Robespierre schrieb in einem Brief vom 24. Mai 1789 an seinen Freund Buissart, in dem er die bemerkenswertesten Abgeordneten der Generalstände charakterisierte, über Mirabeau: «Graf Mirabeau ist ohne Einfluß, weil er in moralischer Hinsicht kein Vertrauen einflößt.» Diese Zeilen Robespierres, der Mirabeau nie zuvor gesehen hatte, widerspiegelten die in Versailles vorherrschende Meinung über Mirabeau.

Mit einem feinen politischen Spürsinn versehen, nahm Mirabeau diese Stimmungen natürlich wahr. Das machte ihn aber keineswegs verlegen. Er glaubte an sich und kannte auch die Quelle seiner Kraft.

Vom ersten Arbeitstag der Generalstände an stieß der Dritte Stand auf ein Hindernis, das auf den ersten Blick eine rein formale Verfahrensfrage zu sein schien. Nach welchem Modus sollten die Vollmachten der Abgeordneten überprüft und wie die Abstimmung vorgenommen werden? Sollte jeder Stand für sich entscheiden, oder sollten sie sich zu gemeinsamen Sitzungen versammeln? Hinter dieser scheinbaren Formalität verbarg sich in Wirklichkeit eines der wichtigsten Probleme der Zukunft. Die vom König unterstützten privilegierten Stände bestanden auf getrennte Abstimmung. Da aber zwei stets mehr als eins ist, erklärten sich die Abgeordneten des Dritten Standes entschieden dagegen. Sie setzten sich für eine namentliche Abstimmung nach dem Mehrheitsprinzip ein. Diese Auseinandersetzung dauerte fast zwei Monate und gefährdete die Generalstände. Mirabeau nahm am 18., 27. und 28. Mai das Wort. Seine außergewöhnliche Stimmgewalt und seine ausdrucksvolle Sprache fesselten zwar die Deputierten, trugen ihm jedoch noch keine Sympathien ein. Nur in einer unerwarteten, improvisierten Rede am 11. Juni, als er sich für einen seiner Freunde, den Journalisten Duroveray, einsetzte, der auf Forderung eines Redners als Nichtabgeordneter des Saales verwiesen werden sollte, gelang es Mirabeau, die Aufmerksamkeit der gesamten Zuhörerschaft auf sich zu ziehen. Diese kurze Rede, wie es bei Mirabeaus Improvisationen fast immer der Fall war, wurde mit Leidenschaft und Begeisterung gehalten und zum erstenmal von allen Zuhörern mit Beifall quittiert.

Der entscheidende Wendepunkt trat jedoch in der berühmten Sitzung vom 23. Juni 1789 ein, als der Oberhofmarschall, der Marquis de Deux-Brézé, erschien und einen Befehl des Königs verlas, wonach die Abgeordneten unverzüglich nach Ständen getrennt zu tagen hätten. Die Abgeordneten des Dritten Standes gerieten in Verwirrung. Sollten sie sich dem königlichen Befehl offen widersetzen? Dazu fehlte ihnen der Mut. Sich fügen? Das hieße, zu kapitulieren und alle in den zwei Monaten so mühevoll erkämpften Positionen aufzugeben. In diesem Augenblick der Verlegenheit antwortete Mirabeau sicher, ja fast gebieterisch dem Marquis de Deux-Brézé: «Gehen Sie zurück zu denen, die Sie geschickt haben, und sagen Sie ihnen, daß wir durch den Willen des Volkes hier sind und daß uns nur die Gewalt der Bajonette vertreiben kann.» Erleichtert atmete man im Saal auf. Das scheinbar fast unlösbare Dilemma entpuppte sich mit einem Male als leicht und überwindbar.

Zahlreichen Augenzeugen oder Zeitgenossen zufolge hatte dieser Zwischenruf Mirabeaus einen gewaltigen Eindruck auf die Anwesenden gemacht.

Mit diesem historischen Satz fand Mirabeau Eingang in die Weltgeschichte. Vor dem 23. Juni war er einzig ein Abgeordneter des Dritten Standes, der mehr oder weniger erfolgreich in den Versammlungen gesprochen hatte. Fortan gehörte er zu den Führern der Revolution, von der sein Name nicht mehr zu trennen war.

Mit dieser Antwort Mirabeaus, die vom Bewußtsein der eigenen Würde und vom Vertrauen in die eigenen Kräfte getragen wurde, an einen Repräsentanten der königlichen Macht begann eigentlich der offene Widerstand des Dritten Standes gegen die absolute Monarchie. An diesem Tag stieg Mirabeau zum allgemein anerkannten Führer der Nationalversammlung auf. Alle anderen Anwärter auf die Führungsrolle, wie Lafayette, Sieyès, Bailly und Mounier, die ihm noch gestern seiner skandalösen Vergangenheit wegen mit einem kaum verborgenen Mißtrauen, ja mit einer gewissen Geringschätzung begegneten, mußten ihm nun Platz machen, ihm den Vortritt lassen. Wie in der Provence gewann Mirabeau in Paris vor allem die Zuneigung des einfachen Volkes. Die Hauptstadt hatte ihn bis dahin nicht gekannt. Nach dem 23. Juni wurde Mirabeau zum Abgott des Volkes. Übertriebene Geschichten von dem Grafen, der mit seiner mächtigen Stimme Kerzen auslöschen könne, gingen von Mund zu Mund.

Bald nach der Einberufung der Generalstände begann Mirabeau mit der Herausgabe einer Zeitung, die er «Journal des États Généraux» (Journal der Generalstände) nannte. Necker, den Mirabeau in seiner Zeitung kritisierte, ließ sie sofort verbieten. Tags darauf gab sie Mirabeau unter dem veränderten Titel «Lettres du comte de Mirabeau à ses commettants» (Briefe des Grafen Mirabeau an seine Auftraggeber) heraus. Neckers ungeschicktes wie völlig wirkungsloses Vorgehen trug erheblich zur großen Popularität des Blattes bei, das zu einer der meistgelesenen Zeitungen in Paris wurde und reißenden Absatz fand.

Während Marat seine Zeitung «L'Ami du peuple» praktisch ohne fremde Hilfe verlegte, wurde Mirabeaus Blatt von seinem «Atelier» vorbereitet. Es ist nicht genau bekannt, wie groß Mirabeaus Anteil an der Abfassung der Artikel war. Allem Anschein nach unbedeutend. Dazu besaß er wahrscheinlich weder die Zeit noch die Kraft. Er bestimmte indes die Zielrichtung der Zeitung, ihre politische Linie und schätzte ausgewählte Ereignisse und Menschen ein. Seine Mitarbeiter, die die Texte für die nächste Nummer vorbereiteten und den Druck besorgten, blieben dem Leser unbekannt. Der einzige Name, der in den Zeitungsspalten regelmäßig auftauchte, war der Mirabeaus. Unter seine anonymen Mitarbeiter, die eine Art Ghostwriter waren, rechneten mehrere hervorragende und zweifellos begabte Köpfe, beispielsweise Desmoulins und Clavière.

Seit dem 23. Juni, da Mirabeau durch seine berühmte Antwort an den Marquis de Deux-Brézé die Nationalversammlung aus der Sackgasse geführt hatte, spielte er während der gesamten Anfangsetappe der Revolution eine führende Rolle. Seine Intuition, seine blitzschnellen Reaktionen auf die sich verändernde Situation, seine Begabung, sich rasch an den Erfordernissen der großen Politik zu orientieren, befähigten ihn, seine Reden vor der Versammlung stets mit solchen praktischen Vorschlägen zu verbinden, die fast immer die breite Zustimmung der meisten Abgeordneten fanden. Ebenfalls am 23. Juni schlug Mirabeau ein Dekret über die Immunität der Abgeordneten der Nationalversammlung vor, wofür er ausgezeichnete Argumente anführte. Der Vorschlag, der ausnahmslos allen Abgeordneten imponierte, war von grundlegender Bedeutung. Die Immunität würde die Vertreter der Nation vor der königlichen Willkür schützen. Mirabeaus Antrag fand die begeisterte Zustimmung der Versammlung und erlangte Rechtskraft. Ferner wurde die Rede Mirabeaus auf Beschluß der Versammlung veröffentlicht.

Die Auseinandersetzung zwischen den Vertretern der drei Stände, die fast zwei Monate gedauert hatte, war nach der Sitzung vom 23. Juni praktisch beendet. Die Mehrheit der Abgeordneten, die den Klerus und Adel vertraten, schloß sich der Nationalversammlung an. Selbst die konservativsten unter ihnen gingen zu ihr über. Zu Anfang setzten sich die Abgeordneten des Ersten und Zweiten Standes noch getrennt von den anderen, bald verwischten auch diese Unterschiede immer mehr. Die Einteilung in Stände wurde zuerst in der Nationalversammlung aufgehoben. Zumindest äußerlich gab es hier keine Standesunterschiede mehr. Sie repräsentierte fortan die Vertreter der Nation, und eine andere Auslegung war nicht mehr möglich. Leitfigur und Wortführer der meisten Mitglieder der Nationalversammlung, formulierte Mirabeau mit seiner starken und sicheren Stimme die Gedanken der Abgeordneten, die in ihren Köpfen bisher vage Vorstellungen geblieben waren. Nunmehr sprach Mirabeau häufig von der Tribüne der Versammlung. Nach dem 23. Juni, dem entscheidenden Tag, nahm er am 27. Juni, am 2., 3., 8., 9., 11., 15. und 16. Juli, aber auch an anderen Tagen das Wort.

Einige Reden besaßen eine große politische Bedeutung und erwiesen sich als äußerst wichtig für den Verlauf des politischen Kampfes im Lande. Als erster durchschaute Mirabeau zum Beispiel die konterrevolutionären Pläne der äußersten Rechten, die bei Hofe die Oberhand gewonnen hatten. Mit überzeugenden Argumenten forderte er im Namen der Nation den unverzüglichen Abzug der königlichen Truppen aus der Umgebung von Paris und Versailles.

Seit Anfang Juni war ein Regiment nach dem anderen aus entlegenen Provinzen des Königreichs in Versailles und am Rande von Paris konzentriert und durch bedeutende Artillerieeinheiten verstärkt worden. Der Raum um Paris und Versailles hatte sich in ein Heerlager verwandelt.

Am 8. Juli bestieg Mirabeau die Tribüne der Versammlung. In einer wohldurchdachten Rede erklärte er, daß der unaufschiebbare Anlaß, aus dem heraus er die Versammlung von der Erörterung der allgemeinen und wichtigen Fragen ablenke, eine das Volk, dessen ureigensten Interessen sowie die Vertreter der Nation unmittelbar bedrohende Gefahr sei. Mirabeau wies die Abgeordneten auf die äußerst besorgniserregende Konzentration von Truppen und Artillerieeinheiten rings um Versailles und Paris hin, die Nationalversammlung habe nach seiner Ansicht die Pflicht, den Monarchen im Namen der Nation aufzufordern, unverzüglich die das Volk und seine Vertreter bedrohenden Truppen aus dem Raum von Paris und Versailles abzuziehen.

Sodann verlas er den Entwurf eines an den König gerichteten Schreibens, den er verfaßt hatte. Er schlug vor, die königlichen Truppenteile durch eine vom Volk selbst aufgestellte Nationalgarde abzulösen, die für Aufrechterhaltung der Ordnung Sorge tragen solle.

Das Schreiben war zwar respektvoll abgefaßt, forderte jedoch entschieden den unverzüglichen Abzug der königlichen Streitkräfte und deren Ersetzung durch eine Nationalgarde. Mirabeaus Rede sowohl als auch der von ihm entworfenen Adresse stimmte die Versammlung einmütig zu.

In einem Brief vom 23. Juli 1789 äußerte sich Robespierre Buissart gegenüber bereits in einem ganz anderen Ton als früher über Mirabeau: «Es ist Ihnen natürlich die Adresse an den König bekannt, die im Namen der Nationalversammlung verabschiedet und von Mirabeau verfaßt wurde, der sich seit einiger Zeit von einer sehr guten Seite zeigt. Das ist ein wahrlich erhabenes Werk, erfüllt von Größe, Wahrheit und Energie.»

Am 9. Juli rief Mirabeau in der Nationalversammlung zum erstenmal auf, die Kräfte gegen die konterrevolutionären Pläne des Hofes zu mobilisieren. Seine Rede bildete den Auftakt für die Auftritte anderer bekannter und unbekannter Redner, die den Volksaufstand vom 14. Juli 1789 maßgeblich vorbereiteten.

Der König antwortete der Nationalversammlung, die nahe Paris und Versailles konzentrierten Truppen hätten allein Befehl, die Ordnung aufrechtzuerhalten. Sollten sie aber bestimmte Leute in Unruhe versetzen, sei er bereit, die Generalstände nach Noyon oder Soissons zu verlegen und sich selbst nach Compiègne zu begeben, von wo er die Verbindung mit der Versammlung zu halten gedenke.

Die am 11. Juli in der Nationalversammlung verlesene Antwort des Königs nahmen die Abgeordneten mit lautem Beifall auf. Als einziger lehnte Mirabeau hingegen den Vorschlag des Monarchen ab. Er teile zwar das Vertrauen der Abgeordneten in die guten Vorsätze des Königs, aber es gebe noch die Minister, die Verwaltung und andere Kräfte, die sich um die Zuspitzung der inneren Lage mühten. Von der Tribüne herab erklärte er ferner: «Die Antwort des Königs ist tatsächlich eine Ablehnung. Er zieht die Truppen nicht ab, sondern schlägt der Versammlung vor, sich nach Noyon oder Soissons zu verziehen, wo wir von allen Seiten von Truppen umstellt wären. Wir wollen diese Vorschläge nicht einmal besprechen; wir haben nicht darum gebeten, und wir werden auch nicht darum bitten; wir haben in unserer Adresse einen Rückzug der Truppen gefordert, und wir bestehen darauf.» Mirabeaus Rede ernüchterte die Versammlung. Wurden diese kampfstarken Truppenteile nicht zusammengezogen, um gegen die Nationalversammlung vorzugehen? Sucht nicht die Partei des Despotismus mit der Gewalt der Bajonette die Ergebnisse, die bisher mühsam erreicht worden sind, zunichte zu machen?

Vom 11. Juli an lief in Paris das Gerücht um, der Hof wolle in den nächsten Tagen militärisch eingreifen mit dem Ziel, die Versammlung aufzulösen und die Rädelsführer Mirabeau, Lafayette, Sieyès und Bailly gefangenzusetzen. Die Uhrzeiger würden wieder zurückgedreht, und Frankreich werde in die Zeit Ludwigs XIV. zurückversetzt. Diese Gerüchte spiegelten die wahren Absichten des Hofes ziemlich genau wider.

Vom 11. bis zum 15. Juli nahm Mirabeau nirgendwo das Wort. Auch in den Schriftstücken aus den entscheidenden historischen Tagen vom 12. bis 14. Juli, als das Volk als Haupttriebkraft auf den Plan tritt und am 14. Juli die scheinbar uneinnehmbare Feste des Absolutismus, die Bastille, unter seinen Schlägen zusammenbricht, wird sein Name nicht erwähnt. Mirabeau hielt sich in der Tat von den Ereignissen am 13. und 14. Juli fern, jedoch nicht ohne Grund. Am 13. Juli war sein Vater verstorben, und er, sein ältester Sohn, fuhr zur Beisetzung. Bereits am 15. Juli wohnte er wieder der Sitzung der Nationalversammlung bei, als einer der ersten bestieg er die Tribüne.

Obwohl die Bastille gefallen war, blieb der Ausgang der Revolution ungewiß. Nach wie vor herrschte in der Hauptstadt eine äußerst bedrohliche Lage. Paris und Versailles waren voll von Truppen, die sich vornehmlich aus ausländischen Söldnern zusammensetzten.

An die Mitglieder der dritten Abordnung der Versammlung, die vom König abermals den Abzug der Truppen verlangen sollte, richtete Mirabeau die Worte: «Sagen Sie dem König, daß die ausländischen Horden, von denen wir von allen Seiten umstellt sind, gestern die Prinzen und Prinzessinnen, ihre Favoriten und Favoritinnen empfangen haben ... Sagen Sie ihm, daß diese ausländischen Satelliten die ganze Nacht in Wein und Gold gebadet und aus ihrer Absicht kein Hehl gemacht haben, die Nationalversammlung zu zerschlagen.»

Die Revolution, die mit dem Fall der Bastille begonnen hatte, rollte aber wie eine mächtige Welle über ganz Frankreich hinweg. Die Nachricht vom Fall der Bastille wirkte wie eine in die Pulverkammer geworfene brennende Fackel, sobald sie große wie kleine Städte erreicht hatte. Sie löste eine Explosion des bis dahin zurückgehaltenen Volkszorns aus. Überall strömten Menschenmassen auf die Straße, lösten eigenmächtig die alten Machtorgane auf und ersetzten sie durch neue, gewählte Organe der städtischen Selbstverwaltung, die vor allem aus Vertretern des Bürgertums zusammengesetzten Munizipalitäten. Sie stürzten aber nicht nur die alten Behörden, sondern zerstörten auch in einer Reihe von Städten die örtlichen «Bastillen», die Gefängnisse, die Rathäuser und die Häuser der Beamten, die dem Volk verhaßt waren. In Trois tötete die Volksmenge den Bürgermeister, zerstörte das Rathaus, nahm ein Salzlager ein und erzwang den Verkauf von Salz zu niedrigen Preisen. In Strasbourg stürmte das Volk das Rathaus. Auch in Amiens, Rouen und anderen Städten zog es die Macht an sich.

In der zweiten Julihälfte und im August wurden alle Städte Frankreichs von dieser «Munizipalrevolution», wie sie von den Historikern genannt wird, erfaßt. Allerorts wurden neue Behörden gebildet, die sich aus Vertretern des Bürgertums zusammensetzten. Gleichzeitig entstand die neue Streitmacht der Revolution, die Nationalgarde, die sich aus Freiwilligen aller Schichten des Dritten Standes rekrutierte.

Ende Juli erreichte die Nachricht vom Fall der Bastille, die ans Unwahrscheinliche grenzte, auch die entlegensten Dörfer. Sie trieb die Bauern an, sich gegen die Gutsbesitzer zu erheben. Eine Welle bewaffneter Aktionen rollte über das Land: Die Bauern zerstörten die Schlösser der Feudalherren und die Landgüter der Großgrundbesitzer oder setzten sie in Brand. Sie zerrissen oder verbrannten die sie entrechtenden Feudalurkunden, stellten die Feudalabgaben und die Fronarbeit ein. Panische Angst erfaßte die Großgrundbesitzer und Feudalherren. Überstürzt verließen sie ihre Güter und flohen in die Städte. Die Revolution erfaßte das ganze Land und war nicht mehr aufzuhalten.

In der kurzen Zeit zwischen der Einberufung der Generalstände und dem vollständigen Sieg der Revolution, also innerhalb von drei, vier Monaten, vermochte Mirabeau einen so großen Einfluß auf seine Zeitgenossen zu gewinnen, eine so große Popularität in Frankreich und weit über seine Grenzen hinaus zu erlangen sowie seine Autorität dermaßen zu festigen, daß er im Grunde zum Führer der Revolution aufrückte.

Jaurès erklärte Mirabeaus stürmisch wachsende Popularität und dessen rasch zunehmenden politischen Einfluß in seiner «Histoire socialiste de la Révolution française» damit, daß alle praktischen Vorschläge Mirabeaus politisch am vernünftigsten gewesen seien. Besser als jeder andere erkannte er die Aufgaben, die vor der Revolution standen. Es war Mirabeau, der genug politischen Takt und politische Vernunft besaß, sich öffentlich von der Tribüne der Volksversammlung herab mit dem aufständischen Volk zu solidarisieren, das die Bastille erstürmt hatte. Er nahm sich die Freiheit, die Versammlung zu belehren. Als die Abgeordneten erfuhren, daß der König unterwegs zu ihrer Sitzung war, und alle auf diese Nachricht hin in übermäßige Begeisterung ausbrachen, wagte Mirabeau, gegen diese Stimmung aufzutreten. Er sagte unter anderem: «Warten wir ab, bis Seine Majestät persönlich die ihm zugeschriebenen guten Vorsätze uns gegenüber bestätigen wird.» Mirabeau hielt auch die folgende Mahnung für angebracht: «In Paris fließt das Blut unserer Brüder; finstere Ehrerbietung soll daher die einzige Form sein, in der die Vertreter eines unglücklichen Volkes den Monarchen begrüßen.» Er rief die Abgeordneten auf, alle in der gegenwärtigen Situation unangebrachte Begeisterung zu unterlassen: «Das Schweigen des Volkes ist eine Lehre für den König.»

In der entscheidenden Anfangsetappe der Revolution war Mirabeau unbestreitbar der politisch reifste Führer der Nationalversammlung. Seine in diesen entscheidenden Tagen der Revolution bewiesene Weisheit und Kühnheit trugen ihm Weltruhm ein.

Katharina II., die mit Voltaire und Diderot kokettierte und ihre angebliche Freiheitsliebe zur Schau stellte, dachte ganz anders über Mirabeau. In ihren Randbemerkungen zu Radistschews Buch «Reise von Petersburg nach Moskau» schrieb sie neben die Zeilen, in denen der Verfasser Mirabeau sehr hoch einschätzt: «Hier wird Mirabeau Lob gespendet, der nicht einen, sondern mehrere Galgen verdient.» Nicht viele der führenden Köpfe der Französischen Revolution hatten die Ehre, von Monarchen so stark und unverhohlen gehaßt zu werden. Das offizielle, regierende, das autokratische Rußland stand dem Tribun der Französischen Revolution, Mirabeau, äußerst feindselig gegenüber.

Das fortschrittliche und freidenkende Rußland hingegen rühmte Mirabeau als hervorragenden Verfechter fortschrittlicher Ideen. Radistschew bescheinigte Mirabeau in einem Aufsatz über Lomonossow eine große rednerische Begabung und zählte ihn zu den «wortgewandten Männern».

Mirabeaus Redekunst fand in der fortschrittlichen russischen Presse hohe Anerkennung. Ein Autor setzte Mirabeau 1820 in der Zeitschrift «Newski Sritel» Demosthenes, dem «Rednerkönig der Antike», gleich. Er schrieb: «Je heftiger er sich (Mirabeau – d. Verf.) erregte, desto mehr gewannen seine Worte an Kraft; die Stimmgewalt und die Gestik Mirabeaus verliehen seiner ausdrucksvollen Rede, die durch Genialität bestach und deren manchmal gefühlvoller Ton mitriß, Macht. Es hatte den Anschein, als würde sie fortwährend wiedergeboren.»

Mirabeau hatte einen festen Platz im Weltbild der fortschrittlichen Menschen Rußlands. Literaturwissenschaftler entdeckten im fünften Kapitel des Urmanuskripts von «Eugen Onegin» ein von Puschkin hervorragend gezeichnetes Bildnis Mirabeaus an einem Blattrand.

Dessen Redestil und seine kraftvolle Denkweise schätzte auch A. I. Herzen hoch ein.

Dank der hervorragenden Rolle, die Mirabeau in der ersten Etappe der Französischen Revolution spielte, wurde er für die nachfolgenden Generationen zu einem Symbol des Freiheitskampfes.

Im Jahre 1789 erreichte der Ruhm Mirabeaus seinen Höhepunkt. In fünf Revolutionsmonaten war er zum berühmtesten Politiker Frankreichs aufgestiegen, zum Abgott der revolutionären Jugend, zu einem Tribun, der eine so große Liebe und Unterstützung des Volkes wie kein zweiter genoß: 1789 stand sein Name für die Französische Revolution.

Die wichtigste und schwierigste Aufgabe der Revolution war gelöst. Der Fall der Bastille bedeutete den Zusammenbruch des feudalabsolutistischen Regimes. Gegen Sommerende 1789, im ersten Jahr der Freiheit, war das Machtsystem des absolutistischen Regimes zerbrochen. Der König und sein Hof mußten widerstrebend den Sieg der Revolution anerkennen. Nach dem Marsch der Volksmassen auf Versailles am 5./6. Oktober, der mit einem erzwungenen Umzug des Königs und der Nationalversammlung aus dem abgeschiedenen Versailles in das vor revolutionären Leidenschaften brodelnde Paris endete, war der Sieg der Revolution unumkehrbar. Der König galt als Gefangener des Volkes, ungeachtet aller Ehren, die ihm bezeigt wurden, und ungeachtet des Ansehens, das die Monarchie in der Nation genoß.

Die Niederlage des Absolutismus fand ihren äußeren Ausdruck nicht zuletzt in der Flucht von Adligen hohen Ranges, unter ihnen die Brüder des Königs, die Grafen de Provence und d'Artois, die Prinzen Condé und Conti, aus Frankreich. Die konterrevolutionäre Emigration, die mehr und mehr um sich griff, lieferte einen direkten Beweis dafür, daß die Anführer und Anhänger der harten Politik des Absolutismus ihre Sache für verloren hielten.

Die Revolution trat in eine neue Etappe ein. Der Prozeß der Konsolidierung aller Kräfte im Kampf gegen einen mächtigen Gegner war abgeschlossen. Jetzt, da die erste und wichtigste Aufgabe gelöst und dem Absolutismus ein überaus schwerer Schlag versetzt worden war, standen neue Probleme auf der Tagesordnung. Die Ereignisse des 5./6. Oktober wiesen auf eine weitere Vertiefung der Revolution hin.

Der direkte Eingriff des Volkes wehrte nicht nur die Pläne der gegenrevolutionären Kräfte ab, wie im Juli, er signalisierte zugleich eine Weiterentwicklung des revolutionären Prozesses. Nach den Vorgängen vom 5./6. Oktober änderte sich vieles. Die Verlegung des politischen Zentrums von Versailles nach Paris bedeutete, daß der Hof hier faktisch unter Aufsicht und Kontrolle des Volkes stand. Die Pariser erhielten ferner die Möglichkeit, auch auf die Nationalversammlung einzuwirken, die nunmehr in einer geräumigen Reithalle tagte. Auf den für Besucher vorbehaltenen Plätzen verfolgte stets eine große Zahl von Hauptstädtern die Debatten der Nationalversammlung mit lebhaftem Interesse.

Mirabeau war mit den Ergebnissen der Oktoberereignisse zufrieden. Sie freuten ihn eher aus persönlichen Gründen denn aus allgemeinpolitischen Überlegungen. Am Erfolg der Revolution hatte er nicht den geringsten Zweifel. In den kritischen Stunden des 5. Oktober, als die Marktfrauen das Gebäude der Nationalversammlung stürmten und sich anschickten, alles kurz und klein zu schlagen, war er als einziger unter den Abgeordneten in der Lage, sie mit seiner gebieterischen Stimme zurückzuhalten. Doch darauf allein beruhte nicht seine optimistische Stimmung. Er rechnete fest damit, daß sich der König gezwungen sehen würde, ihm die Leitung der Regierung anzutragen, nachdem sich die Lage der Monarchie schlagartig verschlechtert hatte. Er glaubte seine Sternstunde nahe. Angesichts der Umstände mußten Ludwig XVI. und Marie Antoinette, ob sie es wollten oder nicht, seine Hilfe in Anspruch nehmen.

Diese Pläne Mirabeaus waren nicht aus der Luft gegriffen. Fast alle Zeitungen, auch Marats «L'Ami du peuple», äußerten wiederholt die Vermutung, daß in nächster Zeit das «große Ministerium» Mirabeau/Lafayette an die Macht kommen werde. Wer sonst, wenn nicht diese im Volk so beliebten Männer, war in der Lage, das schwankende Gebäude der Monarchie zu stützen?

Mirabeau fürchtete keinen Rivalen, selbst wenn sie Lafayette, Bailly oder Sieyès hießen. Keiner von ihnen konnte es mit ihm als Redner aufnehmen oder übertraf seine Fähigkeit, Einfluß auf die Versammlung und das Volk zu nehmen.

Nachdem die Nationalversammlung ihre Beratungen in der Reithalle abhielt, wo die Akustik unvergleichlich besser als in dem alten Saal von Versailles war, sprach Mirabeau besonders häufig und gern. Seine mächtige Stimme ertönte hier in ihrer vollen Lautstärke und versetzte die Zuhörer auf den Tribünen in helle Begeisterung. Wenn Mirabeau die Rednertribüne bestieg, verstummte alles im Saal. Jetzt war es schon kein Gesprächsthema mehr, ob der Abgeordnete aus Aix gefiel oder nicht. Seine führende Position wurde allgemein anerkannt. Auch Lafayette, Bailly und Mounier sprachen nun mit ihm in respektvollem Ton. Nur einer vielleicht legte ihm gegenüber Feindseligkeit an den Tag: der damals fast unbekannte Abgeordnete aus Arras, Maximilien Robespierre. Er besaß aber noch keinen Einfluß; sein Urteil zählte nicht. Mirabeau wurde aufmerksam auf ihn und urteilte über Robespierre: «Dieser junge Mann wird es weit bringen. Er glaubt alles, was er sagt.»

Merkwürdigerweise genoß Mirabeau in den unteren Volksschichten, vor allem unter den kleinen Leuten von Paris, besondere Popularität. Sobald er sich in der Hauptstadt zeigte, umringte ihn eine dichte Menschenmenge. Die Menschen klatschten Beifall, drückten dem berühmten Tribun die Hand, klopften ihm auf die Schulter und riefen begeistert: «Es lebe unser Graf Mirabeau!», «Es lebe unser Vater Mirabeau!»

Mit dem untrüglichen Instinkt des geborenen Schauspielers improvisierte Mirabeau kurze Ansprachen aus dem Stegreif heraus. Schlagfertig und nie um eine Antwort verlegen, gewann er eine immer größere Popularität unter den Volksmassen.

Mirabeaus außergewöhnliches Ansehen im Volk erklärten manche seiner Biographen damit, dem einfachen Mann hätte imponiert, daß ein Aristokrat, ein Graf, auf die Seite des Volkes übergewechselt und zum Verfechter seiner Interessen geworden sei. Vielleicht machte das auf den einen oder anderen in der Tat Eindruck, doch als ernsthaftes Argument kommt es nicht in Betracht.

Der Herzog von Orléans, der den jüngsten Zweig der königlichen Dynastie repräsentierte und folglich dem Hochadel angehörte, schloß sich ebenfalls der Revolution an und nannte sich später sogar Philippe-Egalité. Der Marquis de Lafayette, ebenfalls ein Vertreter der höchsten Adelskreise, stellte sich auch von den ersten Tagen der Revolution an auf ihre Seite. Weder der eine noch der andere konnte sich aber mit Mirabeau in Fragen der Popularität messen.

Der Herzog von Orléans gewann, trotz seiner konsequent extremen Haltung bis hin zur Abstimmung für die Hinrichtung Ludwigs XVI., seines Cousins, nie eine nennenswerte Popularität unter den Volksmassen. Man nahm von ihm keine Notiz, man nahm ihn nie ernst bis zu dem Tag, an dem 1793 all seine Gesten und Reden durch die Guillotine unterbrochen wurden. Lafayette war in den ersten Wochen der Revolution in der Tat populär, erfreute er sich doch seiner Berühmtheit als heldenhafter General im amerikanischen Unabhängigkeitskrieg. Seine Ernennung zum Befehlshaber der Nationalgarde der revolutionären Hauptstadt Frankreichs war ein Akt der öffentlichen Anerkennung seiner militärischen Verdienste. Wie lange hielt sich aber die Popularität Lafayettes? Nur ein paar Monate! Er machte sich durch seine schwankende Haltung und Unentschlossenheit während der Volkserhebungen am 5./6. Oktober 1789 im Volke unbeliebt. Die rasche Rechtsentwicklung Lafayettes nach diesen Ereignissen endete 1792 in dem Versuch, die Armee gegen das revolutionäre Paris einzunehmen, und als das mißglückte, mit der Flucht ins feindliche Lager. Es ließen sich auch weitere Beispiele wie Condorcet und Talleyrand anführen.

Die Zahl der auf seiten der Revolution stehenden Aristokraten war nicht gering. Keiner von ihnen war allerdings so bekannt wie der in ganz Frankreich und Europa berühmte Abgeordnete Mirabeau aus der Provence.

An dieser Stelle sei an eine auf den ersten Blick unbedeutende Episode aus jener Zeit erinnert. Leutnant Bonaparte, ein damals unbekannter Artillerieoffizier, der mit seinem Truppenteil in der kleinen Stadt Auxonne sein Dasein fristete, aber aufmerksam alle aus der revolutionären Hauptstadt kommenden Nachrichten verfolgte, brachte an seinem Haus in Ajaccio auf Korsika während seines Urlaubs ein großes Spruchband mit den Worten an: «Es lebe die Nation! Es lebe Mirabeau!» Dieses kleine, nahezu private Ereignis, das eigenhändig beschriebene und am Haus von Laetitia Bonaparte im fernen Ajaccio befestigte Spruchband zeigte, daß der junge Artillerieoffizier den Namen Mirabeau als Symbol der Revolution betrachtete und ihn mit dem Begriff «Nation», gleichbedeutend «Volk», verband.

So groß war Mirabeaus Ruhm in den ersten Jahren der Revolution. Und dann, fragt der ungeduldige Leser, was folgt danach?

Das Paradoxe an der außergewöhnlichen Popularität Mirabeaus bestand darin, daß er in seinen Reden keineswegs radikale Ansichten vertrat. In den Verfassungsfragen zum Beispiel, die die Konstituante, die Verfassunggebende Versammlung, in den Jahren 1789 bis 1791 diskutierte, stand Mirabeau wesentlich weiter rechts als viele seiner Kollegen. Ungeachtet seines gewaltigen persönlichen Einflusses vermochte er bisweilen nur eine Minderheit der Nationalversammlung für sich zu gewinnen.

Als über das Einspruchsrecht des Königs diskutiert wurde, setzte er sich anfangs für das absolute, sodann aber für ein aufschiebendes Veto ein.

Von einigen rein rhetorischen und offensichtlich durch die jeweils gegebenen Umstände bedingten Varianten abgesehen, blieben die Ansichten des Tribuns seit der vorrevolutionären Zeit im Grunde unverändert.

Sein politisches Ideal sah Mirabeau in einer konstitutionellen, liberalen Monarchie, einer starken Regierung, die sich auf eine gesetzgebende Versammlung stützte, ihr jedoch untergeordnet war. Ihm schwebte eine bürgerliche Monarchie vor, die bestimmte bürgerlich-demokratische Rechte gewährleistete.

Mirabeau hatte keine gute Meinung von dem königlichen Ehepaar, das an der Spitze der französischen Monarchie stand. Marie Antoinette lehnte er entschieden ab. Deutlich erkannte Mirabeau auch die Beschränktheit, Schwäche und Bedeutungslosigkeit Ludwigs XVI., von dem er schrieb: «Er weiß weder, was er kann, noch, was er will, noch, was er muß.»

Gleichwohl wirkte er, obwohl er sich über alle Mängel des Königs im klaren war, beharrlich auf die Erhaltung und Stärkung der Monarchie hin. Vor einer Republik, vor der Macht vieler, fürchtete er sich hingegen. In einer Rede in der Versammlung sagte er: «Ich halte eine Macht von 600 Personen für das Schrecklichste. Morgen erklären sie sich für unauflösbar, übermorgen erklären sie ihre Macht für erblich, und zuletzt eignen sie sich eine unbegrenzte Macht an, wie es den aristokratischen Regimes in anderen Ländern eigen ist.» Der König möge schwach, unentschlossen und mit vielen Mängeln behaftet sein. Die bloße Existenz einer Erbmonarchie aber werde eine Herrschaft der 600, die Tyrannei einer neuen Aristokratie, in welcher parlamentarischen Form auch immer, verhindern. Der König werde zwar auf dem Thron sitzen, jedoch nicht regieren.

Diese Ansichten, die sein Mißtrauen gegenüber seinen Kollegen, den Abgeordneten der Konstituante, ausdrückten, brachte dem berühmten Tribun natürlich keine Sympathien unter den Vertretern des Dritten Standes ein.

Aber Mirabeaus Ansehen war so groß, daß keiner es offen in der Konstituante wagte, gegen ihn aufzutreten. Niemand wollte dem unübertroffenen Redner zum Opfer fallen. Mirabeaus Popularität war in vieler Hinsicht dadurch zu erklären, daß die von ihm 1788/89 propagierte Losung von dem Zusammenschluß des gesamten Dritten Standes den objektiven Erfordernissen der Zeit entsprochen hatte.

Doch nach dem 14. Juli, als das absolutistische Regime durch vereinte Anstrengungen des gesamten Dritten Standes zu Fall gebracht worden war, hatte diese Losung ihre Aktualität verloren. Ein neuer Prozeß begann, der Kampf innerhalb des Dritten Standes selbst, dessen Differenzierung. Der Block, der noch vor kurzem geschlossen vorgegangen war, begann auseinanderzubrechen. Die Großbourgeoisie und der liberale Adel – die politische Rechte, die bis dahin in der Konstituante geherrscht hatte – erhoben nunmehr auch den Anspruch auf die politische Herrschaft im Lande. Nach außen traten sie zwar weiterhin als Wortführer des gesamten Volkes in Erscheinung, nach innen waren sie aber bemüht, die Macht in ihren Händen zu vereinen. Lafayette, Bailly, Mounier und Sieyès, die führenden Köpfe der Großbourgeoisie und des liberalen Adels, strebten nicht ausschließlich die

Ausübung der Staatsmacht an, sondern versuchten, die Revolution in gewissen Grenzen zu halten, vor allem ihre Fortsetzung zu bremsen.

Darum hatten sie Mirabeau mit seinem gewaltigen Ansehen, mit seinem erstaunlichen Talent eines Tribuns, mit seiner überaus großen Popularität bitter nötig. Sowohl der von unbefriedigtem Ehrgeiz geplagte Sieyès als auch Lafayette, der alles andere als redegewandt war, wußten, daß sie gegen Mirabeau nichts auszurichten vermochten. Die Männer der Großbourgeoisie brauchten Mirabeaus Namen als eine Art nationales Banner. Sie konnten «im Interesse der Sache» die persönlichen Antipathien unterdrücken, und sie beugten ihre Köpfe vor Mirabeau, dessen führende Rolle sie öffentlich anerkannten.

Mit seinen politischen Ansichten stand Mirabeau dieser Gruppierung zweifellos am nächsten. Zu Meinungsverschiedenheiten zwischen ihnen kam es lediglich in Einzel-, nie in Grundfragen, denn sie alle waren Anhänger der konstitutionellen Monarchie. Gleich den anderen Mitgliedern der «Verfassungspartei», wie diese rechte bürgerliche Gruppierung der Verfassunggebenden Versammlung schon bald genannt wurde, vertrat Mirabeau die Auffassung, daß der revolutionäre Prozeß aufgehalten werden müsse.

Nach den Ereignissen vom 5./6. Oktober legte Mirabeau dem König eine Denkschrift vor, die zunächst unbekannt blieb und ein ganzes Programm von Maßnahmen empfahl. Mirabeau warnte den König vor einem weiteren Aufenthalt des Hofes in der Hauptstadt und empfahl ihm, sich in eine entlegene Provinz Frankreichs zurückzuziehen. Von dort aus sollte er das Volk aufrufen, einen Konvent – eine neue repräsentative Versammlung – zu bilden. Der König solle vor dem ganzen Volk erklären, daß der Absolutismus und die Feudalherrschaft für immer gestürzt seien. Darüber hinaus solle er die Rechte der Nation feierlich bestätigen, sich aber zudem verpflichten, stets in Übereinstimmung mit der Nation zu handeln, deren Rechte noch erweitert werden müßten.

Mit der Denkschrift legte Mirabeau einen Plan vor, der auch die unverzügliche Bildung einer starken und autoritären Regierung beinhaltete. Ihr sollten die prominentesten Politiker, voran Necker, angehören, und sie dürfte nur dem Konvent rechenschaftspflichtig sein. Für sich selbst bat Mirabeau mit gespielter Bescheidenheit allein um das Amt eines Ministers ohne Portefeuille.

Diese an Ludwig XVI. gerichtete Denkschrift, mit der sich Mirabeau erstmals direkt an den Monarchen wandte, verdient aus mehreren Gründen Aufmerksamkeit. Für den König, den Hof und die gesamte königliche Partei mußte Mirabeaus Appell eine unerhörte, eine beispiellose Frechheit sein, weil sich dieser Adlige aus der Provençe, obwohl er alle Formen der vorgeschriebenen Ehrerbietung gegenüber dem Monarchen einhielt, an ihn wie an seinesgleichen wandte und weil er sich über die einen Untertanen von einem Monarchen trennende Distanz hinwegsetzte und sich die Frechheit herausnahm, dem König Ratschläge zu erteilen.

Auch der Inhalt der Ratschläge mußte dem Hof ungeheuerlich erscheinen. Der Ratgeber wollte die Monarchie nicht nur ihrer Vorrechte berauben. Dieser unverschämte Abgeordnete hatte außerdem die Stirn, dem Monarchen die bedeutungslose Rolle eines Vollstreckers von Beschlüssen einer mächtigen Verfassunggebenden Versammlung, die den Willen der Nation repräsentierte, zuzuweisen.

Selbst nach der zweiten Niederlage im Oktober 1789 gab sich die königliche Partei bei weitem noch nicht geschlagen. Sie hatte noch starke Trümpfe in der Hinterhand, die zu gegebener Stunde ausgespielt werden sollten. Mirabeaus Denkschrift wurde voller Entrüstung zurückgewiesen und selbstverständlich nicht beantwortet. Wahrscheinlich sprach Marie Antoinette, genau wie der ganze Hof von der ungehörigen Botschaft Mirabeaus aufgebracht, die bekannt gewordenen Worte: «Ich hoffe, daß wir nie so unglücklich sein werden, um die traurigen Ratschläge Mirabeaus befolgen zu müssen.»

Mirabeaus Denkschrift muß aber auch von einer anderen Seite betrachtet werden. In welchem Verhältnis steht sie zum Programm der «Verfassungspartei»? Mirabeaus Empfehlungen entsprechen diesem fast vollständig, wiewohl er hier und da über die Wünsche von Lafayette und Bailly hinausging.

Daher hielten es Lafayette, Mounier, Sieyès und Le Chapelier, diese politischen Geschäftemacher, von denen jeder insgeheim Varianten eines komplizierten, letzten Endes gewinnbringenden Spiels überdachte, in den Jahren 1789/90 für notwendig, Mirabeaus Überlegenheit anzuerkennen und ihn in den Vordergrund rücken zu lassen. Es war ratsam, den Mann, der in den Augen des Volkes die Revolution verkörperte, zum Führer der eigenen Fraktion zu haben. Der Name Mirabeaus konnte die selbstsüchtigen Ziele der Großbourgeoisie verschleiern, die die Macht in ihrer Hand behalten wollte.

Mirabeau war nicht so einfältig, die Beweggründe seiner mit ihm konkurrierenden Freunde nicht zu erkennen. Er hegte kein Vertrauen zu ihnen, noch empfand er Sympathien für sie. In den wichtigen politischen Fragen aber stimmten ihre Standpunkte überein oder standen sich nahe. Warum sollte er nicht ein Stück Weges mit ihnen gemeinsam gehen?

Nachdem die Zeit der allgemeinen Brüderschaft und Verbrüderung, die Zeit des ersten Siegesrausches und der rosigen Hoffnungen im Herbst 1789 zu Ende war, als das ehemals geschlossene Revolutionslager durch gegensätzliche Klasseninteressen auseinandergetrieben wurde, traten deutlich zwei einander bekämpfende Tendenzen hervor. Die eine drängte auf die Vertiefung der Revolution, die andere stellte sich ihr entgegen. Die Anhänger der ersten Richtung wurden ursprünglich Demokraten geheißen, die der zweiten Liberale oder «Verfassungsfreunde». In der Folgezeit bediente man sich anderer Termini, wenn von ihnen die Rede war. Alle Gegner des Absolutismus gehörten ursprünglich ein und demselben politischen Klub an, der in Versailles der Bretonische und nach dem Umzug der Versammlung nach Paris der Jakobinerklub (nach dem Versammlungsraum) genannt wurde. Lafayette, Mounier, Bailly und andere Liberale traten aber Ende 1789 aus ihm aus. Sie gründeten ihre eigene Organisation, die «Gesellschaft von 89». Sie war zahlenmäßig kleiner, jedoch in sich geschlossener als der Jakobinerklub. Die hohen Mitgliedsbeiträge hielten viele Demokraten ab, ihm beizutreten.

Mirabeau trat dem neuen Klub auf Einladung seiner Begründer bei; sofort rückte er zu einem der angesehensten Führer auf.

Als führender Politiker besaß Mirabeau aber unvergleichlich mehr Feingefühl und Wendigkeit als seine Freunde und Rivalen aus der «Gesellschaft von 89»; Necker, der im Frühjahr 1789 noch ein hohes Ansehen genoß, erlitt im Herbst einen Bankrott. Lafayette erging es ähnlich.

Wohl als einziger unter den führenden Politikern des Jahres 1789 vermochte Mirabeau einer Abwertung seines politischen Ansehens zu entgehen. Es gelang ihm, sich seine Popularität unter den breiten Volksmassen zu erhalten.

Mirabeau zeigte in der Politik ungleich mehr Weitblick als seine Kollegen. Schon nach einigen Sitzungen der «Gesellschaft von 89» spürte er, daß dieser elitäre Klub keine Zukunft habe und bald in Konflikt mit dem Volk geraten würde. Mirabeau kehrte in den Jakobinerklub zurück, auf dessen Sitzungen er nunmehr gern und häufig sprach. Sehr schnell war ihm klargeworden, daß die Jakobiner großen Einfluß erlangen würden. 1790 wurde er für einige Zeit zum Präsidenten des Klubs gewählt. Für zwei Wochen saß er auch der Verfassunggebenden Versammlung vor, in deren Ausschüssen er tatkräftig mitwirkte. Im Ausschuß für Diplomatie tat er sich besonders hervor. Zu allen wichtigen Fragen der französischen Außenpolitik wurde er um Rat gebeten. Mirabeau verkörperte 1789/90 nicht nur die Französische Revolution, sondern war auch der einflußreichste politische Führer des neuen Frankreich.

In den zwei, drei zurückliegenden Jahren hatte sich der Gehetzte und Gejagte in den berühmtesten und angesehensten Politiker des Landes verwandelt, das die Aufmerksamkeit der ganzen Welt auf sich zog.

Die reizende, gescheite Émilie, seine ehemalige Frau, hätte sich ohrfeigen können. Sie hätte sich jetzt in seinem Ruhme sonnen können, wäre es nicht seinerzeit zu einem so schmachvollen Prozeß gekommen. Wie hatte sie nur so blind sein können, die große Zukunft, die auf ihn und auf sie wartete, nicht vorauszusehen? Sie gab Mirabeau zu verstehen, daß sie bereit sei, sich mit ihm auszusöhnen.

Für Mirabeau war dieses Kapitel seines Lebens jedoch längst abgeschlossen. Wenn er jemand wiederfinden wollte, dann natürlich Amélie-Henriette de Nehra, deren er sich mit Dankbarkeit und Zärtlichkeit erinnerte. Aber seine Zeit wurde von Tag zu Tag knapper. Nach wie vor führte er ein liederliches und ungezügeltes Leben. Er merkte sich nicht einmal mehr die Namen und die Gesichter der Frauen, die ihm begegneten.

Die erstaunlichen Veränderungen, die sich in kurzer Zeit in seiner gesellschaftlichen Stellung und in seinem Schicksal vollzogen hatten, nahm er wie eine Selbstverständlichkeit hin. Alles Erreichte hatte er selbst erkämpft. Alle Politiker und Abgeordneten an seiner Seite waren seine Rivalen, seine heimlichen Feinde. Sie lächelten ihm freundlich zu und sahen ihm forschend in die Augen, weil er der Stärkere war. Aber seine hohe Stellung in der Konstituante und im Lande genügte ihm nicht. Als er in seinem ersten Appell an den König betont bescheiden für sich das Amt eines Ministers ohne Portefeuille erbat, war das lediglich ein taktischer Zug, eine wohldurchdachte Heuchelei. Er wollte jedoch kein zweitrangiger Minister sein, sondern der Erste Minister des Königreichs.

Natürlich würde er ein liberaler Minister, ein Feind des Despotismus sein und im Einklang mit seinen politischen Auffassungen regieren. Er wollte aber ein Minister mit eiserner Hand sein und stärker als Richelieu, der nur den König, nicht jedoch die Nation auf seiner Seite gehabt hatte.

Mirabeau schätzte den Einfluß von Ludwig XVI. und der Königin durchaus richtig ein. Bald würden sie gezwungen sein, ihm nachzugeben und sich an ihn zu wenden, weil ihnen keine andere Wahl blieb.

Im Herbst 1789 freundete sich Mirabeau daher mit dem Grafen de La Marck an, der das uneingeschränkte Vertrauen Marie Antoinettes genoß, ihr treu ergeben war und Einfluß am Hof besaß. Mirabeau, der stets Menschen für sich einzunehmen verstand, fiel es nicht schwer, freundschaftliche Beziehungen mit dem Grafen anzuknüpfen. Dieser zeigte schon bald Interesse für ihn. Sein Plan, den er niemandem anvertraut hatte, ging also auf. Der Hof mußte Mirabeaus Stärke respektieren.

Im entscheidenden Augenblick stellte sich aber heraus, daß er seine Gegner unterschätzt hatte. Eine Gruppe junger und ehrgeiziger Abgeordneter, das «Triumvirat» Antoine Barnave – Adrien Duport – Alexandre Lameth, das insgeheim Mirabeaus Einfluß für sich auszunutzen suchte, stellte am 7. November 1789 in der Nationalversammlung den Antrag, es allen Abgeordneten zu untersagen, Ministerposten zu bekleiden.

Dieser Antrag richtete sich vor allem gegen Mirabeau, obwohl dessen Name ungenannt blieb. Die Konstituante nahm den Vorschlag, den Robespierre und Pétion unterstützten, an.

Mirabeau war wütend über den Beschluß, obwohl er sich nichts vorzuwerfen hatte, außer vielleicht das eigene Unvermögen, die Absicht seiner Kontrahenten rechtzeitig zu durchschauen.

Das Amt des Premierministers oder eines Ministers war ihm fortan versperrt. Er wußte es aber zu schätzen, daß sich Graf de La Marck auch nach dem Dekret vom 7. November für ihn interessierte und sich weiter freundschaftlich mit ihm unterhielt. Er zog daraus den Schluß, daß der Hof nach wie vor Interesse an ihm hatte.

Seine Neigung für das Abenteuer und sein gewitzter Verstand gaben ihm eine neue mögliche Variante ein: Wenn es ihm untersagt war, dem Amt nach Premierminister zu sein, warum konnte er es dann nicht insgeheim sein? Warum sollte er auf ein raffiniertes Doppelspiel verzichten: die Stellung eines einflußreichen Führers der Konstituante beibehalten und gleichzeitig – selbstverständlich unter dem Siegel strengster Verschwiegenheit – nicht nur der geheime Ratgeber des Königs sein, sondern auch dessen Regierungsgeschäfte lenken? Das war natürlich ein überaus gewagtes Spiel, das aber ganz dem Geschmack und der Sinnesart dieses Mannes entsprach und ihm um so verlockender erschien.

Die Verhandlungen mit dem Grafen de La Marck wurden nunmehr offen geführt. Er verheimlichte nicht mehr, im Auftrag des Hofes zu handeln, für den sich die Lage mehr und mehr zum Schlechten wendete. Marie Antoinette sah sich gezwungen, auf Mirabeaus Dienste zurückzugreifen, obwohl sie ihn ablehnte.

Im April 1790 wurde eine Vereinbarung getroffen. Mirabeau gab dem König in Denkschriften Ratschläge und Empfehlungen, die der Graf de La Marck weiterleitete. Niemand anders durfte in diese streng geheimen Beziehungen eingeweiht werden. Die Königin ließ ihm 208 000 Livres aus ihrem persönlichen Vermögen übergeben, damit er seine Schulden tilgen konnte. Der König zahlte ihm eine Pension von monatlich 6 000 Livres. Darüber hinaus übergab er dem Grafen de La Marck vier Wechsel über je 250 000 Livres, die Mirabeau in Anerkennung seiner erwiesenen Dienste erhalten sollte.

So sah der Inhalt der Abmachung zwischen Mirabeau und dem Hof aus, die als der große Verrat des Grafen Mirabeau in die Geschichte eingehen sollte.

Mirabeau ging sie leichten Herzens und ohne die geringsten moralischen Skrupel ein. Mit der ihm eigenen Verschwendungssucht warf er nun mit dem Geld offen um sich. Er zog aus dem Hôtel de Malte, in dem er bis dahin bescheiden gewohnt hatte, in das vornehme Wohnviertel Chaussée d'Antin und mietete dort für 2 400 Livres im Jahr das Obergeschoß einer schönen Villa.

Der üppige Luxus sprang ins Auge. Abends fand sich an der mit auserlesenen Speisen und kostbarem Geschirr gedeckten Tafel eine Gesellschaft bekannter Politiker, Gelehrter und Diplomaten ein. Den Mittelpunkt bildete die junge, schöne und elegante Julie Carreau, der das Haus gehörte und deren intimes Verhältnis zu ihrem berühmten Untermieter allgemein bekannt war. Immerhin aber fragten sich die namhaften Gäste, die so freundlich auf den Erfolg und auf die Gesundheit des berühmten Tribuns tranken, woher dieser Reichtum kam.

Mirabeau hatte sich auf dieses gefährliche Spiel nicht allein des Geldes wegen eingelassen, das ihm nie viel bedeutete, da es ihm stets schnell durch die Finger glitt. Er hielt es einfach für selbstverständlich, daß der Hof ihn bezahlte wie einen Minister.

Die geheime Abmachung Mirabeaus mit dem Hof ist aber die anfechtbarste Stelle in seiner politischen Laufbahn.

Seine Verehrer und Anhänger meinten, er habe sich nicht verkauft, er sei bezahlt worden. Doch wofür bekam er das Geld? Für etwas, das er in der Öffentlichkeit nie eingestehen durfte.

Marat verfügte über keine genauen Informationen darüber, spürte jedoch instinktiv Betrug und Treulosigkeit in Mirabeaus

Handlungen und Reden. Wiederholt warf er ihm in seiner Zeitung Verrat vor, den Mirabeau Freunden gegenüber entschieden zurückwies. Er habe weder seine Ansichten noch seine Überzeugungen verraten. Vor wie nach seiner Übereinkunft mit dem Hof hatte er sich mit Überzeugung für die Monarchie eingesetzt, wenn auch für eine konstitutionelle. Er hielt es für notwendig, die Monarchie zu sichern, um eine Republik zu verhindern.

Im Juli 1790 stimmte die hochmütige Marie Antoinette, die sich so «unglücklich fühlte», einer Begegnung mit Mirabeau zu. Am Schluß eines im großen und ganzen belanglosen Gesprächs küßte er der Königin die Hand und sagte mit der ihm eigenen Selbstsicherheit: «Die Monarchie ist gerettet.»

Er mühte sich nach Kräften, die Interessen der Monarchie zu verteidigen. Er hütete sich aber auch, sich in den Augen des Volkes und der Nationalversammlung zu kompromittieren, denn in diesem Fall wäre er für den Hof völlig wertlos geworden. Mitunter wagte er viel. Im Februar 1791 versuchten die beiden Tanten des Königs, die Töchter Ludwigs XV., gleich den Brüdern des Königs ins Ausland zu fliehen. Sie wurden jedoch von Patrioten in Arney-le-Duc nahe der Grenze aufgehalten. Mirabeau besaß den Mut, sie in der Nationalversammlung ebenso wie im Jakobinerklub zu verteidigen, woraufhin sie nach Rom reisen durften.

Mit welchen Argumenten er sein Handeln auch zu rechtfertigen und sogar zu verherrlichen suchte: die von ihm freiwillig ausgeübte Tätigkeit eines hochbezahlten Geheimberaters des Königs war unmoralisch, schmachvoll und mit einem Politiker unvereinbar, in dem das Volk den Führer der Revolution sah. Er führte ein Doppelspiel, er betrog seine Wähler, seine Gefährten in der Nationalversammlung und im Jakobinerklub. Er verhielt sich ihnen gegenüber weder offen noch ehrlich.

Der Ruhm eines großen Tribuns folgte ihm wie sein Schatten. Am 29. Januar 1791 wurde er mit großer Begeisterung abermals für fünfzehn Tage zum Vorsitzenden der Nationalversammlung gewählt. Selbstsicher und geschickt übte Mirabeau diese Funktion aus.

Die Anschuldigungen, die Marat erhob, die zunehmend feindselige Haltung Robespierres ihm gegenüber und die Gerüchte, die über ihn umliefen, drangen auch ins Ausland. Selbst Katharina II., die Mirabeau früher den Tod gewünscht hatte, glaubte nun, er könne ihr nützlich sein. Sie gab Graf Simolin, ihrem Botschafter in Paris, insgeheim den Auftrag, mit Mirabeau zu verhandeln und ihn gegen hohes Entgelt auf die Seite Rußlands zu ziehen. Das Vorhaben schlug jedoch fehl.

In der zweiten Jahreshälfte 1790 verschlechterte sich Mirabeaus Gesundheitszustand schlagartig. Zuerst befiel ihn eine eitrige Augenkrankheit. Sodann stellte sich eine schmerzhafte Darmentzündung ein. Allem Anschein nach behandelte ihn sein Freund Cabanis falsch. Später wurde behauptet, er habe eine Blutkrankheit. Man ließ ihn, wie damals üblich, ausgiebig zur Ader.

Aber Anfang 1791 trat eine sichtliche Besserung ein. Auch früher hatte er seinen Krankheiten keine große Beachtung geschenkt. Er glaubte an seinen kräftigen Organismus, und er war erst vierzig Jahre alt. Mirabeau lebte in der Vorstellung, vor ihm liege noch ein langer Weg und er stehe erst am Anfang.

Im März 1791 verschlechterte sich sein Gesundheitszustand zunehmend; er konnte sein Haus nicht mehr verlassen. Cabanis und andere Ärzte diagnostizierten akute Ruhr. Von Tag zu Tag ging es ihm schlechter. Schließlich fanden die Ärzte heraus, daß er an einer nicht rechtzeitig erkannten Bauchfellentzündung litt. Für eine Heilung war es bereits zu spät.

In den letzten Märztagen spürte Mirabeau, daß sein Ende nahte. Sein Leben war also viel kürzer, als er erwartet hatte. Er nahm das merkwürdigerweise ruhig, beinahe gleichgültig hin.

Er ließ sein Bett in das hellste Zimmer seiner Wohnung schieben und dort die Fenster öffnen. Durch die Fenster drang zarter Frühlingsduft.

Am 30. März wurde allgemein bekannt, daß Mirabeau im Sterben lag. Riesige Menschenmengen standen stundenlang schweigend vor seinem Haus. Die Chaussée d'Antin wurde mit einer dicken Sandschicht bedeckt, damit die vorbeifahrenden Wagen seine Ruhe nicht störten. In den Zimmern des Erdgeschosses standen Abgeordnete, Mitglieder des Jakobinerklubs, Journalisten und alle berühmten Persönlichkeiten der französischen

Hauptstadt Schlange, um sich noch rechtzeitig beim Sekretär des Tribuns in das Gästebuch einzutragen.

Am Tag und am Abend des 1. April litt Mirabeau unter sich ständig steigernden Schmerzen, die von keinen Arzneimitteln gelindert werden konnten.

Er quälte sich die ganze Nacht zum 2. April, erst gegen Morgen verspürte er eine gewisse Erleichterung. Noch einmal richtete er sich unter unwahrscheinlichen Anstrengungen auf und atmete tief durch. Seine letzten Worte waren: «Schlafen, schlafen, schlafen ...» Am 2. April 1791, morgens acht Uhr dreißig, schloß er die Augen für immer.

Noch heute findet man in der Chaussée d'Antin 42 an der Hauswand eine von der Zeit und vom Regenwasser dunkel gewordene kleine Marmortafel, an der in verblichenen Lettern steht: «Hier starb 1791 Mirabeau.»

Ein Menschenstrom, der nicht enden wollte, die Mitglieder der Nationalversammlung und des Jakobinerklubs, Tausende von Arbeitern, Handwerkern, Händlern und Armen folgten am 4. April 1791 dem Leichenwagen mit den sterblichen Überresten Mirabeaus.

Seit Beginn der Revolution hatte Paris keine so grandiose Trauerfeier für einen Politiker erlebt.

Auf Beschluß der Nationalversammlung wurde Mirabeau in der Gruft der Abteikirche des Klosters Sainte-Geneviève beigesetzt, bis das Panthéon für seine neue Bestimmung hergerichtet war. Dort wollte die dankbare Heimat von nun an die sterblichen Überreste großer Persönlichkeiten auf ewig bewahren. Als erstem wurde Mirabeau diese hohe Ehre zuteil.

Mirabeaus Büsten, in kurzer Zeit aus Metall gegossen oder aus Marmor gemeißelt, wurden im Saal der Konstituante auf einem hohen Sockel, aber auch im Sitzungssaal des Jakobinerklubs und in allen bedeutenden öffentlichen Gebäuden aufgestellt.

Der «Vater des Volkes», Honoré-Gabriel Graf Mirabeau, wurde zum ersten Helden der Großen Französischen Revolution, die der Menschheit den Weg in eine neue Welt bahnte.

Ein Jahr war nach Mirabeaus Tod vergangen; das zweite brach an. Der machtvolle Volksaufstand vom 10. August 1792 stürzte die tausendjährige Monarchie, der König wurde im Turm des Temple gefangengesetzt. Im September 1792 nahm der Konvent seine Tagungen in Paris auf, in Frankreich wurde die Republik ausgerufen.

Ein Sonderausschuß des Konvents hatte den Auftrag, die in den Tuilerien aufbewahrten Geheimakten zu überprüfen. Er entdeckte am 5. Dezember 1792 sorgfältig verborgene Dokumente, die von geheimen Verbindungen Mirabeaus mit dem Hof zeugten.

Eine Welle der Entrüstung, der Empörung und des Zorns brandete über Frankreich hinweg. Mirabeaus Büsten wurden in den großen und kleinen Städten Frankreichs zerschlagen. Gestern noch als großer Volkstribun und «Vater des Volkes» gefeiert, war sein Name nun der Schande preisgegeben.

Im Herbst 1793 faßte der Konvent auf Vorschlag von Léonard Bourdon den Beschluß, die Grabstätte Mirabeaus, die die republikanischen Tugenden beleidigte, aus dem Panthéon zu entfernen. An ihre Stelle kamen die sterblichen Überreste Jean-Paul Marats, der am 13. Juli 1793 von Charlotte Corday erstochen worden war. Diese verblieben in der Grabstätte der Großen kaum länger als die Mirabeaus. Nach dem 9. Thermidor drehte sich das Rad der Geschichte in Frankreich nach rechts.

In den nunmehr zweihundert Jahren seit jener Zeit sind die Leidenschaften der Beteiligten an diesen stürmischen Ereignissen nur noch ein Häufchen längst ausgekühlter Asche. Alles ist der Vergangenheit anheimgefallen.

Mirabeaus historische Rolle erkannten Männer wie Victor Hugo, George Gordon Byron, Johann Wolfgang von Goethe und in späterer Zeit so bedeutende Historiker wie Alphonse Aulard und Jean Jaurès an.

Dekretierte Definitionen und zusammenfassende starre Charakteristiken sind hier natürlich fehl am Platze, von schreienden Etikettierungen ganz zu schweigen. Man muß versuchen, diesen Politiker aus seiner Epoche heraus und in seiner ganzen Kompliziertheit und Widersprüchlichkeit zu verstehen.

Der Mirabeau von 1788 bis 1791, der drei letzten Jahre seines Lebens und seines blendenden Ruhmes, ist nicht von dem früheren Mirabeau zu trennen, dem Abenteurer und Verfolgten, dem Aristokraten und «wilden Herrscher», der, mit all den Gewohnheiten und Ansichten seiner Kaste behaftet, trotzdem einen unversöhnlichen und erbarmungslosen Krieg gegen dieselbe führte.

Mirabeau schloß sich der Revolution nicht als Vertreter des Volkes an, obwohl er in dessen Namen sprach und sich größerer Sympathien der Volksmassen Frankreichs erfreute als jeder andere. Er blieb zeitlebens ein Mann der Dolce vita und ein Vertreter der Spitze des liberalen Adels. Das darf man keineswegs außer acht lassen.

Und doch verkörperte kein anderer als Graf Mirabeau, bei all seinem Abenteurertum, bei all seinen Lastern, die Französische Revolution in ihrer ersten Etappe. Kein zweiter besaß im Jahre 1789 in den Generalständen und in der Verfassunggebenden Versammlung größere Autorität als er. Niemand genoß eine größere Popularität im Volke.

Die Zauberkraft seiner Worte, die zu einem mitreißenden Strom zusammenflossen und die Zuhörerschaft hypnotisierten, verhalf dem Sieg über den Despotismus, über die Tyrannei des Absolutismus zum Durchbruch.

Die von ihm im Frühjahr und Sommer jenes Revolutionsjahres beschworene Einheit des Dritten Standes entsprach objektiv den historischen Erfordernissen und bereitete politisch die Erstürmung der Bastille von Paris und deren Fall am 14. Juli 1789 vor.

Schließlich sei noch auf ein Letztes hingewiesen: Mirabeau galt als ein Mann der Tat. Byron gestand in seinem Tagebuch am 23. und 24. November 1813, er habe den Wunsch, Mirabeau und Saint-Just zu gleichen. Beide waren, bei allen Unterschieden, Männer der Tat. «Taten, Taten, rufe auch ich, aber nicht Schriftstellerei, vor allem nicht Reimerei», schrieb Byron.

Mirabeaus Reden waren Aufrufe zum Handeln, seine Forderung nach dem Truppenabzug Anfang Juli 1789, die Mobilisierung der Massen am Vorabend des 14. Juli und seine vorbehaltlose Verteidigung der Heldentat des Volkes bei der Erstürmung der Bastille. In allen Auftritten Mirabeaus im Jahre 1789, in der

Anfangsetappe der Revolution, fand deren ungestüme Tatkraft ihre vollständige Verkörperung.

Das war es wohl auch, was Karl Marx dazu bewogen hat, fast fünfundsiebzig Jahre später im Ersten Band des «Kapitals» Mirabeau als den Löwen der Revolution zu bezeichnen.

Robespierre

Die Geschichte kennt Personen, deren Namen weder durch die Jahre und Leidenschaften noch durch Gleichgültigkeit aus dem Gedächtnis der Generationen gelöscht werden können. Zu ihnen gehört auch Maximilien Robespierre.

Erst sechsunddreißig Jahre alt, endete sein kurzes Leben auf dem Schafott. Aber lediglich seine fünf letzten Lebensjahre waren von Bedeutung. Zuvor hatte sich der Advokat aus Arras, der Jean-Jacques Rousseau bewunderte und sentimentale Gedichte schrieb, nur wenig hervorgetan.

Im Frühjahr 1789 vom Dritten Stand in Arras zum Abgeordneten der Generalstände gewählt, betrat der junge Robespierre die politische Bühne. Zuerst schlugen ihm Feindseligkeit und Geringschätzung entgegen. Nicht nur Rivarols reaktionäres monarchistisches Blatt «Actes des apôtres» verhöhnte Robespierre, auch seine politischen Gesinnungsgenossen spotteten über ihn. Abgeordnete des Dritten Standes und Journalisten, Gegner des Absolutismus, behandelten ihn von oben herab oder bemerkten ihn erst gar nicht. Zeitungsberichte jener Zeit entstellten seinen Namen: Sie nannten ihn Robert-Pierre, Robers-Pierre oder Robert. Meistens jedoch ersetzten sie seinen Namen durch die kränkende, nichtssagende Bezeichnung «ein Abgeordneter».

Die Pariser Modenarren und Spottvögel rissen Witze über Robespierres altmodischen olivfarbenen Frack, seine provinziellen Manieren und den schwülstigen Stil seiner ausgearbeiteten Reden. Einmal trieb ihn dröhnendes Gelächter, das im Saal ausgebrochen war, von der Tribüne. Ein anderes Mal hinderte ihn der Lärm, den das Auditorium veranstaltete, seine Rede fortzusetzen. Resigniert verließ er die Tribüne, ohne seine Ansprache zu beenden.

Nach und nach verstummten jedoch die Spötter. Die Zeitungen lernten seinen Namen, der von der Schluß- auf die Titelseite übergewechselt war, richtig schreiben. Seine Ansprachen fanden jetzt in der Nationalversammlung ebenso Gehör wie im Jakobinerklub. Weder der Anzug noch das Auftreten oder der Stil des Redners gaben nun Anlaß für ironische Zwischenrufe.

Es dauerte nicht lange, da war jede Rede Robespierres im Konvent ein großes politisches Ereignis. Auf der einen Seite der Versammlung rief sie wütende Rufe der Mißbilligung hervor, auf der anderen hingegen brausenden Beifall.

Mit dem Voranschreiten der Revolution wuchs auch der Ruhm Maximilien Robespierres, dessen Lebensweise keinerlei Veränderungen erfuhr. Nach wie vor bewohnte er als Untermieter des Tischlers Duplay ein einziges Zimmer in einem hölzernen Seitengebäude in der Rue Saint-Honoré. Er blieb genauso arm wie in der Zeit, als ihn der Ruhm gemieden hatte; er bekleidete weder besondere Ämter noch Posten. Unaufhaltsam jedoch wuchs sein Einfluß auf die Politik der Revolutionsregierung und auf den allgemeinen Verlauf der Ereignisse. Mehr und mehr gewann sein Wort an Gewicht.

Unter den Führern der Revolution war Robespierre der einzige, der mit ihr zusammen und an ihrer Spitze den ganzen Weg von Anfang bis zum Ende ging. Einige sagten sich bereits zu Beginn von ihr los, andere wurden von den jähen Wendungen des Revolutionsstroms hinweggespült. Von den drei größten Jakobinerführern wurde Marat in den ersten Tagen der Jakobinermacht vom Feind erdolcht, Danton starb nach dem Urteil des Revolutionstribunals im April 1794 unter dem Fallbeil. Allein Robespierre hielt sich auf dem Höhepunkt des revolutionären Weges.

Er stand im Mittelpunkt des stürmischen, in der Geschichte einmaligen und beispiellosen Geschehens. Er kämpfte entschlossen und trat kühn «in das Blut, blieb jedoch unbefleckt», wie

Alexander Herzen schrieb. Das einfache Volk hatte den Unbestechlichen, wie er genannt wurde, ins Herz geschlossen. Jene aber, die sich der Revolution offen oder im geheimen entgegenstellten, haßten ihn um so heftiger und schmiedeten Verschwörungspläne gegen ihn.

Im Sommer 1794 schien die Republik und mit ihr Robespierre auf dem Gipfel ihrer Macht und ihres Ruhms. Aber auf seinem Höhepunkt fand Robespierres Ruhmesweg ein jähes Ende unter der Guillotine. Am 9. Thermidor, dem 27. Juli 1794, gelang den Verschwörern der konterrevolutionäre Umsturz. Sie erklärten Robespierre und dessen Freunde für geächtet. Am nächsten Tag wurden sie ohne Gerichtsurteil auf der Place de Grève in Paris geköpft.

Sogleich nach Robespierres Tod wob sich um seinen Namen eine Legende. Seine Feinde, aus welchem politischen Lager auch immer, ebenso seine früheren Freunde, die aus Angst von dem Verlierer abrückten, alle stellten sich gegen ihn. Der berühmte Maler Jacques-Louis David, das Mitglied des Konvents und des Sicherheitsausschusses, dieser Freund Robespierres, hatte noch am 8. Thermidor nach der Rede des Unbestechlichen im Jakobinerklub mit feurigen Worten versprochen, mit ihm gemeinsam den bitteren Kelch bis zur Neige zu leeren. Nach der Hinrichtung Robespierres suchte er sich reinzuwaschen und gab vor, von ihm skrupellos verführt worden zu sein. Alle, die aus den unterschiedlichsten Gründen mit der Jakobinerdiktatur unzufrieden waren, alle Verdächtigen, denen die Guillotine drohte, Schieber, korrupte Kreaturen, Diebe staatlichen Eigentums, Ehrgeizlinge und Karrieristen, hatten unter der eisernen Hand des Wohlfahrtsausschusses gezittert. Nun bewarfen sie den gestürzten Führer mit Schmutz und verleumdeten ihn.

Für alles wurde Robespierre verantwortlich gemacht: für das Fallbeil, das Charlotte Corday strafte, für die von Wölfen angenagten Leichen girondistischer Abgeordneter, für den Tod des Herzogs von Orléans, für Jacques Roux, der sich aus Verzweiflung im Gefängnis erdolchte, für das Blut des unschuldig hingerichteten Chaumette, die Stierwut Dantons, die Tränen von Lucile Desmoulins sowie Hunderte vom Revolutionstribunal zu

Recht oder zu Unrecht verurteilte Menschen. Alles kam jetzt auf das Schuldkonto von Maximilien Robespierre.

Nach dem Sturz der Jakobinerdiktatur einigten sich alle Gegner Robespierres – rechte wie linke – auf einige wenige Gemeinplätze, die in Wirklichkeit nichts anderes als abscheuliche Verleumdungen waren. «Tyrann», «Diktator», «Despot», «Mörder» und «Blutsauger» – diese Beschimpfungen gegen Robespierre hörte man aus dem Munde sowohl des «linken» Collot d'Herbois als auch des rechten Boissy d'Anglas. Die Solidarisierung der Thermidorianer aller Schattierungen in ihrem Bestreben, Robespierre als einen Feind des Menschengeschlechts hinzustellen, ging so weit, daß sie sich nicht mit der politischen und physischen Vernichtung des Jakobinerführers begnügten.

Bald traten jedoch Meinungsverschiedenheiten auf. Bereits zwei Tage nach dem 9. Thermidor warfen Billaud-Varenne, Barère und Vadier dem Jakobinerführer Moderantismus, Toleranz gegen die Feinde und Nachsicht gegenüber den Geistlichen vor. Sie kritisierten ihn sozusagen von linken Positionen. Thibaudeau, Thuriot und andere Dantonisten forderten hingegen eine Säuberung oder Auflösung des Revolutionstribunals. Sie verlangten Amnestie und Barmherzigkeit; sie standen also rechts.

So blieb an Robespierre, der jenen, die ihn schmähten, nicht mehr antworten konnte, Schmutz und Verleumdung haften. Politische und literarische Leichenfledderer beeilten sich, aus ihrem unsauberen Handwerk Kapital zu schlagen. Sie beschmutzten das Andenken des Führers der Bergpartei und schmierten ihre Schmähschriften zusammen. Nach und nach entstand ein verzerrtes Bild über Robespierre, das auf Verleumdung, Unterstellung, gehässigen Erfindungen und auf dem Geifer unvergessener Kränkungen beruhte, das Porträt eines Tyrannen und blutrünstigen Mörders.

Gleichwohl hielten sich im Bewußtsein des Volkes, in der Erinnerung der späteren Generationen andere Vorstellungen. Ungeachtet der Verleumdungen, die der große Revolutionär erfahren hatte, leuchtete und strahlte das wahre, unbefleckte Bildnis des Unbestechlichen durch die Schichten jahrelanger Lügen und Erfindungen.–

In jeder großen historischen Epoche treten große Begabungen hervor. Sie sind in der Regel auf allen Gebieten des menschlichen Wirkens zu finden: in der Politik, im gesellschaftlichen Denken, in der Wissenschaft, Literatur und Kunst.

Auch das 18. Jahrhundert, das Zeitalter der Großen Französischen Revolution, brachte bedeutende Talente in großer Zahl hervor. Ihre Bedeutung für die nachfolgenden Generationen war allerdings von unterschiedlichem Gewicht; nur die Prüfungen der Zeit konnten ihren Beitrag für die Schatzkammer der geistigen Werte der Menschheit klar bestimmen.

Einige, die in den Jahren der Revolution in hellem Glanz erstrahlten und vielen Zeitgenossen als die leuchtendsten Sterne am Himmel erschienen, bestanden diese Prüfung nicht. Zuerst verloren sie ihren Glanz, sodann verblaßten sie immer mehr, und schließlich erloschen sie ganz. In der Geschichte hinterließen sie kaum Spuren.

Andere bewahrten sich ein dauerhaftes Andenken. Sie blieben jedoch nur für Historiker, Philosophen und Philologen von Interesse.

Nur sehr wenige Männer, deren Namen an einer Hand abzuzählen sind, widerstanden dem alles hinwegspülenden Strom der Zeit. Immer wieder zogen sie die Aufmerksamkeit der heranwachsenden Generation auf sich. Für alle Zeit blieben sie im Gedächtnis der Menschheit. Zu ihnen zählt Maximilien Robespierre.

Geboren am 6. Mai 1758 in Arras, in der nordfranzösischen Provinz Artois, lautete sein eigentlicher Vorname Maximilien-François-Marie-Isidore, doch niemals hat er mit seinem vollen Namenszug unterschrieben. Vor den Familiennamen setzte er lediglich seinen ersten Vornamen, Maximilien, um nicht mit dem jüngeren Bruder Augustin-Joseph verwechselt zu werden, der ebenfalls Politiker war.

Das Geburtsjahr des künftigen Jakobinerführers zählt zu den ruhmlosesten Jahren in der langen Herrschaft Ludwigs XV. 1758 vollzogen sich im Königreich tiefgreifende innere und äußere Erschütterungen. Die Niederlagen der französischen Armee im Siebenjährigen Krieg bei Roßbach (1757) und Krefeld (1758) fügten dem Ansehen des Monarchen schweren Schaden zu. Die Herrschaft Ludwigs XV., der Anspruch auf den Ruhm und die Größe seines Vorgängers – des «Sonnenkönigs» – erhob, präsentierte sich in ihrer wahren Gestalt: Sie offenbarte Frankreich, aber auch der Welt ihre ganze Schwäche, Unfähigkeit und Erbärmlichkeit. «Im Grunde genommen fehlt uns eine Regierung ... Wir haben weder Generäle noch Minister ...», schrieb Abbé de Bernis, Staatssekretär im Außenministerium.

Diese Regierung, deren Unvermögen selbst ihre höchsten Beamten zugeben mußten, gedachte keinesfalls freiwillig von der Bühne abzutreten. Sie verstärkte vielmehr ihre Repressalien gegen alle «Freidenker». Im September 1758 wurde ein Beamter des Bittstelleramtes, der respektlos über den König und seine Minister gesprochen hatte, auf der Place de Grève in Paris öffentlich gehenkt. Jedoch auch eine derartige Grausamkeit vermochte die allgemeine Unzufriedenheit nicht zum Schweigen zu bringen. Im Herbst 1758 tauchten in der Comédie-Française, im Louvre und an anderen vielbesuchten Orten Flugblätter mit aufrüttelnden Losungen auf.

Im Jahre 1758 verurteilten und verboten die Regierung und nach ihr der Erzbischof von Paris das Buch «Vom Geiste», das soeben erschienen war. Doch nach seinem Verbot wurde dieses Buch, das der hervorragende Philosoph und Materialist Helvétius geschrieben hatte, zu einem der populärsten literarischen Werke seiner Zeit. «Wir treten in die letzte Periode des Verfalls ein», schrieb am 6. Juni 1758 der bereits erwähnte Abbé de Bernis. Weil es vielleicht seiner Feder entstammte oder weil man es häufig aus dem Munde anderer hörte, wurde das französische Wort «décadence» (Verfall) zum verbreiteten Symbol für das todgeweihte Regime.

König Ludwig XV. herrschte seit über vierzig Jahren in Frankreich. Je mehr Zeit ins Land ging, um so deutlicher traten die Schwäche und die Unfähigkeit dieses erbärmlichen Monarchen zutage. Das feudalabsolutistische Regime wurde immer morscher. Der Hof von Versailles erstrahlte im gleichen Glanz wie zu Zeiten des «Sonnenkönigs» Ludwigs XIV. Aber die zur Schau gestellte Pracht, die nicht abreißenden Festlichkeiten und Vergnügungen, angeregt von der ausschweifenden Phantasie der allmächtigen Madame de Pompadour, vermochten längst nicht mehr den Eindruck von Stärke des Königreichs zu erwecken.

Sowohl am Hof zu Versailles als auch in den Palästen des Hochadels, der den königlichen Hof nachzuäffen suchte, vertat man sein Leben in ungezügelter Gier und grobem Genuß. «Nach uns die Sintflut!» Nach dieser zynischen Devise, die König Ludwig XV. zugeschrieben wird, handelten die Feudalherren in der Mitte des 18. Jahrhunderts. Auch sie lebten in den Tag hinein, ohne einen Gedanken an die Zukunft zu verschwenden. Es gab nur eine Einnahmequelle, um die habsüchtigen und zügellosen Wünsche des Hofes, der Höflinge, des Fiskus, der gewaltigen Institution zur Steuereintreibung, der Armee, der Kirche, des alten und des neuen Adels zu befriedigen: die zunehmende Ausbeutung der Bauern und die immer höhere Besteuerung des Bürgertums.

Die Bauernschaft, die die überwiegende Mehrheit der Bevölkerung des Königreichs bildete, lebte in Elend und besaß keine Rechte. Obgleich von der kräfteraubenden Fronarbeit abgestumpft und ausgezehrt, setzte sie der gnadenlosen Ausbeutung wachsenden Widerstand entgegen. Die Bauernunruhen gewannen im Laufe des 18. Jahrhunderts an Stärke; insbesondere in der zweiten Hälfte gerieten sie nicht selten zu offenen bewaffneten Aufständen gegen die schonungslose feudale Ausbeutung.

Das Aufblühen des aufklärerischen Denkens in Frankreich, die Erfolge der «Philosophenpartei», die immer neue Anhänger im Dritten Stand und auch im liberalen Adel gewann, zeugten vom zunehmenden Kampf der Volksmassen und der starken jungen Bourgeoisie gegen die überlebte feudalabsolutistische Ordnung.

Dieser Kampf des Neuen gegen das Alte währte schon seit langem. Das Zeitalter des Feudalismus war vorüber, eine neue Epoche, eine neue Gesellschaftsordnung klopften an die Tür. Der wahre Inhalt dieses Neuen, der entsprechend den Gesetzen der gesellschaftlichen Entwicklung nur die Errichtung der Herrschaft der Bourgeoisie bedeuten konnte, blieb damals sogar den glänzenden Denkern unklar und rätselhaft. Die neue Epoche schwebte ihnen – verständlicherweise in den vielfältigsten Schattierungen – als eine Zeit des Triumphs der Vernunft und Freiheit vor, als eine bessere, gerechtere und harmonischere Gesellschaftsordnung, die im Einklang mit den «natürlichen Rechten des Menschen» aufgebaut sein sollte.

Viele sahen bereits große Wandlungen und eine tiefgreifende Zerstörung des sozialpolitischen Systems voraus. Die Zeit danach erschien ihnen als etwas Wunderbares. Aber die erregenden Hoffnungen, von denen die Jungen berauscht waren und auf die sie in den Werken von Voltaire, Montesquieu, La Mettrie, Helvétius und Rousseau ebenso Antwort suchten wie in den Artikeln der «Encyclopédie» von Diderot und d'Alembert, diese «aufrührerische Stimmung», diesen «Geist des freien Denkens» teilte die Regierung in keiner Weise, sondern sie verfolgte sie vielmehr als gefährliche «Ketzerei» und «Verschwörung».

Der Gegensatz zwischen dem Dritten Stand, der mehr als neun Zehntel der Bevölkerung des Königreichs umfaßte, und der bestehenden Macht – dem feudalabsolutistischen Regime – war unüberbrückbar geworden. Zwei grundverschiedene Welten, die zum Zusammenleben im Rahmen der bestehenden staatlichen Ordnung gezwungen waren, standen sich feindlich gegenüber. Die alte, feudalabsolutistische Welt herrschte, unterdrückte und gab Befehle. Das Volk aber und die Bourgeoisie, die mit ihm zusammenging und an seiner Spitze stand, waren bestrebt, diese alles tötende reaktionäre Ordnung zu beseitigen und deren Ketten zu sprengen. Von der Mitte des 18. Jahrhunderts an kamen diese unauflösbaren Widersprüche immer stärker zum Ausdruck.

In den Jahren 1748 und 1749 flammten in verschiedenen Provinzen des französischen Königreichs und auch in Paris Volksunruhen auf. Die Regierung warf sie grausam nieder. Aber im Volk schwelte die Unzufriedenheit, die zwar vorübergehend zum Schweigen gebracht, jedoch nicht beseitigt worden war, weiter.

Für die tausendjährige französische Monarchie war somit die Zeit ihres Niedergangs angebrochen. Das Streben nach Veränderungen nahm von Tag zu Tag zu. Doch der «Geist der Rebellion», der das Land mit einer solchen Stärke erfaßt hatte, daß sogar Baron Grimm eine Revolution befürchtete, dieser Wind der Freiheit, von dem die jungen Leute in Paris so berauscht waren, klang ab und beruhigte sich. Nur mit Mühe drang er durch die Fenster des soliden Hauses, das dem namhaften Bürger der Stadt Arras, dem Anwalt beim Obergericht des Artois, Maximilien Robespierre, gehörte.

Sowohl dessen Vater, Großvater und Urgroßvater als auch die übrigen Vorfahren väterlicherseits hatten der Gerichtsbarkeit angehört. Sie waren eine in ihrer Heimatstadt geachtete und begüterte Patrizierfamilie mit alten und festen Traditionen. Es schien, als sei es in einer solchen Familie besonders schwer, dem Hauch der neuen Zeit mit ihren Versuchungen und Zweifeln zu erliegen.

Bis zu seinem neunten Lebensjahr verlief die Kindheit Maximiliens unbeschwert. Aber plötzlich änderte sich alles. Zuerst starb die Mutter, und drei Jahre danach verließ der Vater aus bis jetzt noch ungeklärten Gründen Arras und später Frankreich. Er starb schließlich 1777 in München.

Vier Kinder blieben als Waisen zurück. Der Jungen nahm sich der Großvater an. Maximilien traf diese Katastrophe äußerst hart, Armut löste den Wohlstand ab, Einsamkeit die mütterliche Zärtlichkeit. Zwangsläufig wirkte diese einschneidende Veränderung nicht nur auf Maximiliens Charakter ein, sie prägte gleichermaßen sein späteres Leben.

Der Großvater brachte Maximilien an der örtlichen Domschule unter, später erhielt er ein Stipendium am Collège Louis le Grand in Paris, das junge Leute zum Studium an der juristischen Fakultät der Sorbonne vorbereitete. Im Frühjahr 1770 verließ der elfjährige Maximilien die Stadt seiner Kindheit und fuhr mit einer Pferdekutsche in das ferne, unbekannte Paris.

In der Metropole des Königreichs verbrachte Maximilien zwölf Jahre – bis 1781. Zunächst studierte er am Collège Louis le Grand, danach an der juristischen Fakultät der Sorbonne, die er 1780 mit dem akademischen Grad eines Bakkalaureus der Rechtswissenschaften verließ. Nach einem Jahr Praktikum in Paris wurde ihm der Titel Lizentiat der Rechtswissenschaften zuerkannt.

Am Collège und später an der Sorbonne widmete er sich intensiv dem Studium. Außerdem war er ein leidenschaftlicher Leser. Ausgezeichnet kannte er sowohl die Autoren der Antike als auch die Geschichte des antiken Griechenland und des Römischen Reichs. Ungeachtet der strengen Abgeschiedenheit, in der das Leben der Zöglinge am Collège Louis le Grand unter der unnachgiebigen Aufsicht von Kirchendienern verlief, drang der frische Wind des heraufziehenden Gewitters auch durch die starken Mauern dieser Bildungsstätte. Ihre Zöglinge und die Studenten der Pariser Universität waren die eifrigsten Leser und Verehrer der verbotenen Werke der großen Aufklärer, die das Denken der Jugend beherrschten.

Nach einmütigen Aussagen seiner Kommilitonen und Lehrer lebte der Stipendiat aus Arras in den beiden Pariser Lehranstalten zurückgezogen. Er war arm, das Stipendium, das ihm die Stadt Arras gewährt hatte, betrug 450 Livres im Jahr; für das Leben in der Hauptstadt eine verschwindend geringe Summe. Er kleidete sich einfach, lief in abgetretenen Schuhen und zog es vor, in seiner Abgeschiedenheit immer neue Bücher zu lesen.

Wie Robespierres Ansprachen aus seiner Reifezeit zu entnehmen ist, kannte er die wichtigen Werke des gesellschaftspolitischen Denkens seiner Zeit. Besonders schätzte er die Literatur der Aufklärung. Gleich Marat zog ihn vor allem Montesquieu an, am stärksten beeindruckte ihn jedoch Jean-Jacques Rousseau.

Robespierre schätzte Rousseau nicht nur am meisten, er sah in ihm auch seinen Lehrer. Im Alter von zwanzig Jahren begab sich Robespierre nach Ermenonville, wo der Autor der «Neuen Héloise» und des «Gesellschaftsvertrages» in völliger Abgeschiedenheit seinen Lebensabend verbrachte. Dort sah er den berühmten Schriftsteller, worüber er später selbst berichtete.

Jean-Jacques Rousseau übte auf den jungen Studenten der Sorbonne, den späteren Advokaten und Politiker, wahrscheinlich deshalb einen so bedeutenden und dauerhaften Einfluß aus, weil Robespierre in seinen Werken trotz ihrer Widersprüchlichkeit den rebellischen Geist der vorrevolutionären Zeit besonders stark spürte und in ihnen den überzeugendsten Ausdruck der unklaren, noch nicht endgültig erkannten Hoffnungen der Volksmassen fand. Bereits auf der Schulbank zum Anhänger Rousseaus geworden, bleibt er es auch als Student. Später erweist er sich gleichfalls als dessen Verehrer. Aber als die Zeit gekommen ist, wächst der Schüler weit über seinen Lehrer hinaus.

Robespierre wuchs heran, als das absolutistische Regime in eine tiefe Krise geraten war, als das revolutionäre Gewitter heraufzog. Wie seine Altersgenossen erlebte er die Zeit der fast unverhohlenen Verurteilung Ludwigs XV. und der Hoffnungen, die mit der Thronbesteigung Ludwigs XVI. und Turgots Reformen zusammenhingen, aber auch das Scheitern dieser kurzlebigen Illusionen. Und wie die gesamte Jugend begeisterte ihn die Nachricht vom mutigen Kampf der «Jungs der Freiheit», wie zur damaligen Zeit die amerikanischen Kolonisten genannt wurden, die sich zum Befreiungskampf gegen die britische Krone erhoben hatten. Begierig lauschte der begabte Maximilien Robespierre den Geräuschen seiner Zeit. Vielleicht deutlicher als viele seiner Altersgenossen hörte er aus ihnen die tonangebenden Klänge des nahenden Sturmes heraus.

Ende 1781 kehrte der dreiundzwanzigjährige Lizentiat der Rechte Maximilien Robespierre, der sich wahrscheinlich aus Eitelkeit noch mehrere Jahre so schrieb, in seine Heimatstadt Arras zurück. Der Familientradition folgend, nahm er die Stelle eines Advokaten am Obergericht des Artois ein.

Gemeinsam mit seiner Schwester Charlotte bewohnte er ein Haus in der Rue de Rapporteurs. Nach dem Tode des Großvaters und der Tanten war ihm ein gewisses Erbteil verblieben. Er kleidete sich gut, ja sorgfältig. Seine Zurückhaltung, die gesetzten Manieren und die gewählte, präzise Sprache nahmen seine Mitbürger für ihn ein. Die Klienten wandten sich gern an den jungen, seriösen Advokaten, den würdigen Nachfolger seiner Vorfahren. Unter diesen Umständen wäre es durchaus zu verstehen gewesen, wenn er die freidenkerischen Schwärmereien seiner Pariser Jugendjahre bald vergessen hätte, die Bände Rousseaus auf dem Bücherregal im Laufe der Zeiten verstaubten und er eines der reichsten Mädchen der Stadt heiraten würde, um ein ebenso ehrenhafter Bürger von Arras zu werden, wie es sein Vater, Großvater und Urgroßvater gewesen waren.

Der junge Advokat erwarb sich tatsächlich sehr bald den Erfolg und das Ansehen seiner Provinz. Mit Leichtigkeit und ohne merkliche Anstrengungen überflügelte er seine etwas altmodischen Kollegen. Sein Auftreten vor Gericht weckte die Aufmerksamkeit der Öffentlichkeit, und bald galt er in Arras als ein vielgeachteter Bürger. Der junge Robespierre ging mit etwas neuen Vorstellungen an die Ausübung des väterlichen Berufs. Ihn verlockten weder ein hohes Einkommen noch vorteilhafte Fälle, die den Kreis seiner Beziehungen zu den begüterten und einflußreichen Familien der Provinz hätten erweitern können. Er scheute auch keine Auseinandersetzung mit den einflußreichen Männern der Provinz Artois, wenn das seiner Überzeugung entsprach. Seinen Beruf als Rechtsanwalt wollte er in Einklang mit dessen höchster Bestimmung ausüben: Beschützer der Schwachen und Unschuldigen zu sein. In einem schwierigen Fall verteidigte er die Bauern, die in einem langen Rechtsstreit mit dem Bischof lagen. Er schreckte auch nicht vor dem Kampf gegen die örtlichen Kirchenbehörden zurück, als es galt, einen zu Unrecht verleumdeten Handwerker zu rehabilitieren, und gewann diesen Prozeß nach vielen Mühen.

Berühmt wurde er dank dem aufsehenerregenden Prozeß gegen einen gewissen de Vissery aus der Stadt Saint-Omer. De Vissery, ein begeisterter Amateurphysiker, installierte auf seinem Haus den von Franklin erfundenen Blitzableiter. Das genügte den Behörden, ihn verbrecherischer Absichten zu beschuldigen. Auf ihren Beschluß hin mußte der Blitzableiter entfernt werden, weil er angeblich eine Gefahr für die öffentliche Ordnung bedeutete.

De Vissery wandte sich an Robespierre um Hilfe. Bereitwillig übernahm er den Fall. In dieser Auseinandersetzung prallten zwei entgegengesetzte Welten aufeinander – die Welt des Dunkelmännertums und die der Aufklärung, das Gestern und das Heute. Mit Freuden lieferte er den Gegnern der «Philosophenpartei» eine Schlacht. Der Prozeß stand im Blickpunkt der Öffentlichkeit. Robespierre hielt zwei eindrucksvolle Reden im Gerichtssaal von Arras, die später gedruckt als Broschüre in Paris erschienen. Er gewann den Prozeß.

Robespierre war jung, und so gewissenhaft er seine Pflicht als Beschützer der Unterdrückten und Unschuldigen auch wahrnahm, verbrauchte der Advokatenberuf doch nicht seine ganze Tatkraft. Er ließ ihm noch genügend Zeit für andere Interessen. In seiner Freizeit schrieb er glatte und elegante Reime über die

Schönheit der Natur und den Duft der Rosen, poetische Schönschreiberei, weder von einem besonderen Talent noch von der Tiefe der Gefühle und Gedanken beseelt. Es war nichts weiter als ein Tribut an die Mode. Er selbst maß seinen poetischen Experimenten keinerlei Bedeutung bei. Darüber hinaus verfaßte er philosophisch-literarische Traktate über die Moral: über die Züchtigung in der Familie oder über den damals vielgelesenen Dichter Gresset und sein Poem «Vert-Vert». Seine literarischen Essays hatten Erfolg. Für seinen Aufsatz über die Moral, den er zu einem von der Königlichen Gesellschaft der Wissenschaften und Künste in Metz ausgeschriebenen Wettbewerb eingereicht hatte, wurde er mit einer Medaille und einem Preis ausgezeichnet. Er fühlte sich geschmeichelt und veröffentlichte diesen Aufsatz umgehend in einer Broschüre in Paris.

Damals bestanden in einigen Provinzstädten Frankreichs Akademien, denen hervorragende Persönlichkeiten der jeweiligen Region oder auch Leute, die sich dafür hielten, angehörten. Diese Akademien waren Einrichtungen besonderer Art und bildeten, wenn auch nicht das wissenschaftliche, so doch immerhin das geistige Zentrum der jeweiligen Provinz. Bereits seit etwa einem halben Jahrhundert bestand auch in Arras eine solche Akademie, die in den achtziger Jahren ihre Blütezeit erlebte. Unter ihre Mitglieder rechneten mehrere bedeutende Männer, die für die damalige Zeit fortschrittliche Ansichten vertraten: so Dubois de Fosseux, der mit dem jungen Babeuf im lebhaften Briefwechsel stand, Lazare Carnot, dessen Name später mit goldenen Lettern in die Geschichte Frankreichs geschrieben werden sollte, der Advokat Buissart, ein guter Freund von Maximilien Robespierre.

Im Herbst 1783 wurde Robespierre, wahrscheinlich auf Anregung von Buissart, zum Mitglied der Akademie gewählt, im Jahre 1786 zu ihrem Präsidenten. Diese Wahl zeugte nicht nur vom Ansehen, das sich Robespierre unter seinen Akademiekollegen erworben hatte. Sie widerspiegelte zugleich seine wachsende Popularität in den fortschrittlichen Kreisen der Provinzstadt.

Oft weilte er im Haus seines Freundes Buissart oder im Haus von Madame Marchand, wo sich die Spitzen von Arras trafen. Gern hielt er sich auch in der Gesellschaft junger und schöner

Damen auf. Die Klatschmäuler wußten sogar von einer Liebelei mit Mademoiselle Dehay, einer Freundin seiner Schwester, zu erzählen. Später flüsterten sie einander zu, der junge Advokat sei schon fast der Bräutigam seiner Cousine Anais Deshorties.

Robespierre war seit 1787 ein aktives Mitglied der örtlichen Gesellschaft der «Rosati» (Freunde der Rosen), zu der sich Literaten und Künstler zusammengeschlossen hatten. Anläßlich der scherzhaft-feierlichen Aufnahmezeremonie begrüßte ihn ein junger Artillerieoffizier, der in dieser Versammlung junger Talente von Arras als eleganter Kavalier und geschickter Verseschmied galt, mit einem Glas Wein und ihm zu Ehren gesungenen Gedichten. Der Brauch verlangte, daß ein neues Mitglied bei seiner Aufnahme in die Gesellschaft die Begrüßung sofort mit eigenen Gedichten beantwortete. Der junge Präsident der Akademie von Arras zeigte sich auf der Höhe seiner Kunst: Er sang ein improvisiertes Gedicht nach der Melodie seines Vorgängers.

Diesem jungen Offizier, der mit sorglosem und aufrichtigem Frohsinn den neuen «Freund der Rosen» begrüßte, sollte Robespierre in Zukunft noch oft begegnen. Es war Lazare Carnot, der künftige berühmte Organisator der Verteidigung der Republik. Nur wenige Jahre sollten vergehen, bis sich die einstigen Freunde erneut begegneten, diesmal jedoch reserviert und wortkarg. Sie trafen sich auf den für Unbefugte nicht zugänglichen Sitzungen des Wohlfahrtsausschusses in den kritischen Tagen der Republik, um dann für immer auseinanderzugehen, durch unversöhnliche Feindschaft getrennt.

In den Jahren 1788 und 1789 entlud sich das lange erwartete und von allen vorausgesehene Unwetter. Gleichwohl kam es überraschend. Während in der kleinen, von der Hauptstadt und ihren Aufregungen weit entfernten Provinzstadt Arras das Leben besonders still dahinzufließen schien, spitzte sich die politische Atmosphäre in Paris aufs äußerste zu. In Frankreich entstand eine revolutionäre Situation.

In vielen Provinzen des Königreichs kam es zu Aufruhr unter den Bauern, Plebejer, durch die Armut zur Verzweiflung getrieben, plünderten die Lebensmittelläden und die Häuser der Reichen. In Paris brachen soziale Unruhen aus, im Palais Royal kam es zu geheimnisvollen Zusammenrottungen. Regierungsfeindliche Flugblätter tauchten an völlig unerwarteten Plätzen auf... Sogar an den Samt der königlichen Loge hatte jemand ein Blatt Papier geheftet, auf dem in großen Lettern geschrieben stand: «Erzittert, Tyrannen, das Ende eurer Herrschaft ist gekommen!»

Das Gefühl, dem Ende nahe zu sein, erreichte schließlich auch das stille Arras. Wie im ganzen Königreich geriet in der Provinz Artois alles in Bewegung. Mit den sorglosen Scherzen und unbekümmerten Zerstreuungen im Kreise der jungen «Freunde der Rosen», mit den sentimentalen Gedichten war es vorbei. Voll und ganz widmete sich Robespierre dem politischen Kampf.

Anfang August 1788 wurde die Einberufung der Generalstände, die seit fast zweihundert Jahren nicht mehr zusammengetreten waren, bekanntgegeben. In ganz Frankreich rief der erzwungene Königsbeschluß starken Widerhall hervor.

Der junge Advokat nahm am Wahlkampf teil. Eilig verfaßte er eine Broschüre über die Notwendigkeit einer grundlegenden Reform der Stände des Artois und gab sie unverzüglich heraus. Diese Schrift, die sich an die Einwohner der Provinz Artois richtete, setzte sich auf den ersten Blick einzig mit lokalen Fragen auseinander. Aber dieser erste Eindruck trog. Obwohl sie tatsächlich auf die Umgestaltung des Artois einging, behandelte der Autor dieses Thema derart umfassend, daß seine Bedeutung weit über den lokalen Rahmen hinausging. In der Schrift stellte Robespierre nicht nur die Willkür und die gesetzwidrigen Handlungen des Gouverneurs und der Regierungsbehörden bloß. Gleichermaßen kritisierte er das Steuersystem, dessen ganze Härte sich gegen den Dritten Stand richtete. Der Autor entwarf ein Bild von der völligen Rechtlosigkeit und grenzenlosen Armut der Bauern, die in unvorstellbares Elend getrieben worden waren. Aber spiegelte das von ihm gezeichnete Bild des leidenden Volkes seiner engeren Heimat nicht gleicherweise die Lage in der Champagne, in der Touraine und anderen Teilen des Königreichs wider? Die scharfe Kritik an den Verhältnissen im Artois mündete in eine Kritik, ja sogar in die Verurteilung des gesamten französischen Regimes.

Die Broschüre hatte einen großen Erfolg. Sie trug ihrem Verfasser die Feindschaft vieler Verwaltungsbeamter der Provinz und solcher Leute ein, die sich durch diese Kritik getroffen fühlten. Sie brachte ihm jedoch auch neue Freunde ein. Bald darauf wurde die Broschüre zum zweitenmal verlegt.

Nunmehr war der junge Advokat im Artois ebenso bekannt wie in Arras. Die fortschrittlichen Menschen von Arras sahen in ihm einen vielversprechenden Verteidiger der Interessen des Dritten Standes. Zuerst wählte man ihn zu einem der vierundzwanzig Wahlmänner des Dritten Standes der Stadt Arras, im April 1789 sodann zu einem der zwölf Deputierten der Generalstände.

Robespierre wurde mit der Abfassung des gemeinsamen Wählerauftrags des Kreises Arras betraut. Mit der ihm eigenen Tatkraft ging er an diese ehrenvolle und verantwortliche Arbeit, die ihm zugleich die Möglichkeit bot, sein eigenes politisches Programm zu entwerfen.

Der von Robespierre verfaßte Auftrag der Wähler von Arras hob sich von anderen Wähleraufträgen jener Zeit in keiner Weise ab. Er überraschte weder durch radikale Forderungen noch durch die Form der Darlegung. Konsequent und logisch setzte dieses Dokument jedoch die wichtigsten demokratischen Forderungen jener Zeit auseinander: die Abschaffung der Privilegien der Stände, die Gewährleistung der Freiheit der Persönlichkeit, der Pressefreiheit und der Gewissensfreiheit, eine gerechte Verteilung der Steuern, eine Einschränkung der Rechte der Behörden und so weiter.

Natürlich darf dieses Schriftstück nicht als Robespierres politisches Programm am Vorabend der Revolution verstanden werden. Als Verfasser und Redakteur des gemeinsamen Auftrags war er an das Material gebunden, das er verallgemeinerte und ordnete. Gleichwohl enthielt dieses Dokument seine persönlichen Ansichten.

Wie aus der Broschüre «À la Nation Artésienne» (An die Nation des Artois) und aus anderen Äußerungen und Schriften Robespierres aus den Jahren 1788 und 1789 hervorgeht, war er damals voller Illusionen. Erfüllt von Vertrauen und Wohlwollen gegenüber Ludwig XVI., gegenüber dessen Bestrebungen und Absichten, die Mißstände zu beseitigen, glaubte er, es hänge vom Willen des Königs ab, «auf Erden ein glückliches Volk zu schaffen» und den Monarchen für immer mit der Freiheit und dem Glück des Volkes zu vereinen. Das gleiche Vertrauen brachte er auch Necker entgegen, der 1788 abermals zum Finanzminister berufen wurde. Er sah in dem Genfer Bankier einen großen Reformer und hoffte, er könne Frankreich retten.

Maximilien Robespierre kämpfte gegen das absolutistische Regime und seine Vertreter, ebenso leidenschaftlich trat er für die Interessen des Volkes ein. Er verurteilte nicht nur die in Stände gegliederte feudale Hierarchie in Frankreich, sondern prangerte auch zornig den Egoismus der Reichen an.

In den Schriften und Reden Robespierres aus der vorrevolutionären Zeit befand sich indes kein Aufruf an das Volk, mit Waffengewalt für die Verwirklichung seiner Rechte zu kämpfen. Während der Jahre in Arras drang er noch nicht zu der Erkenntnis vor, daß nur der bewaffnete Kampf dem Volk hilft, seine Rechte durchzusetzen. Marat hingegen hatte diese Erkenntnis bereits in den zu Beginn der siebziger Jahre geschriebenen «Ketten der Sklaverei» formuliert.

Bei aller Aufrichtigkeit der demokratischen Gefühle und Überzeugungen Robespierres, bei allem seiner Natur eigenen Tatendrang und dem Bestreben, das Wort in die Tat umzusetzen, kann er während der Jahre in Arras noch nicht als revolutionärer Demokrat gelten. Vor der Revolution war er ein aufrichtiger und überzeugter Demokrat, der sich mühte, seine Überzeugungen in die Tat umzusetzen, aber noch im Bann konstitutionell-monarchistischer Illusionen stand.

Der dreißigjährige Maximilien Robespierre, Deputierter des Dritten Standes aus Arras, traf im April 1789 in Versailles ein und stieg in einem kleinen Hotel ab.

Er hatte allen Grund, voller Hoffnung in die Zukunft zu blikken. Erst acht Jahre waren seit der Zeit vergangen, als er die Hauptstadt verlassen hatte. Und nun kehrte er in die Residenz des Königs als vollberechtigter Vertreter des französischen Volkes zurück, gemeinsam mit seinen Kollegen dazu berufen, nach einer Lösung zu suchen, die Zustände in Frankreich zu bessern.

In Versailles, bei der Tagung der Generalstände, war er lediglich einer der sechshundert Deputierten des Dritten Standes. Seine Erfolge in der Heimatstadt waren in Frankreich unbekannt. Weder in Versailles noch in Paris hatte man etwas über den bescheidenen Rechtsanwalt aus Arras gehört. Unter den Deputierten der Generalstände befanden sich nicht wenige, die in ganz Frankreich, selbst in ganz Europa bekannt waren. Graf Mirabeau, Marquis Lafayette, der «Held der Alten und der Neuen Welt», Abbé Sieyès, berühmt durch seine Broschüre «Was ist der Dritte Stand?», Charles Lameth, ein tapferer Teilnehmer am amerikanischen Unabhängigkeitskrieg, der Astronom Bailly... Erschienen sie auf der Tribüne, schlug ihnen stürmischer und lang anhaltender Beifall entgegen. Ihr Ruhm sicherte ihren Ansprachen im voraus Erfolg.

In dieser glänzenden Gesellschaft berühmter Männer blieb der junge Deputierte aus Arras unbemerkt. Seit Beginn der Generalstände beteiligte sich Robespierre jedoch aktiv an den Auseinandersetzungen, die entbrannt waren. Im Verlauf der hitzigen Wortgefechte zwischen den Ständen unterbreitete er auf der Sitzung des Dritten Standes den Vorschlag, die Geistlichkeit aufzurufen, sich den Gemeinen – wie sich die Abgeordneten des Dritten Standes nunmehr nannten – anzuschließen. Weitsichtig rechnete er damit, daß sich der niedere Klerus «von jenem Teil seines Standes, der die Spaltung unterstützte, trennen und den Gemeinen anschließen» würde.

Mit drei anderen Deputierten des Artois brachte Robespierre auf der berühmten Versammlung im Ballhaus am 23. Juni 1789 den Vorschlag ein, zu schwören, nicht eher auseinanderzugehen, bis die Verfassung ausgearbeitet sei. In der historischen Literatur gilt er als der Begründer der Bezeichnung «Nationalversammlung», die bekanntlich auf der Sitzung der Gemeinen am 17. Juni angenommen wurde.

Robespierre stürzte sich so tatkräftig in den politischen Kampf, weil ihn dazu seine Überzeugungen trieben: sein Verantwortungsgefühl gegenüber dem Volk, das ihm die Wahrung seiner Interessen anvertraut hatte, sein aktives Bestreben, die Prinzipien in die Praxis und das Wort in die Tat umzusetzen. Selbst in den ersten Wochen der Arbeit der Nationalversammlung – von Mai bis Juni 1789 – hat Robespierre nicht wenig getan. Er unternahm mehr als die meisten Deputierten.

Und dennoch blieb der Abgeordnete aus Arras nach wie vor unbemerkt. Man schenkte ihm weder Interesse noch Aufmerksamkeit. Zeitungsartikel gaben seine Reden stark gekürzt und ungenau wieder. Journalisten und Berichterstatter machten sich gar nicht erst die Mühe, seinen Namen zu behalten. In der Nationalversammlung verhielten sich selbst Robespierres Mitstreiter aus dem Dritten Stand ihm gegenüber gleichgültig und geringschätzig, da er ihnen altmodisch und provinziell erschien. Während seiner Ansprachen herrschte im Saal selten Stille, und seine Stimme war zu schwach, das lärmende Auditorium zu durchdringen und zum Schweigen zu bringen. Weder Gleichgültigkeit noch feindselige Geringschätzung vermochten jedoch Robespierre von seinem Weg abzubringen, von dessen Richtigkeit er überzeugt war. Sein Handeln und Reden richtete sich allein auf das Wohl des Volkes.

Seine Briefe an den Freund Buissart aus der Zeit von Mai bis Juli 1789, die nicht für Außenstehende bestimmt waren, überraschen durch die Freiheit und Reife seiner Ansichten, durch eine bemerkenswerte Weitsichtigkeit. Im Mai 1789, als Mirabeau auf der Höhe seines Ruhms stand, schrieb Robespierre: «Graf Mirabeau spielt eine erbärmliche Rolle, seine üble Moral beraubt ihn jeglichen Vertrauens.» Im Juli milderte er sein unversöhnliches Urteil über Mirabeau, kehrte jedoch sehr bald zu ihm zurück. Auch über Mounier, Target und Malouet, die sich unter der bürgerlichen Mehrheit der Nationalversammlung anfangs eines sehr hohen Ansehens erfreuten, äußerte er sich abfällig. Recht zurückhaltend schrieb er auch über Lafayette, den damaligen Abgott der meisten Abgeordneten und der Massen.

Allem Anschein nach schätzte der junge Deputierte aus Arras andere Meinungen sehr gering ein. Er setzte sich einfach über sie hinweg und ließ sich in seiner Handlungsweise, in seinem Auftreten ausschließlich von eigenen Ansichten leiten.

Die unerschütterliche Überzeugung von der Richtigkeit seines Vorgehens und seiner politischen Linie, die sich allein von den Interessen des Volkes herleiteten, verlieh Robespierres Auftreten diese ausgesprochene Festigkeit und Entschlossenheit. Im Jahre 1789 berichteten die Zeitungen über neunundsechzig Ansprachen Robespierres in der Konstituante, 1790 über hundertfünfundzwanzig und 1791, in den letzten neun Monaten ihrer Tätigkeit, über dreihundertachtundzwanzig. Hinter diesen trockenen Zahlen verbirgt sich eine gewaltige Willensanstrengung, die letztendlich den Widerstand überwinden half.

Aufmerksame Beobachter schätzten den in Paris ehemals unbekannten Deputierten aus Arras früher als andere richtig ein. Mit seinem feinen Spürsinn hatte der kluge und geschickte Barère de Vieuzac, künftiger Feuillant, Girondist, Jakobiner und schließlich Thermidorianer, in seiner Zeitung «Point du jour» (Tagesanbruch) wohl als einer der ersten auf das Erscheinen dieses neuen Talentes verwiesen. Bekannt ist auch der prophetische Spruch Mirabeaus: «Der wird es weit bringen, denn er glaubt alles, was er sagt.»

Nach kurzer Zeit zwang dieser stets zurückhaltende und ruhige, ausgeglichene und felsenfest an sich glaubende Deputierte aus Arras, der sich weder beirren noch einschüchtern noch in Verlegenheit bringen ließ, die vielstimmige, von Leidenschaften brodelnde Versammlung, seine Reden anzuhören. Er zog die Versammlung nicht auf seine Seite, noch nahm er sie für sich ein. Ihre Mehrheit blieb ihm feindlich gesinnt. Das Gegenteil wäre auch nicht zu erwarten gewesen, gingen doch die politischen Interessen zu weit auseinander. Nach und nach, Schritt für Schritt, von Rede zu Rede zügelte und zähmte er diesen ihm abgeneigten Saal. Er lehrte die «Vertreter der französischen Nation», unter denen fast jeder die Führung beanspruchte, mit ihm als einer Kraft zu rechnen und seinen Reden mit gebührender Aufmerksamkeit zuzuhören.

Natürlich veränderte sich auch Robespierre im Laufe jener schwierigen Monate: Er lernte vom Leben, er lernte vom Volk, er lernte von der Revolution. Einen gewaltigen, ja entscheidenden Einfluß übte auf ihn der Volksaufstand vom 14. Juli aus, der die

Große Französische Revolution einleitete. In seinem Brief vom 23. Juli 1789 an Buissart schrieb der zurückhaltende Robespierre über den Sturm auf die Bastille mit einer wahren Begeisterung. Ungleich vielen seiner Zeitgenossen hatte er die Ereignisse vom 13. und 14. Juli sofort richtig als den Beginn einer großen Revolution bewertet:

«Die wahre Revolution machte uns, lieber Freund, in kurzer Zeit zu Zeugen der größten Ereignisse, die die Geschichte der Menschheit je gekannt hat.» Für das Wichtigste in dieser Revolution hielt er die entscheidende Rolle des Volkes, dessen außergewöhnliche Tatkraft: Wie durch ein Wunder schien ein Heer aus dreihunderttausend Patrioten, das sich aus Bürgern aller Schichten zusammensetzte, denen sich die Französische Garde, die Schweizer und andere Soldaten anschlossen, aus dem Nichts entstanden zu sein. Das zweite Wunder war die Schnelligkeit, mit der das Pariser Volk die Bastille erstürmte ... Der Schrecken, den dieses nationale Heer (das bewaffnete Volk – d.Verf.) einflößte, das bereit war, auf Versailles zu marschieren, entschied das Schicksal der Revolution.»

Robespierre anerkannte die entscheidende Rolle des Volkes in der Revolution keineswegs unbedacht. Drei Tage vor diesen Ereignissen lehnte er vor der Nationalversammlung voller Entrüstung den von einem reaktionären Deputierten unterbreiteten Vorschlag ab, die Volksbewegung gewaltsam zu unterdrücken. Mit folgenden Worten verwies er auf die rettende Rolle des Volksaufstandes vom 14. Juli: «Vergessen Sie nicht, meine Herren, dieser Aufstand ist es, dem die Nation ihre Freiheit verdankt.»

Zu jener Zeit bewahrte sich Robespierre noch seine Illusionen über den König und die Monarchie, von denen er sich so bald auch nicht befreien sollte. Aber am 14. Juli, unter dem unmittelbaren Einfluß dieses entscheidenden Tages, wird Robespierre zum Revolutionär. Im Volk, nicht in den Deputierten der Nationalversammlung, sieht er die Hauptkraft der Revolution. Er hat sich von der unerschöpflichen Kraft, der Energie und der Handlungsfähigkeit des Volkes überzeugt. Schien ihm vor dem 14. Juli der gesellschaftliche Fortschritt nur auf legalem Wege denkbar, so begriff er sofort nach dem Sturm auf die Bastille, daß die Hauptkraft der Revolution in illegalen, außerparlamentarischen Aktionen des Volkes, im revolutionären Handeln der Massen bestand.

Der Jurist Robespierre, der sich in allen Feinheiten des Gesetzes auskannte, billigte von Anfang an vorbehaltlos die revolutionäre Gewalt als ein gerechtes und unverzichtbares Mittel des Volkskampfes. In dem bereits erwähnten Brief an Buissart stimmte er der Hinrichtung des Kommandanten der Bastille und des Vorstehers der Kaufmannschaft, die volksfeindliche Handlungen begangen hatten, zu.

Später stand er für die Volkserhebung vom 5. und 6. Oktober – den Marsch auf Versailles – ebenso ein wie für die Bauernunruhen auf dem Lande und die Verbrennung von Gutshöfen des verhaßten Adels. «Wenn in der Bretagne der Volkszorn einige Schlösser niederbrannte, so gehörten diese Beamten, die dem Volk seine Rechte verwehrten, unsere Gesetze mißachteten und sich nach wie vor gegen die Verfassung stellten. Mögen diese Tatsachen den Vätern des Volkes und des Vaterlandes keine Angst einflößen!» sagte Robespierre in der Konstituante. Und er endete mit den Worten: «Wir werden uns dem Murren derer nicht anschließen, die eine ruhige Sklaverei der Freiheit vorziehen, einer Freiheit, die um den Preis einiger Opfer errungen wurde und die uns immer wieder auf die Flammen brennender Schlösser aufmerksam machen. Sie werden doch nicht wie die Gefährten von Odysseus in die Höhle des Zyklopen zurückkehren wollen, weil sie dort Helm und Gürtel vergessen haben?»

Diesen Gedanken, daß Gewalt und Opfer gerechtfertigt sind, wenn sie die Revolution zur Durchsetzung der Freiheit verlangt, greift Maximilien Robespierre in vielen seiner Reden wieder und wieder auf.

Nach dem Sturm auf die Bastille entwickelte sich Robespierre von einem konstitutionellen zu einem revolutionären Demokraten, zu einem demokratischen Revolutionär. Robespierre war kein Gegner der Verfassung und des verfassungsmäßigen Regimes. Wie alle revolutionären Demokraten jener Zeit hielt er die Erarbeitung eines Grundgesetzes für notwendig. Für ihn bestand die Frage lediglich darin, ob die Verfassung dem Volk dienen oder sich gegen dieses richten würde.

Sowohl bei der Diskussion von Artikeln der künftigen Verfassung als auch bei der Einschätzung der laufenden Ereignisse oder wenn es darum ging, die Aufgaben der Revolution festzulegen, hielt Robespierre die Wahrung der Volksinteressen stets für seine Hauptaufgabe.

Geradlinig bekämpfte er in der Konstituante alle antidemokratischen Vorlagen, alle Anträge, die die Rechte des Volkes hätten schmälern können. Die Ansicht von der Souveränität des Volkes, von seiner Vorherrschaft über das gesamte politische Leben, von der Priorität der Interessen und der Rechte des Volkes vor allen übrigen Interessen und Rechten rückte er in allen Ansprachen, die er in der Konstituante oder andernorts hielt, in den Mittelpunkt. «Man muß stets in Erinnerung behalten, daß die Regierungen, welcher Art sie auch sein mögen, vom Volk und für das Volk eingesetzt sind, daß alle die, welche regieren, und folglich die Könige selber, lediglich Bevollmächtigte und Delegierte des Volkes sind...» Diese Worte drücken äußerst präzise die prinzipielle Haltung Robespierres zur Verfassung und zu ihrer Bestimmung aus. Die Verfassung muß grundlegende Gesetze schaffen, die die Souveränität des Volkes sicherstellen.

Von dieser Position aus wandte sich Robespierre in der Konstituante gegen alle antidemokratischen Artikel, die die bürgerlich-liberale Mehrheit der Nationalversammlung nach und nach als Teile der künftigen Verfassung annahm. Er stellte sich den Anträgen zur Einführung des absoluten oder des aufschiebenden Einspruchsrechts des Königs ebenso entgegen wie den Vorschlägen zur Einführung eines Vermögenszensus für Wähler und Wahlkandidaten und die beabsichtigte Teilung der Bevölkerung in «Aktiv-» und «Passivbürger».

In seinen Reden vor der Konstituante legte Robespierre die wahren politischen Absichten ihrer Mehrheit bloß. Unumwunden sprach er vom volksfeindlichen Charakter dieser Gesetzgebung und deckte die eigennützigen Motive auf, von denen sich die Mehrheit der Verfassunggebenden Versammlung leiten ließ: «Kämpfte das Volk denn damals, um euch beim Schutz seiner

Rechte und seiner Würde behilflich zu sein oder um euch die Vollmacht zu deren Vernichtung zu erteilen? Schüttelte es gemeinsam mit euch das Joch der Feudalaristokratie ab, um sich erneut dem Joch der Aristokratie der Reichen zu beugen?»

Diese Äußerung Robespierres ist bemerkenswert, weil er dem Wesen der von der liberalen Mehrheit in der Nationalversammlung betriebenen Politik eine klassenmäßige Bewertung gab. Er löste diese Frage aus dem Bereich politischer oder ethischer Diskussionen und übertrug sie auf den Klassenkampf. Nach seiner Auffassung bestand der wirkliche Sinn aller antidemokratischen Anträge der Mehrheit in der Nationalversammlung darin, die Herrschaft der «Aristokratie der Reichen» in der Verfassung zu verankern. Robespierre kämpfte gegen diese Tendenzen, gegen diese Politik. Somit verteidigte er die Belange des Volkes, dem eine neue Gefahr drohte.

Robespierre war nicht der einzige Politiker im damaligen Frankreich, der die Gefahr einer Verewigung der Macht in den Händen der «Aristokratie der Reichen», der Großbourgeoisie, erkannte.

Mit ähnlichen Worten stellte sich auch Marat im «L'Ami du peuple» gegen Versuche, die Herrschaft der Großbourgeoisie zu festigen. «Was wäre durch die Beseitigung der Adelsaristokratie gewonnen, falls an ihre Stelle die Geldaristokratie träte?» fragte Marat in einem Artikel vom 30. Juni 1790 entrüstet.

Wir stellen hier nicht nur eine Annäherung der politischen Standpunkte von Robespierre und Marat fest, sondern auch die völlige Übereinstimmung politischer Formulierungen.

Im Kampf gegen die antidemokratische Politik der Nationalversammlung stand Robespierre jedoch nahezu allein. Höchstens vier oder fünf Deputierte unterstützten ihn: Nahe standen ihm Pétion und Grégoire, die ebenfalls Wortführer der äußersten Linken waren, aber die überwiegende Mehrheit verhielt sich ihm gegenüber entweder unverhohlen feindselig oder boshaft neutral.

Über welch unbeugsamen Mut, über welche Charakterstärke und über welche Überzeugung von der Gerechtigkeit seiner Sache mußte ein Mensch verfügen, um Tag für Tag gegen den Strom zu schwimmen, sich – umgeben von Feindseligkeit – gegen fast alle zu stellen!

Natürlich faßte die Konstituante auch Beschlüsse, die Robespierre billigte und unterstützte. Bekanntlich verabschiedete sie eine Reihe von Dekreten, die sich gegen das Feudalwesen richteten und dem Fortschritt dienten. Zu ihnen zählte die berühmte «Erklärung der Menschen- und Bürgerrechte», ein Dokument großer revolutionärer Tragweite. Stärker als irgendein anderes widerspiegelte es den machtvollen revolutionären Elan der Volksmassen im Kampf gegen den Feudalismus. Zu ihnen rechneten gleichermaßen die Dekrete über die Abschaffung der Stände und des Erbadels, über die Aufhebung der feudalen Gliederung in fremdartige Provinzen, über die Einteilung des Landes in gleichartige Departements, über die Nationalisierung des Kirchengutes, aber auch die Zivilverfassung des Klerus, die Aufhebung der Reglementierung der Zünfte und anderer Hindernisse für die Entwicklung von Handel und Gewerbe, die Pressefreiheit und die Gewissensfreiheit. Wohl stimmte Robespierre diesen fortschrittlichen Gesetzen zu. Er sah in ihnen jedoch lediglich einen Anfang: Sie allein genügten ihm offenbar nicht, während die liberale Mehrheit der Konstituante glaubte, mit diesen Gesetzen die Aufgaben der Revolution erfüllt zu haben. Nach ihrer Ansicht sollte sich die künftige Politik nicht auf die Fortführung der Revolution richten, sondern vielmehr auf die Einschränkung der Initiative der Massen.

In diesem ungleichen Kampf berief sich Robespierre, der die geringste Möglichkeit für die Festigung seiner Positionen nutzen mußte, häufig auf die fortschrittlichen Anfangsgesetze der Nationalversammlung, um sie den reaktionären der späteren Zeit entgegenzusetzen. Im Verlauf der langwierigen Debatten in der Nationalversammlung über die Einführung eines Vermögenszensus für das Wahlrecht, worauf die bürgerlich-liberalen Deputierten der Konstituante bestanden und den sie auch durchzusetzen vermochten, stellte Robespierre diesen reaktionären Vorschlägen immer wieder die Grundsätze der «Erklärung der Menschen- und Bürgerrechte» entgegen, die er «unantastbar und geheiligt» nannte.

«Euch wird gesagt, man billige im großen und ganzen die Grundsätze der ‹Erklärung der Menschenrechte›», sagte Robespierre. «Man fügt jedoch hinzu, daß sie eine unterschiedliche Anwendung zulassen. Das ist ein weiterer großer Irrtum. Hier ist die Rede von den Prinzipien der Gerechtigkeit, von den Prinzipien der naturgegebenen Rechte, und kein Gesetz der Menschen kann sie ändern ... Wie also könnten wir sie falsch anwenden?»

Taktisch war diese Methode sehr zugkräftig. Mit der Entlarvung der volksfeindlichen, eigennützigen Motive in der Politik der liberalen Konstitutionalisten, die dem Land ein Zensuswahlsystem und damit eine Verfassung für die Reichen aufzwingen wollten, wies Robespierre nach, daß sie damit nicht nur die Hauptrechte des Volkes untergruben, sondern auch skrupellos die Prinzipien der «Erklärung der Menschen- und Bürgerrechte» über Bord warfen, die von der Konstituante als geheiligt verkündet worden waren.

Robespierre blieb nicht bei der negativen Beurteilung und der kritischen Ablehnung stehen, die die Mehrheit betrieb. Mit derselben Konsequenz und Beharrlichkeit stand er in der Konstituante für demokratische Umgestaltungen ein.

«Die Menschen werden frei und gleich an Rechten geboren und bleiben es», heißt es in der «Erklärung der Menschen- und Bürgerrechte». Eine Zensusverfassung und die Einteilung der Nation in «Aktiv-» und «Passivbürger» bedeuteten jedoch einen direkten Widerruf dieses ersten und wichtigsten Rechtes der Deklaration.

In zahlreichen Ansprachen und Aufsätzen verteidigte Robespierre das Prinzip des allgemeinen Wahlrechts. Das Volk – die arbeitenden Menschen, die Bauern und Handwerker – sei der wertvollste Teil der Nation, während die Reichen nur Verderbnis und Verbrechen bewirkten. In seiner Kritik an den Vorlagen für ein Zensuswahlsystem entfaltete Robespierre eine Argumentation, die sich auf Rousseau stützte: Armut ist Tugend, Reichtum ist Verbrechen. «... Worin besteht eigentlich der Ursprung der äußersten Vermögensungleichheit, die alle Reichtümer in den Händen weniger vereinigt? Ist er vielleicht in den schlechten Gesetzen zu suchen, bei den schlechten Regierungen, ja schließlich bei der von allen Lastern verdorbenen Gesellschaft?»

Im Streit um das Zensuswahlsystem und das allgemeine Wahlrecht sah Robespierre den Zusammenprall zweier gegensätzlicher

Richtungen, dem insbesondere ein tiefgreifender sozialer Aspekt zugrunde lag.

«... Auf alles erheben die Reichen Anspruch, von allem wollen sie Besitz ergreifen und über alles herrschen. Mißbrauch ist das Werk und der Wirkungsbereich der Reichen, die die Geißel des Volkes sind. Das Interesse des Volkes ist das allgemeine Interesse, jenes der Reichen ist das Privatinteresse. Ihr aber wollt das Volk zu einem Nichts und die Reichen allmächtig machen!» Mit diesen Worten entlarvte Robespierre die klassenmäßige Natur politischer Auseinandersetzungen.

Kein anderer unterzog in den ersten Jahren der Großen Französischen Revolution das Zensuswahlsystem einer so tiefgreifenden Kritik und begründete so umfassend das legitime Recht des Volkes auf uneingeschränkte allgemeine Wahlen.

Konsequent verlangte Robespierre, die Souveränität des Volkes gleichfalls in der Praxis zur Geltung zu bringen. Klar sah er die Gefahr: Die Reichen wollen die Macht ergreifen, ihre Herrschaft verewigen und das Volk unterwerfen. In dieselbe Richtung zielte auch die Einführung des Vermögenszensus für die Aufnahme in die Nationalgarde, wogegen sich Robespierre mit aller Entschlossenheit stellte. Die Nationalgarde war für den Schutz der Heimat, für den Schutz der Freiheit geschaffen worden. «Für den Schutz der Heimat bewaffnet zu sein, ist das Recht eines jeden Bürgers.» Und die Armen haben darauf kein geringeres, sondern ein größeres Recht als die Reichen. Die Nationalgarde könne ihre Bestimmung nur erfüllen, wenn sie zu dem werde, was sie sein sollte: eine Organisation des bewaffneten Volkes.

Das demokratische Programm Robespierres sah auch Maßnahmen vor, um einer gefährlichen Stärkung der vollziehenden Gewalt entgegenzuwirken. Im September 1789 stellte er den Antrag, die Abgeordneten Jahr für Jahr neu wählen zu lassen. Später schlug er vor, die Anzahl der Deputierten auf eintausend zu erhöhen. Darüber hinaus verlangte er, sie zur Rechenschaftslegung gegenüber ihren Wählern zu verpflichten.

Nur wenige Anträge Robespierres wurden von der Konstituante gebilligt, fast alle jedoch in die zweite republikanische Verfassung des Jahres 1793 aufgenommen.

Robespierre ließ sich nicht dadurch verunsichern, daß seine Ansprachen in der Nationalversammlung praktisch ohne Ergebnis blieben. Hatte deren bürgerlich-liberale Mehrheit seine Anträge zurückgewiesen, war er schon am Tag danach bereit, immer neue Argumente vorzubringen, um die von ihm verfochtenen demokratischen Prinzipien zu begründen.

War er ein Fanatiker, ein blinder Starrkopf, der sich über die Tatsachen hinwegsetzte und seinen Zwangsvorstellungen erlegen war?

Nichts von alledem! Die Überzeugung, sich ohne Schonung der eigenen Kräfte bis zum letzten Atemzug in den Dienst des Volkes, in den Dienst der Revolution zu stellen, vereinte sich in diesem Mann auf eine überraschende Weise mit der Erhabenheit der Gedanken und Gefühle. Weitsicht war gepaart mit unerschütterlichem Willen, nüchterne Berechnung mit scharfem Verstand.

Dieser Anhänger Rousseaus, der alle Tugenden des «Apostels der Gleichheit und Freiheit» bewunderte, hatte weder die innere Widersprüchlichkeit noch die Zweifel und Schwärmerei, die für den «großen Bürger von Genf» so bezeichnend waren. Er wußte immer, was er wollte und wie sein Ziel zu erreichen war. Er war ein Mann der Tat.

Was die praktisch veranlagten bürgerlichen Abgeordneten in den Reden des Volksvertreters aus Arras für «Abstraktheiten», «Bücherweisheiten» oder gefährliche Hirngespinste hielten, widerspiegelte in Wirklichkeit die von den Massen erhobenen Forderungen genau. In fast allen Reden, die Robespierre 1789 bis 1791 in der Nationalversammlung und im Jakobinerklub hielt, trat er für die Souveränität des Volkes, für politische und soziale Gleichheit ein. Diese grundlegenden Gedanken enthielten im wesentlichen die Hauptaufgabe der Revolution. Sie entsprachen den wichtigsten Forderungen der Bauern, der Handwerker und des Proletariats, aber auch des Kleinbürgertums und eines Teils der mittleren Bourgeoisie.

Mit seinen Reden vermochte es Robespierre nicht, die Mehrheit der Abgeordneten der Nationalversammlung, die die Großbourgeoisie vertrat und offen nach Macht und Gewinn strebte, umzustimmen. Er wußte das. Aber über die Köpfe der Abgeordneten der Nationalversammlung hinweg appellierte er an das Volk.

Seine Stimme fand Gehör. Bereits seit 1790 begann seine Popularität im Volk sprunghaft zu steigen. Der Abgeordnete aus Arras sprach die Gedanken und Hoffnungen aus, die die Hirne und Herzen vieler Franzosen bewegten.

Der junge Saint-Just schrieb ihm im August 1790 aus Blerancourt: «Ich kenne Sie nicht, doch Sie sind für mich ein großer Mann, Sie sind nicht nur der Abgeordnete einer Provinz, Sie sind der Abgeordnete der Menschheit und der Republik ...»

Marat, der mit Lob immer geizte, Robespierre persönlich noch nicht kannte, seine Reden jedoch las, schrieb im Oktober 1789: «Sein Name wird für rechtschaffene Bürger immer teuer bleiben.» Im Oktober 1790 bezeichnete er ihn als den «vielleicht einzigen wahren Patrioten im Senat».

Nicht nur fortschrittliche Politiker, sondern auch Anhänger der Revolution in der Provinz und in Paris schenkten der Stimme Robespierres Gehör und versicherten ihn ihrer leidenschaftlichen Unterstützung. Die Mitglieder des Stadtrats von Avignon bedankten sich bei ihm im Dezember 1790 ganz besonders für seine «vortreffliche Rede» und schrieben nicht ohne eine gewisse begeisterte Übertreibung: «Wären die Prinzipien, die Sie so siegreich begründet haben, allen Völkern der Erde bekannt, gäbe es bald keine Tyrannen mehr.» Die Behörden von Marseille nannten Robespierre im Brief vom 27. Mai 1791 «einen Mann, dessen Genius und Herz dem öffentlichen Werk ergeben sind, den wir immer mehr lieben lernen, je öfter wir seine vortrefflichen Reden lesen, die er von der Tribüne hält». Solidaritätsbekundungen und die Billigung seiner politischen Auftritte erfuhr Robespierre vom Klub der Cordeliers in Paris, von Klubs in Marseille, Versailles, Toulon und anderen Städten, von Politikern und Privatpersonen.

Im ganzen Land wuchs Robespierres Ruhm, aber in der Nationalversammlung wurden seine Ansprachen nach wie vor mit einer kühlen, feindlichen Reserviertheit oder durch dumpfes unwilliges Murmeln aufgenommen. Robespierre hatte eine scharfe, jedoch leise Stimme und konnte den Lärm im Saal nicht übertönen. Zudem war er kurzsichtig, blinzelte, benutzte zuweilen sogar eine Brille. Jedoch sein Blick glitt über die gepuderten Perücken der Deputierten hinweg in die Zukunft.

Die Krise von Varennes, die nach der fehlgeschlagenen Flucht des Königs und seiner Familie im Juni 1791 ausbrach, deckte tiefe innere Widersprüche der Revolution auf. Die Krise erhielt ihre Bezeichnung nach der grenznahen Ortschaft Varennes, wo die Flüchtlinge ergriffen und vom Volk nach Paris zurückgebracht wurden. Am 21. Juni setzten in Paris und im ganzen Land Demonstrationen ein, die sich gegen das Königtum richteten. Die Krise endete am 17. Juli 1791 mit dem Massaker auf dem Marsfeld in Paris, als die Truppen auf eine Kundgebung des Volkes schossen.

Der gerechte Zorn des Volkes, das die Aburteilung des Königs verlangte, und der um sich greifende Gedanke an eine Republik waren lediglich der äußere Ausdruck der tiefen Unzufriedenheit der Massen. In den zwei Jahren, die die Revolution dauerte, hatte das Volk seine Hauptforderungen, vor allem aber die Lösung der Agrarfrage – die Aufhebung der Feudalverhältnisse – nicht durchzusetzen vermocht. Die Unzufriedenheit der Bauern, der städtischen Plebejer und eines Teils des mittleren Bürgertums mit den praktischen Ergebnissen der Revolution, die ihre soziale Lage wenig geändert hatten, wurde durch die maßlose Erregung über die Großbourgeoisie noch angeheizt, die die Macht an sich gerissen hatte und ihre eigennützige und antidemokratische Politik durch die Gesetzgebung der Nationalversammlung verwirklichen ließ.

Maximilien Robespierre, bis dahin als Politiker seiner Zeit immer voraus, blieb während der Krise von Varennes hinter den Ereignissen zurück. Er vertrat einen äußerst widersprüchlichen Standpunkt.

Am 21. Juni, als Paris durch die Nachricht über die Flucht des Königs in Aufruhr geriet und auf den Straßen und in öffentlichen Gebäuden die Standbilder Ludwigs XVI. zertrümmert wurden, sprach Robespierre im Jakobinerklub. Mit der ihm eigenen Furchtlosigkeit griff er die damals noch machtvolle Mehrheit der Nationalversammlung an. Er warf ihr vor, die Interessen der Nation verraten und das Geschehene vorbereitet zu haben. Seine

Rede wühlte die Jakobiner auf. Als er sagte, er aktzeptiere «den Tod als eine Wohltat, der verhindern würde, Zeuge des unabwendbaren Unheils zu sein», umringten ihn achthundert Menschen im Saal wie eine dichte Wand. «Wir werden mit dir zusammen sterben!» erschollen die Rufe.

In den nächsten Tagen forderten jedoch die demokratischen Organisationen von Paris, voran der Klub der Cordeliers, der Cercle social, ein Teil der Jakobiner und die Volksgesellschaften, den Sturz der Monarchie und standen für die Ausrufung der Republik ein. Robespierre weigerte sich, diesen Forderungen Rückhalt zu geben.

Als in der Nationalversammlung bürgerliche Konstitutionalisten unter Führung des «Triumvirats» Antoine Barnave – Adrien Duport – Alexandre Lameth, die nach Mirabeaus Tod die Führung in der «Verfassungspartei» übernommen hatten, aus Furcht vor einer weiteren Vertiefung der Revolution die Lüge von der «Entführung des Königs» aufbrachten, stellte sich Robespierre als einziger Abgeordneter gegen diese Version. Ebenso unbeugsam und unnachgiebig wie seinen politischen Gegnern gegenüber zeigte er sich bei der ersten Spaltung des Jakobinerklubs.

Sie geschah am 16. Juli 1791. Der rechte Flügel, der die Großbourgeoisie vertrat, die sich gegen die weitere Entwicklung der Revolution stellte, gründete einen neuen Klub – den Klub der Feuillants. Seit jener Zeit nannte man die Konstitutionalisten immer öfter die Feuillants.

Aber als die Demonstration des Volkes am 17. Juli 1791 brutal zusammengeschossen wurde und es an den konterrevolutionären Zielen der «Verfassungspartei» keine Zweifel mehr gab, vermochte sich Robespierre abermals nicht für die Republik zu entscheiden.

Seine Zweifel an der Republik gründeten sich auf die wiederholt ausgesprochenen Befürchtungen, die Republik könne zu einer Herrschaftsform der bürgerlichen Aristokratie werden. In den Tagen der Krise von Varennes, als die Frage der Republik auf der Tagesordnung stand, bedeutete seine negative oder skeptische Einstellung zu der geforderten Ausrufung einer Republik einen Fehler.

In der Agrarfrage jedoch, der wichtigsten sozialen Frage, nahm Robespierre unter allen Deputierten den radikalsten Standpunkt ein. Immer wieder trat er dafür ein, den Interessen der Bauern zu entsprechen. Ein um das andere Mal rechtfertigte er ihr gewaltsames Vorgehen gegen die verhaßten adligen Grundherren und verlangte die Aufhebung des Triage-Rechts und die Rückgabe des Bodens, den der Adel den Bauern seit dem Erlaß von 1669 entrissen hatte.

Indes widmete Robespierre der Bauernfrage und ihrer tatsächlichen Bedeutung für die Revolution nicht die genügende Aufmerksamkeit. Allem Anschein nach hatte er zu jener Zeit noch nicht erkannt, wie lebenswichtig die erstrangige Lösung der wichtigsten Forderungen der Bauern für die Revolution war.

Robespierre schwieg sich aus, als in der Nationalversammlung im Juni 1791 das Gesetz Le Chapelier zur Sprache kam, das den Arbeitern Koalitionen und Streiks verbot. Als überzeugter Verfechter der Demokratie hätte er sich entschlossen gegen dieses unbestritten arbeiterfeindliche Gesetz stellen müssen. Robespierre trat jedoch weder 1791 noch später gegen das Gesetz Le Chapelier oder dessen praktische Anwendung auf.

Auch der beste Führer der Großen Französischen Revolution des 18. Jahrhunderts war nicht frei von Fehlern, Schwächen und Irrtümern, von denen er einige niemals überwinden sollte. Während der Jakobinerdiktatur verhielt er sich gegenüber den Interessen der Arbeiter unverändert gleichgültig.

Gleichwohl trennte sich Robespierre von einer Reihe fehlerhafter Ansichten. Er lernte in der Revolution und ging gemeinsam mit ihr voran. Im Verlauf des revolutionären Prozesses erkannte Robespierre die Aufgaben der Revolution immer umfassender, tiefgreifender und richtiger. Seine Stärke lag in seiner Gabe, auf die Stimme des Volkes zu hören und mit ihr zu rechnen. Im Unterschied zu Marat, der gewohnt war, die Volksmassen zu belehren und öffentlich zu tadeln, kritisierte Robespierre das Volk nie. Er sah in ihm die «Hauptstütze der Freiheit» und war der Meinung, das Volk habe immer recht.

Nach der Krise von Varennes drohte eine Intervention der europäischen Mächte. In Schloß Pillnitz in Sachsen unterzeichneten

Kaiser Leopold II. und der preußische König Friedrich Wilhelm II. am 27. August 1791 eine Erklärung über das gemeinsame Vorgehen zur Unterstützung des französischen Königs. Am 7. Februar 1792 schlossen Österreich und Preußen sodann ein Bündnis gegen das revolutionäre Frankreich.

Brissot und andere führende Girondisten riefen das revolutionäre Frankreich seit Oktober 1791 in zündenden Ansprachen auf, die Intervention nicht erst abzuwarten, sondern einen Befreiungskrieg gegen die Tyrannen zu beginnen. Die Propagierung des revolutionären Krieges rief bei den patriotisch gesinnten Massen Widerhall hervor.

Der Aufruf zum Krieg erhielt jedoch auch von der anderen Seite insgeheim Unterstützung. Seit Ludwig XVI. und Marie Antoinette nach dem mißglückten Fluchtversuch faktisch als gekrönte Gefangene des Volkes lebten, verbanden sie alle ihre Hoffnungen auf die Zukunft mit einem Krieg. Nur die Bajonette ausländischer Interventen konnten ihnen die Macht zurückgeben.

Im September beendete die Konstituante ihre Arbeit. Am 1. Oktober wurde die nach einem Zensussystem gewählte Gesetzgebende Nationalversammlung eröffnet.

Nach drei Jahren unvorstellbarer Anstrengung und Arbeit bot sich Robespierre die Möglichkeit, Atem zu schöpfen. Auf Beschluß der Konstituante durfte keiner ihrer Abgeordneten in die Gesetzgebende Nationalversammlung gewählt werden. Für anderthalb Monate reiste er in das heimatliche Arras. Nach Paris zurückgekehrt, fand er die Hauptstadt in heller Aufregung. Überall sprach man nur von einem bevorstehenden Krieg. Brissot und seine Anhänger riefen zu einem «Krieg der Völker gegen die Tyrannen» auf und wurden im Jakobinerklub und in den Volksgesellschaften mit stürmischem Beifall bedacht.

Aufmerksam beobachtete Robespierre diese Vorgänge. Er mußte sich erst in die neue Lage finden. Aber bereits in seinen Reden am 12. und 18. Dezember im Jakobinerklub tadelte er das abenteuerliche und unheilvolle Programm Brissots, erst vorsichtig, dann jedoch mit vernichtender Schärfe. Mit bewundernswerter Weitsicht mahnte Robespierre, daß unter den in Frankreich bestehenden Verhältnissen der Krieg nur dem Hof und der Konterrevolution nütze. Wer durch schwülstige Reden mit den patriotischen Gefühlen des Volkes spiele, unterstütze lediglich die hinterhältigen Geheimpläne des Hofes, der Frankreich in eine Falle locken möchte. Der Hauptfeind stehe nicht im Ausland, sondern im Innern des Landes.

«Nach Koblenz, sagen Sie, nach Koblenz!» polemisierte Robespierre gegen Brissot. «Als ob die Vertreter des Volkes ihren Verpflichtungen nachkommen könnten, wenn sie dem Volk den Krieg schenken. Geht denn die Gefahr von Koblenz aus? Nein! Koblenz ist keineswegs ein zweites Karthago, der Sitz des Übels ist nicht in Koblenz, sondern mitten unter uns.»

In seiner dritten und vierten Rede zu den Fragen des Krieges, am 25. Januar und 10. Februar 1792, begründete Robespierre in einer glänzenden Argumentation immer wieder diesen Gedanken: Die Hauptaufgabe bestehe im Kampf gegen die Konterrevolution im Innern. Solange diese Aufgabe nicht erfüllt sei, gäbe es keine Chancen für einen Sieg über die äußeren Feinde.

Robespierre entlarvte den für die Revolution gefährlichen Charakter der revolutionären Phrase und der kriegerischen Großsprecherei girondistischer Führer, die «ungeduldig zum Krieg drängen, der ihnen als die Quelle aller Wohltaten erscheint». Er wies das leichtfertige oder verbrecherische Spiel mit dem Krieg zurück. «Die Nation lehnt den Krieg nicht ab, wenn er notwendig ist, um die Freiheit zu erkaufen. Aber sie will, wenn möglich, Freiheit und Frieden, und sie verwirft jedes Kriegsprojekt, das zum Ziel hat, die Freiheit und die Verfassung zu vernichten, wenn es auch unter dem Vorwand geschähe, sie zu schützen.»

Mit seinem Verständnis für die Grundsätze einer revolutionären Außenpolitik verwarf Robespierre entschieden die «ultrarevolutionären» girondistischen Ideen und Pläne von einem «Befreiungskrieg», das heißt von einem «Export der Revolution», um einen modernen Ausdruck zu gebrauchen.

«Was wird aber, wenn sich die anderen Nationen, wenn sich die Soldaten europäischer Staaten nicht so philosophisch erweisen, wie ihr annehmt, wenn sie noch nicht reif für eine solche Revolution sind, die zu vollenden selbst euch so schwerfällt? Wenn sie nun auf den Gedanken kommen, ihre erste Sorge habe der

Abwehr des überraschenden Überfalls zu gelten, weil sie nicht erkennen, auf welcher Stufe der Demokratie sich die aus dem Ausland gekommenen Generale und Soldaten befinden?» fragte Robespierre die Anhänger des «Sturzes der Tyrannen».

Er äußerte die begründete Befürchtung, eine bewaffnete Invasion könnte die Völker «von uns abwenden, anstatt ihre Bestrebungen für unsere Gesetze zu gewinnen». Entschlossen lehnte er den von den Girondisten gepredigten Gedanken ab, man könne den Völkern die Freiheit auf der Spitze des Bajonetts bringen.

Die weisen Warnungen Robespierres vermochten nicht einmal die Jakobiner zu überzeugen. Im Februar 1792 stimmte der Jakobinerklub einem Aufruf an seine Mitglieder zu, in dem es hieß, die Nation wünsche den Krieg und warte nur darauf, bis der ersehnte Augenblick gekommen sei und der große Streit der Völker und Könige auf dem Schlachtfeld entschieden werde. Unter den einflußreichen Politikern fand Robespierre lediglich bei Marat Unterstützung, dessen Standpunkt dem seinen nahekam. Marat kehrte jedoch aus England, wohin er hatte flüchten müssen, erst im April 1792 zurück, als bereits eine girondistische Regierung bestand und die Frage des Krieges entschieden war. Weder Robespierre noch Marat konnten den Lauf der Ereignisse beeinflussen: Am 20. April 1792 erklärte Frankreich dem «König von Ungarn und Böhmen» – dem Kaiser – den Krieg.

Der Krieg war ausgebrochen, und die Meinungsverschiedenheiten von einst verloren ihre Bedeutung. Jetzt stellte sich eine andere Aufgabe. Wenn der Krieg schon im Gange war, objektiv ein gerechter Verteidigungskrieg gegen die reaktionären absolutistischen Monarchien, mußte er als ein revolutionärer Volkskrieg geführt werden.

Mit diesem politischen Programm, das er von der Tribüne des Jakobinerklubs verteidigte, trat Robespierre an die Öffentlichkeit. Da er aber immer für das Volk sprach, brauchte er eine weitere Tribüne, die weniger zufällig war als die, die sich ihm von Zeit zu Zeit im Jakobinerklub bot. Seit März 1792 gab er daher die Wochenschrift «Le défenseur de la Constitution» (Verteidiger der Verfassung) heraus.

Wie von Robespierre vorausgesehen, entwickelte sich der Krieg für Frankreich recht bald zu einer Kette von Mißerfolgen und Niederlagen. Entgegen den prahlerischen Versprechungen der girondistischen Führer wichen die französischen Truppen unter dem Druck der Interventen zurück. Das hing nicht mit mangelndem Mut oder fehlender Tapferkeit der Soldaten zusammen, sondern mit der Armeeführung. Sie lag in den Händen von Generalen und Offizieren, die sich für die Revolution nicht schlagen wollten. Ihr Verrat bahnte dem Feind den Weg. Er nistete vor allem im königlichen Palast, der sich inzwischen in ein Wespennest der Konterrevolution verwandelt hatte, deren Verbindungsfäden bis in die Hauptquartiere der Interventionsarmeen reichten.

Weder die Gesetzgebende Nationalversammlung noch die «Partei der Staatsmänner», wie Marat die Girondisten ironisch nannte, konnten und wollten den Krieg auf eine revolutionäre Weise führen, nachdem sie die Regierung übernommen hatten. Die Armeen der Interventen verfolgten die zurückweichenden französischen Truppen und rückten gegen Paris vor.

In der Stunde der Gefahr erfaßte das Land ein gewaltiger Aufruhr. Verletzter Nationalstolz und die Angst um das Schicksal des Vaterlandes verbanden sich mit der tiefen Unzufriedenheit des Volkes mit den sozialen und politischen Ergebnissen der Revolution. In der Monarchie, in den Ränken des verlogenen Königs, der das Land betrog, und in der verhaßten «Österreicherin» – der Königin – sah nun das Volk die Hauptursachen des über Frankreich hereingebrochenen Unglücks. Seit Ende Juni/Anfang Juli 1792 begannen in Paris und in der Provinz zugleich unverhüllt Vorbereitungen zum Sturz der Monarchie.

Noch im Frühling hatte Robespierre in dieser Frage geschwankt, denn die republikanische Regierungsform blieb für ihn die «Geißel eines aristokratischen Senats und eines Diktators». Schließlich schenkte er der Forderung des Volkes, wenn auch verspätet, Gehör. Er verstand es, von ihm zu lernen.

In seiner Wochenschrift «Le défenseur de la Constitution» druckte er die kampfentschlossen formulierte Petition der Föderierten (Freiwilligenverbände) ab, die in der Hauptstadt eingetroffen waren: «In Paris müssen wir siegen oder sterben!» Im Juli

1792 legte Robespierre alle früheren Zweifel und Vorurteile ab. Nunmehr trat er dafür ein, die Monarchie unverzüglich abzuschaffen und die Republik auszurufen.

In seiner großen Rede vom 29. Juli im Jakobinerklub entwikkelte er das Programm zur kühnen und entschlossenen Vernichtung des gesamten staatspolitischen Organismus des Landes. «Der Staat muß, gleichviel wie, gerettet werden; es gibt nichts Verfassungswidriges außer dem, was seinen Untergang herbeiführt.»

Das ist die Rede eines echten Revolutionärs. Weder verfassungsmäßige noch formale Schranken können den ehemaligen Lizentiaten der Rechtswissenschaften mehr beirren. Die Gesetzgebende Gewalt hatte ihre Ohnmacht offenbart und sich als mitschuldig an dem verbrecherischen Ränkespiel des Hofes erwiesen. Nun hatte sie abzutreten. Wehrlos überließ sie Frankreich dem militärischen Despotismus, den Anschlägen der Meuterer. Ein Konvent mußte gebildet werden! «Absolut notwendig ist der Nationalkonvent.» Seine Grundlage mußte eine andere sein als die der gescheiterten Gesetzgebenden Nationalversammlung. «Wo anders kann man die Liebe zur Heimat und die Treue zur allgemeinen Freiheit finden, wenn nicht beim Volk?» fragte Robespierre. Er verlangte die völlige Wiederherstellung der Rechte für eine «fleißige und großherzige Klasse», die der Bürgerrechte beraubt war, vor allem aber die Einführung des allgemeinen Stimmrechts und die Wahl eines Konvents, der den Willen aller Franzosen zum Ausdruck bringt.

In jenen entscheidenden Tagen beschränkte Robespierre seine Tätigkeit nicht allein auf Ansprachen. Er stellte Verbindung zu den Abteilungen der Föderierten her und spornte sie zu direkten revolutionären Handlungen an.

In Paris forderten siebenundvierzig von achtundvierzig Sektionen die Abdankung des Königs. Das ganze Land erhob sich gegen die Monarchie. Vergeblich versuchten die Girondisten, dem Volksaufstand zuvorzukommen, indem sie zwielichtige Manöver unternahmen und geheime Komplotte mit dem Hof schmiedeten. Am 10. August erhob sich das Volk von Paris zusammen mit den Föderierten gegen die allen verhaßte Monarchie. Das Volk war siegreich. Ludwig XVI. wurde im Temple gefangengesetzt. Die tausendjährige Monarchie war zusammengebrochen. Die Revolution trat in eine neue Etappe ein.

Der Aufstand vom 10. August hatte nicht nur die Monarchie gestürzt, sondern auch die politische Herrschaft der Großbourgeoisie untergraben. Den siegreichen Aufstand leiteten die Commune von Paris und ihre politischen Inspiratoren – die Jakobiner. Die Girondisten unterstützten den Aufstand nicht, sondern stellten sich gegen ihn. Dennoch gelang es ihnen, die Früchte des Sieges zu ernten. Sie hielten faktisch die gesamte Macht in den Händen, sowohl im Provisorischen Vollzugsrat als auch in der Gesetzgebenden Versammlung nahmen sie die führenden Posten ein.

Aber neben diesen – sozusagen legitimen – Machtorganen entstand nach dem 10. August ein neues Organ – die Pariser Commune. Sie stützte sich nicht auf den Buchstaben des Gesetzes, nicht auf eine legale Macht, sondern auf den bewaffneten Aufstand. Sogleich nach dem Sturz der Monarchie kam es zwischen der Gesetzgebenden Versammlung und der Commune zu Reibereien, die bald zu einem offenen, unversöhnlichen Zweikampf gerieten.

Seinem Inhalt nach war er breiter und tiefer als der äußere Konflikt zwischen der Commune und der Nationalversammlung. Es war der Kampf der Bergpartei mit der Gironde und den hinter ihnen stehenden Klassenkräften. Die Bergpartei, die Jakobiner, vertraten den Block der mittleren und der Kleinbourgeoisie, der Bauernschaft und der Stadtplebejer. Sie standen folglich für Klassenkräfte ein, deren Forderungen noch nicht verwirklicht worden waren und die daher eine Vertiefung der Revolution wünschten. Die Gironde vertrat die an die Macht gelangte Handels- und Industriebourgeoisie, aber auch die Großgrundbesitzer. Aus Angst vor dem Volk versuchte sie, die Revolution anzuhalten. Unter den Bedingungen eines erbarmungslos geführten Krieges und einer schwierigen Wirtschaftslage mußte es zwischen dem «Berg» und der Gironde zwangsläufig zu einem harten Kampf kommen.

In dieser Auseinandersetzung spielte Robespierre eine bedeutende Rolle. Seine Teilnahme am Aufstand des 10. August ist von der Geschichtswissenschaft noch nicht ausreichend untersucht worden. Keinen geringen politischen Einfluß nahm er indes auf dessen Vorbereitung. Er verband sein persönliches Schicksal mit der heraufziehenden Schlacht. Vor dem 10. August schrieb Robespierre an seinen Jugendfreund Buissart: «Wenn sie (die Föderierten – d. Verf.) Paris verlassen, ohne das Vaterland gerettet zu haben, dann ist alles verloren. Wenn uns allen beschieden ist, in der Hauptstadt zu sterben, werden wir vorher zu den äußersten Mitteln greifen.» Den Worten «uns allen» zufolge hielt er sich auch selbst für einen Teilnehmer des bevorstehenden Aufstandes.

Am 10. August sprach er im Jakobinerklub und unterbreitete eine Reihe von praktischen Vorschlägen: Einberufung eines Nationalkonvents; Durchsetzung eines Dekrets, das Lafayette zum Verräter erklärt; Befreiung inhaftierter Patrioten; freier Zugang aller Bürger zu den Sitzungen der Sektionen; Herstellung von Verbindungen der Sektionen zu den Volksgesellschaften und Information der Nationalversammlung über den Willen des Volkes; Entsendung von Kommissaren der Commune in alle dreiundachtzig Departements. Für «äußerst unvernünftig» hielt er es, wenn das Volk die Waffen niederlegte, ohne vorher seine Freiheit gesichert zu haben.

Dem Inhalt der Rede nach handelte es sich um die Worte eines politischen Führers des Volksaufstandes. Robespierres Ratschläge, die sich an die Jakobiner richteten, glichen Anordnungen. Er wußte aber, daß sie nach kurzer Zeit aus dem Klub nach außen dringen und sich unter dem Volk verbreiten würden.

Am Nachmittag des 10. August wurde Robespierre zum Mitglied der Commune gewählt, später auch zum Mitglied ihres Generalrates. Er beteiligte sich nicht mit der Waffe in der Hand an den Straßenschlachten und am Sturm auf die Tuilerien, doch sein Anteil an der Vorbereitung dieser Ereignisse und an deren Verlauf war in Wirklichkeit viel bedeutsamer: Er zählte zu den politischen Führern des Aufstandes.

Seine führende Rolle im Volksaufstand und auch später in der Commune wirkte sich erheblich auf Robespierres politische und ideologische Entwicklung aus. Natürlich bewunderte er bereits seit dem 14. Juli 1789 den Volksaufstand und billigte die revolutionäre Initiative der Massen. Er entwickelte sich zu einem Revolutionär, beteiligte sich jedoch selbst lediglich an einer Auseinandersetzung, die mit legalen Mitteln geführt wurde. Er tat es in der Konstituante, wo jeder Kämpfer sich auf das unzweifelhaft legitime, von den Wählern anvertraute Abgeordnetenmandat stützen konnte.

Am 10. August wurde Robespierre zum erstenmal in einen Kampf einbezogen, der ein unmittelbares Ergebnis des revolutionären Elans der Massen war. Das erste Ergebnis dieser revolutionären Tatkraft war die Aufhebung aller früheren Gesetze und die Ablösung einer formalen Gesetzlichkeit durch die revolutionäre Notwendigkeit – das höchste Gesetz des Volkes.

Robespierre, der von der Revolution lernte und über die besondere Begabung verfügte, ihre Lehren richtiger und schneller als die anderen zu beherzigen, erkannte sogleich diese wichtigste Besonderheit der Ereignisse vom 10. August.

In seinem hervorragenden Artikel «Über die Ereignisse des 10. August 1792», den er unmittelbar nach dem Volksaufstand schrieb, hieß es: «Völker, bis jetzt sprachen die Betrüger lediglich zu dem Zweck von Gesetzen, um Euch zu versklaven und zu vernichten. In Wirklichkeit aber hattet Ihr keine Gesetze. Für Euch gab es nur die verbrecherischen Launen der Tyrannen, die durch Intrige zur Macht gelangt waren und durch Gewalt regierten ... Ihre Verbrechen zwangen Euch abermals, die Verwirklichung Eurer Rechte in die eigenen Hände zu nehmen.»

Dem großen Revolutionär ist die formale Gesetzlichkeit keinen Pfifferling wert, er verwirft sie und stellt ihr das höchste Gesetz entgegen – die Wahrnehmung der Rechte durch das Volk.

Im selben Artikel kehrt Robespierre mehrmals zu dem wichtigsten Wesensmerkmal der vorhergegangenen Ereignisse zurück: der Verwirklichung der souveränen Rechte des Volkes durch einen revolutionären Aufstand. «Das gesamte französische Volk, von alters her unterdrückt und erniedrigt, spürt, daß die Stunde für die Erfüllung der heiligen Pflicht geschlagen hat, einer Pflicht, die von der Natur selbst allen Lebewesen, um so mehr allen Nationen, auferlegt wurde, nämlich der Pflicht, durch den mutigen Widerstand gegen die Unterdrückung, für die eigene Sicherheit zu sorgen.»

Im Aufstand vom 10. August hat das Volk «seine ihm zuerkannte Souveränität verwirklicht und sich seine eigene Macht und Gesetzgebung zu seiner Rettung und der Sicherung seines Glücks geschaffen ... Es handelte wie ein Souverän, der die Tyrannen zu sehr verachtet, um sie zu fürchten, der sich seiner Stärke und der Heiligkeit seiner Sache zu sicher ist, um sich zur Verheimlichung seiner Absichten herabzulassen.»

Die Erfahrungen des 10. August ließen Robespierre noch besser erkennen, von welch rettender Tragweite die revolutionäre Gewalt unter bestimmten historischen Umständen sein konnte. Er hatte sich mit eigenen Augen davon überzeugt, was für Möglichkeiten den Volksmassen innewohnen.

Robespierre stieg zu einem der einflußreichsten Köpfe der Commune von Paris auf. Er wirkte auf sie ein, lernte aber auch von ihr und erfaßte Dinge, mit denen er früher nicht in Berührung gekommen war. Die Commune stützte sich auf den Aufstand und ließ sich allein von der revolutionären Notwendigkeit leiten.

Robespierres Bundesgenossen in der Commune waren weder berühmte Redner noch hervorragende Literaten oder namhafte Vertreter der Bourgeoisie wie in der Verfassunggebenden Versammlung, sondern unbekannte Männer. Ihre Namen kannte man höchstens in einigen Wohnvierteln, nicht selten sogar nur in ein, zwei Straßen. Es waren Steinmetze, Juweliere und Schriftsetzer, Zimmerleute, Krämer und deren Gehilfen, Journalisten, Künstler, Anstreicher und Bierbrauer. Im unmittelbaren Umgang mit den Sansculotten von Paris, im täglichen Kampf gegen die gemeinsamen Feinde durchlief Robespierre das letzte Stadium seiner ideologisch-politischen Reife.

Am 20. September 1792 trat in Paris der Konvent zusammen, der auf Vorschlag Robespierres und seiner Gesinnungsfreunde nach dem Prinzip des allgemeinen Wahlrechts gewählt worden war. Für die Girondisten schien das Kräfteverhältnis im Konvent günstig zu sein. Gestützt auf die Stimmen aus der Provinz, hatten sie hundertfünfundsechzig Mandate erhalten, die Jakobiner nur etwa hundert. Die überwiegende Mehrheit, ungefähr vierhundertachtzig Abgeordnete, schloß sich keiner Gruppierung an. Ironisch «Sumpf» genannt, unterstützte sie anfangs die Gironde, was deren Stellung im Konvent selbstverständlich stärkte.

In Paris zum Abgeordneten des Konvents gewählt, erfreute sich Robespierre im ganzen Land bereits einer großen Popularität. Millionen Franzosen teilten nun seine Anschauungen, für die er so beharrlich und fest in der ihm feindlich gesinnten Konstituante eingetreten war. Im Streit mit seinen politischen Gegnern hatte er recht behalten. Viele seiner Voraussagen waren eingetroffen. Als die Verfassunggebende Versammlung im September 1791 auseinanderging, war der Abgeordnete aus Arras, einst Zielscheibe für die Witzeleien monarchistischer Schreiberlinge vom Schlage eines Rivarol, der berühmteste Volksvertreter Frankreichs.

Aus allen Teilen des Landes erhielt er Briefe mit Worten der Bewunderung und der Dankbarkeit für seinen Mut, seinen Patriotismus und für den Schutz der Volksinteressen. Als am 30. September 1791 die letzte Sitzung der Konstituante zu Ende ging, spendete ihm das Volk von Paris frenetischen Beifall. Im Jakobinerklub war er eine allgemein anerkannte Autorität. Die gesamte demokratische Presse berichtete mit größter Hochachtung über ihn. Marat schrieb vom «Ruhm, mit dem er sich bei der ständigen Verteidigung der Interessen des Volkes bedeckt» habe, von der «Liebe des Volkes als dem gerechten Lohn für seine staatsbürgerlichen Tugenden». Robespierres Bild stand in den Schaufenstern der Läden, sein Äußeres und sein Benehmen hingegen waren unverändert geblieben. Nachdem er von Versailles nach Paris übergesiedelt war, hatte er zwei kleine Zimmer im zweiten Stock des Hauses Nr. 8 in der Rue Saintonge bezogen. Seit August 1791 wohnte er in einem Zimmer des Seitengebäudes beim Tischler Maurice Duplay in der Rue Saint-Honoré. Nicht nur die herzliche Gastfreundschaft von Maurice Duplay und dessen Sohn Simon fesselten Robespierre an dieses stille und bescheidene Heim. Er gewann die Tochter seines Wirtes, Eleonore Duplay, lieb, die seine Gefühle erwiderte. Die Eheschließung schoben sie immer wieder bis zum Triumph der Freiheit über ihre Feinde auf, der ihnen nicht mehr fern schien. Aber diesen Tag sollten sie niemals erleben.

Robespierre blieb genauso arm wie zuvor. Er verzichtete auf

Ämter, die ihm ein hohes Einkommen gesichert hätten. Seine persönlichen Bedürfnisse waren äußerst bescheiden.

Das einfache Volk, das seinen mutigen Kampf zum Schutz der allgemeinen Volksinteressen, seine Uneigennützigkeit, die Reinheit seiner Absichten und Taten schätzte, hatte ihn liebengelernt und nannte ihn achtungsvoll den «Unbestechlichen».

Der Konvent trat unter einem guten Vorzeichen zusammen. Am 20. September 1792 errang die Armee des revolutionären Frankreichs bei Valmy den ersten Sieg über die Interventen. Er leitete eine Wende im Verlauf des Krieges ein. Unter dem Druck der revolutionären Bataillone, die der Erfolg beflügelt hatte, wichen die Österreicher und Preußen nach Osten zurück.

Die ersten Sitzungen des Konvents standen ganz im Zeichen des Sieges bei Valmy. Von dem großen patriotischen Aufschwung durchdrungen, verabschiedeten die Abgeordneten feierlich das Dekret über die Abschaffung der Monarchie. Der 21. September wurde zum Beginn einer «neuen Ära» erklärt: zum ersten Tag des Jahres I der Republik, des Jahres IV der Freiheit.

Die Jakobiner suchten sich mit den Girondisten auszusöhnen, um alle revolutionären Kräfte für den endgültigen Sieg über den Feind zu vereinen. In seiner neuen Publikation, dem «Journal de la République française» (Journal der Französischen Republik), rief Marat am 22. September zur Einheit und Geschlossenheit aller patriotischen Kräfte auf.

Die Girondisten waren jedoch von ihrem Erfolg in der Provinz berauscht und überschätzten den Rückhalt, den sie bei den Abgeordneten des «Sumpfes» hatten. Sie schlugen die ihnen dargebotene Hand aus, lehnten die Aussöhnung ab und gingen zum wütenden Angriff auf den «Berg» über. Eine Reihe von girondistischen Abgeordneten, insbesondere Vergniaud, Lasource, Rebecqui, Barbaroux und Louvet, warfen Robespierre und Marat vor, nach der Diktatur zu streben. Der «Berg» nahm den Fehdehandschuh auf. Die Schlacht zwischen den beiden Gruppierungen hob mit noch größerer Erbitterung von neuem an.

Robespierre antwortete seinen Anklägern in einer Reihe von Reden, in denen er alle persönlichen Anschuldigungen zurückwies und die Polemik auf die politische Ebene verlagerte.

Er führte die Auseinandersetzung auf den Kern ihrer Meinungsverschiedenheiten zurück. «Bürger, habt ihr eine Revolution ohne Revolution gewollt? ... Wer vermag nachträglich den genauen Punkt anzugeben, an dem sich die Wellen des Volksaufstandes brechen mußten?» fragte Robespierre die Abgeordneten in seiner Rede im Konvent am 5. November 1792. Mit der ganzen Logik seiner glänzenden Argumentation bewies er immer wieder, daß seine Gegner, die Girondisten, auch die Gegner der Revolution sind und danach trachten, dem Volk die Früchte seines hervorragenden Sieges vom 10. August zu entreißen.

Es lag nicht in Robespierres Charakter, sich auf die Verteidigung zu beschränken, er ging sofort zum Angriff über. Er warf den Girondisten vor, ein Komplott gegen Paris geschmiedet und den Versuch unternommen zu haben, das Land gegen die revolutionäre Hauptstadt auszuspielen. Mit bemerkenswertem Scharfsinn entlarvte er ihre Doppelzüngigkeit, die vorsätzliche ausweichende Art ihrer Reden, hinter der sie insgeheim ihre Feindseligkeit gegen die Revolution verbargen, ihre heimtückischen Pläne, die darin bestanden, unter dem Vorwand des Kampfes gegen die Störenfriede dem Volk die Hände zu binden und es von neuem zu unterdrücken.

Als im Konvent das Schicksal des ehemaligen Königs zur Sprache kam, beharrte Robespierre gleich Marat und Saint-Just auf der härtesten Entscheidung. Er wußte genau, daß die Girondisten bestrebt sein würden, Ludwig XVI. mit allen Mitteln zu retten. Der Streit um Ludwigs Schicksal galt am allerwenigsten ihm selbst. Es ging um das Schicksal der Revolution: Sollte sie voranschreiten oder zum Stehen kommen?

In seiner Rede am 3. Dezember 1792 im Konvent verlangte Robespierre das Todesurteil für den ehemaligen König. Man solle ihn nicht aburteilen, sondern bestrafen. Das Volk habe ihn gestürzt und damit entschieden, daß er ein Verräter sei. Er könne nicht gerichtet werden, weil man ihn bereits verurteilt habe. An die Stelle der konstitutionellen Regierung sei ein neues, höheres Gesetz getreten, das besagt, «... die Grundlage der Gesellschaft ist das Wohl des Volkes. Das Recht, den Tyrannen zu bestrafen, ist das Recht, ihn zu entthronen, es ist dasselbe ... Der

Prozeß gegen den Tyrannen ist der Aufstand; wird er gerichtet, so ist das der Sturz seiner Macht, seine Strafe ist die Maßnahme, die die Freiheit des Volkes erforderlich macht. Völker richten nicht wie Gerichtshöfe, sie fällen keine Urteile, sie schleudern den Blitz; sie verurteilen keine Könige, sie werfen sie ins Nichts zurück.»

Nur ein wahrhaft großer Revolutionär vermochte so zu sprechen. Diese Worte, die von revolutionärer Furchtlosigkeit zeugten, stammten aus dem Munde eines Politikers, der in der Verfassunggebenden Nationalversammlung die Abschaffung der Todesstrafe für alle Zeiten verlangt und sich lange gegen den Sturz der Monarchie gewehrt hatte.

Entgegen der Forderung Robespierres wurde der frühere König, jetzt Louis Capet genannt, auf Betreiben der Girondisten vor Gericht gestellt. Robespierre, Marat und Saint-Just verlangten seine Hinrichtung, die Girondisten hingegen suchten sein Leben zu retten. Als der Konvent jedoch auf Vorschlag von Marat namentlich abstimmte, erwiesen sich die girondistischen Führer als kleinmütig. Ihre Mehrheit stimmte für das Todesurteil. Mit 387 gegen 334 Stimmen vom Konvent zum Tode verurteilt, wurde Louis Capet am 21. Januar 1793 auf dem Platz der Revolution in Paris geköpft.

Der Ausgang des Kampfes im Konvent um das Schicksal des Königs zeigte, daß der Einfluß der Girondisten im Schwinden war. Und das war kein Zufall. Die Revolution schritt voran, und das Verhältnis der Klassenkräfte veränderte sich.

Der Krieg zog sich hin. Der konterrevolutionären Koalition schlossen sich neue Mächte an. Neben Österreich und Preußen gehörten ihr jetzt auch England, Holland, Spanien, das Königreich Neapel, Sardinien sowie eine Reihe deutscher und italienischer Kleinstaaten an. Im März 1793 brach in der Vendée ein konterrevolutionärer Aufstand aus, der später auf die Normandie und die Bretagne übergriff. General Dumouriez, ein Günstling der Girondisten und eng mit ihnen verbunden, trat im März mit den Österreichern in Verhandlungen und versuchte, die Armee gegen Paris zu führen. Auf seinen Verrat folgte eine Kette von militärischen Mißerfolgen der revolutionären Armee. Von den überlegenen Kräften der Interventen angegriffen, gingen die Truppen der Republik an allen Fronten zurück.

Dem ganzen Land drohte eine Hungersnot. Der unaufhaltsame Preisanstieg stürzte Handwerker, Arbeiter und Arme ins Elend. In Paris und anderen Städten Frankreichs kam es zu Unruhen. Die Forderung nach der Einführung von Festpreisen für Lebensmittel, die die «Wütenden» (Enragés) erhoben, fand die Unterstützung der städtischen Plebejer. Die Agrarfrage, die wichtigste Aufgabe der Revolution, blieb nach wie vor ungelöst. Die Bauern, deren Geduld zu Ende war, äußerten offen ihre Unzufriedenheit. Ab Herbst 1792 nahmen die Bauernunruhen wieder zu.

Die Krise der Republik vertiefte sich. Aber die Girondisten waren nicht gewillt oder unfähig, ihr durch mutige und entschlossene Maßnahmen zu begegnen. Sie leisteten eher dem «Berg» Widerstand, statt sich dem wachsenden Druck der äußeren und inneren Konterrevolution entgegenzustemmen. In der Stunde tödlicher Gefahr dachten sie nur an sich selbst. Der Haß verblendete sie. Mit ihrem Klasseninstinkt erkannten sie das wahre Wesen der Vorgänge in Frankreich. Vergniaud, einer der scharfsichtigsten Girondisten, sagte Anfang Mai 1793: «Ich beobachte, daß unglücklicherweise ein verhängnisvoller Krieg zwischen denen, die man mit dem Wort Sansculotten bezeichnet, und denen, die man Messieurs nennt, ausgebrochen ist.» Das entsprach der Wahrheit, denn die Gironde war eine Fraktion der Herren. Deshalb waren ihre ganzen Kräfte gegen die Sansculotten, gegen das Volk, gerichtet. Vom Kampf gegen das Volk war es nur ein Schritt bis zur offenen Konterrevolution, bis zum Verrat an der Nation.

Am 3. April 1793 hielt Robespierre im Konvent eine Rede gegen die Helfershelfer von Dumouriez. Er begann mit einfachen und strengen Worten: «Wir müssen ernsthaft mit der Heilung unserer Gebrechen beginnen... Die Heimat kann nur mit Hilfe wahrhaft revolutionärer Aktionen gerettet werden. Wir müssen an die Größe der Nation appellieren...»

Das war aber erst die Einführung. Ihr folgte der direkte und unwiderlegbare Vorwurf, die Gironde habe Verrat geübt. Der Vorwurf richtete sich gegen ihren Führer, nicht gegen alle Abgeordneten, die sich der Gironde angeschlossen hatten. «Ich erkläre, daß Dumouriez und andere Feinde der Freiheit niemals einen treueren Freund und besseren Beschützer hatten als Brissot.» Er führte eine Reihe von Beweisen für diese Behauptung an und wiederholte: «Ich erkläre, daß die wahre Ursache für unsere Mißgeschicke in dem verbrecherischen Einvernehmen zwischen Leuten besteht, die sich in unserer Mitte befinden, und zwar zwischen dem von mir genannten Mann und all denen, die mit ihm Umgang pflegen.» Robespierre schlug ein Dekret vor, das Brissot als einen Komplicen von Dumouriez unter Anklage stellte.

Robespierre versetzte der Gironde tödliche Schläge. In der Rede vom 3. April führte er seine Anschuldigungen ihrem logischen Ende zu, indem er die Führer der Gironde und deren Anhänger der Untreue und des Verrats an der Revolution beschuldigte.

Nun begann die letzte Phase des Kampfes. Eine Aussöhnung war nicht mehr möglich. Die Girondisten beantworteten die Anklage, die Robespierre gegen sie erhoben hatte, mit unsinnigen Ausfällen gegen die Jakobiner und das revolutionäre Paris. Schließlich verletzten sie Marats parlamentarische Immunität und stellten ihn vor das Revolutionstribunal.

Die vom Haß gegen den «Berg» verblendeten Girondisten entschlossen sich zur Entfesselung eines Bürgerkrieges, obgleich die Armeen der Interventen auf Paris marschierten und der konterrevolutionäre Aufruhr im Innern um sich griff.

Am 8. Mai sagte Maximilien Robespierre im Jakobinerklub: «Es gibt in Frankreich nur noch zwei Parteien: das Volk und seine Feinde. Wer nicht für das Volk ist, ist gegen das Volk. Die Culottes dorées sind die Feinde aller Sansculotten.» Robespierre hatte das Wesen des in Frankreich tobenden Klassenkampfes voll erfaßt.

Wie die anderen Jakobinerführer verhielt auch er sich anfangs mißtrauisch, ja ablehnend gegenüber den «Wütenden» und deren politischen und sozialen Forderungen. Vom Volk gedrängt und unter dem Druck der Lage, änderte er jedoch seine Einstellung zu ihrer Forderung, Höchstpreise für Lebensmittel einzuführen. Gegen den Widerstand der Girondisten brachten die Jakobiner am 4. Mai 1793 im Konvent ein Dekret über Festpreise für Getreide ein.

Darüber hinaus vermochten sie noch andere Maßnahmen durchzusetzen, die für die Rettung der Republik unerläßlich waren. Auf ihre Initiative wurden in Paris revolutionäre Überwachungsausschüsse gebildet, und am 20. Mai beschloß der Konvent, den Reichen eine Zwangsanleihe in Höhe von einer Milliarde Livres aufzuerlegen. Aber die wichtigste Maßnahme zur Rettung der Republik bestand im Sturz der Gironde.

In seiner Rede vom 26. Mai im Jakobinerklub sagte Robespierre: «Wenn alle Gesetze verletzt sind, wenn der Despotismus seinen Höhepunkt erreicht hat, wenn man den guten Glauben und das Schamgefühl mit Füßen tritt, dann muß sich das Volk erheben. Dieser Augenblick ist gekommen.» Am 29. Mai wiederholte er im Jakobinerklub: «Ich sage, daß die Freiheit zugrunde geht, wenn sich nicht das ganze Volk erhebt.»

Am 31. Mai 1793 begann in Paris ein Volksaufstand, der am 2. Juni siegreich endete. Er stürzte die Herrschaft der Gironde und verhalf den Jakobinern zur Macht.

In den Tagen des Aufstandes nahm Robespierre in seinem Notizbuch kurze Eintragungen vor: «Es bedarf eines ungeteilten Willens. Er muß republikanisch oder royalistisch sein ... Die inneren Gefahren kommen von der Bourgeoisie, und um sie zu besiegen, muß man das Volk einigen ... Das Volk muß sich mit dem Konvent verbinden, und der Konvent muß sich des Volkes bedienen.»

Die Jakobiner vertraten, darauf soll nochmals hingewiesen werden, den Block der demokratischen Bourgeoisie und des Kleinbürgertums sowie der Bauern und der Plebejer. Diese sozial unterschiedlichen Klassenkräfte gingen zusammen, weil sie an der Vollendung der bürgerlichen Revolution interessiert und ihre Hauptforderungen immer noch nicht erfüllt waren. Sie trieben die Revolution voran. Verständlicherweise konnten ihre Forderungen nicht übereinstimmen; daher taten sich später auch Gegensätze innerhalb des Jakobinerblocks auf. Aber bis zu einem bestimmten Zeitpunkt hatten die im Jakobinerblock vereinten Kräfte gemeinsame Feinde und gemeinsame Aufgaben. Sie traten deshalb geschlossen auf und errangen Siege.

Um das Volk zu einen und es fest an den von den girondistischen Führern gesäuberten Konvent zu binden, bedurfte es schnell wahrhaft revolutionärer Maßnahmen.

Und der jakobinische Konvent traf solche Entscheidungen. Die Agrargesetze vom 3. und 10. Juni und vom 17. Juli brachten den Bauern innerhalb von sechs Wochen das, was ihnen die Revolution im Laufe von vier Jahren nicht gegeben hatte.

Durch das Dekret vom 3. Juni wurden die konfiszierten Ländereien der Emigranten in kleine Parzellen aufgeteilt, die die mittellosen Bauern erwerben konnten. Ihr Kauf wurde durch einen Zahlungsaufschub von zehn Jahren erleichtert. Das Dekret vom 10. Juni schrieb vor, die Gemeindeländereien unter den Bauern entsprechend der Kopfzahl aufzuteilen, wenn die Mehrheit der Dorfversammlung dem Gesetz zustimmte. Das Dekret vom 17. Juli hob entschädigungslos alle noch bestehenden Feudalrechte auf, auch solche, die auf einwandfreien Urkunden beruhten, dazu die Fronarbeit und die Feudalabgaben der Bauern. Mit diesen Beschlüssen gewannen die Jakobiner die Mehrheit der Bauern für sich.

Im Laufe von nur drei Wochen arbeiteten die Jakobiner ein neues Grundgesetz aus, beschlossen es im Konvent und legten es dem Volk zur Bestätigung vor. Diese republikanische, vom Geist eines konsequenten Demokratismus getragene Verfassung von 1793 sollte als ideologisch-politische Plattform dienen und die ganze Nation zusammenführen.

Die Probleme einer verfassungsmäßigen demokratischen Ordnung zählten zu den Fragen, die von den Jakobinern am weitesten ausgearbeitet worden waren. Robespierre konnte sich hierbei nicht nur auf das theoretische Erbe Rousseaus stützen, sondern auch auf seine eigenen Erfahrungen aus dem Kampf für demokratische Prinzipien in der Verfassunggebenden Versammlung. Noch während des Kampfes gegen die Gironde faßte Robespierre seine Auffassungen von der politischen Demokratie zusammen, die sich auf die Lehren aus der Revolution, insbesondere aus der ersten Zeit der republikanischen Ordnung, stützten. Mehr als in seinem konstitutionellen Programm aus der Zeit der Verfassunggebenden Versammlung war er darauf bedacht, die Souveränität des Volkes sicherzustellen. Er sah die Wählbarkeit der Staatsbeamten vor, ihre Rechenschaftspflicht und die Möglichkeit ihrer Abberufung; die Verstärkung der Volkskontrolle über die Tätigkeit der gesetzgebenden Organe; die Festlegung einer befristeten Dienstzeit (zwei Jahre) für die gewählten Staatsbeamten und so weiter. Ebenso neu waren jene Formulierungen im Entwurf der «Erklärung der Menschen- und Bürgerrechte», die das Recht auf Eigentum einschränkten, aber auch das von Robespierre ausdrücklich betonte Recht auf Arbeit enthielten. Darin kam der Wunsch Robespierres zum Ausdruck, in die neue Verfassung gleichfalls gewisse Elemente seiner egalitaristischen Anschauungen aufzunehmen.

Diese Verfassung, in einigen Punkten bis heute die demokratischste Verfassung Frankreichs, erhielt daher die volle Zustimmung des Volkes.

Aber die wahre Größe der Jakobiner und ihres Führers Maximilien Robespierre bestand darin, daß sie den vertrauten Boden verließen und mutig neue Wege einschlugen. Nachdem die Verfassung angenommen und vom Volk gebilligt worden war, nahmen sie den Kampf auf Leben und Tod gegen die äußere und innere Konterrevolution auf. Sie verzichteten darauf, die Macht im Rahmen einer verfassungsmäßigen Regierung auszuüben, sondern bedienten sich einer anderen, höheren Organisationsform der Macht, der revolutionär-demokratischen Diktatur.

Das Problem einer revolutionär-demokratischen Diktatur war bislang weder in jakobinischen noch in anderen Schriften behandelt oder auch nur erwähnt worden. Eine Ausnahme bildete indes Jean-Jacques Rousseau. In seinem berühmten «Gesellschaftsvertrag» zog er mit genialer Weitsicht eine Situation in Betracht, die es notwendig machte, von den Gesetzen abzugehen. Ausgehend von den historischen Erfahrungen der Römischen Republik und Spartas, obwohl nur zu einem gewissen Grade, war Rousseau zu der Ansicht gelangt, daß unter bestimmten Bedingungen als zeitweilige oder sogar kurzzeitige Maßnahme die Diktatur einer Person oder mehrerer Personen errichtet werden kann, die mit weitreichenden Vollmachten versehen sind.

Robespierre faßte alle Schriften Rousseaus, insbesondere den «Gesellschaftsvertrag» mit seinen programmatischen politischen

Fragen, als eine Art Vermächtnis seines Lehrers auf. Doch Jean-Jacques behandelte das Problem der Diktatur in allgemeiner, abstrakt hypothetischer Form. Praktisch lieferte dieses Kapitel keine Antwort auf die Fragen, die das Leben im Jahre 1793 unerbittlich stellte. Es konnte darauf auch keine Antworten enthalten, denn es war fast zwanzig Jahre vor Beginn der Revolution geschrieben worden.

Die Herausbildung der revolutionär-demokratischen Diktatur der Jakobiner war nicht das Ergebnis einer bewußten Vorbereitung, eines im voraus festgelegten Planes oder einer theoretisch begründeten Notwendigkeit. Sie war die Frucht des Lebens selbst und entsprang dem revolutionären Schöpfertum der Massen. Erst als sie Wirklichkeit geworden war, zogen die Führer der Jakobiner, voran Robespierre, die Lehren aus ihr und verallgemeinerten sie.

Die revolutionär-demokratische Diktatur begann bereits mit dem Volksaufstand vom 31. Mai bis zum 2. Juni 1793, dem ein neues Verhältnis der Klassenkräfte zueinander erwuchs. Aber die zur Herrschaft gelangten Jakobiner übersahen entweder diese Tatsache oder nahmen sie nicht bewußt wahr. Die Lage der Republik war derart kritisch, die Gefahren, die ihr von allen Seiten drohten, wuchsen so rasch, daß die Jakobiner in jenen Tagen einfach nicht in der Lage waren, das Geschehen zu analysieren. Vor allem galt es zu handeln: blitzschnell jeden Schlag durch einen Gegenschlag abzuwehren, ja vielmehr dem gegnerischen Schlag zuvorzukommen. Insbesondere richteten jedoch die Jakobiner im Sommer 1793 ihre Anstrengungen auf die Entfaltung der Masseninitiative, auf die allseitige Demokratisierung der politischen Ordnung, auf eine noch breitere Teilnahme des Volkes an der Revolution.

Dank den Anstrengungen der Jakobiner wurde das Netz der revolutionären Überwachungsausschüsse in kurzer Zeit erweitert. Zusammen mit den Volksgesellschaften, dem durch seine Zweigstellen das gesamte Land überziehenden Jakobinerklub und mit weiteren demokratischen Klubs, Versammlungen und Sektionen in Paris und in einigen anderen Städten wurden diese von der Revolution hervorgebrachten neuen, demokratischen Organisationen zu einer Form der unmittelbaren Teilnahme des Volkes am Staatsaufbau und am politischen Leben des Landes.

In diesen vielfältigen demokratischen Organisationsformen äußerte sich die Volksinitiative, verwirklichte sich die revolutionäre Schaffenskraft der Massen und ihr Einfluß auf die höchsten Machtorgane, ein Einfluß, der von unten nach oben wirkte.

Im Kampf gegen die Gironde, um die sich nach den Ereignissen vom 31. Mai bis zum 2. Juni alle Revolutionsgegner im Innern zusammenschlossen, stützte sich der «Berg» auf das Volk, namentlich die Sansculotten. Der Kampf gegen die Gironde war der Kampf der Armen gegen die Reichen. Noch vor dem Aufstand vom 31. Mai sagte Robespierre in der bereits erwähnten programmatischen Rede im Jakobinerklub am 8. Mai: «Es gibt nur zwei Klassen von Menschen: Das sind einerseits die Freunde der Freiheit und Gleichheit, die Beschützer der Unterdrückten, die Freunde der Armen, und anderseits die Anhänger eines auf unrechtem Wege erworbenen Reichtums und der tyrannischen Aristokratie.» Die Jakobiner waren «die Freunde der Armen». Robespierre betonte seine grundsätzliche Treue zur Armut. «Ich könnte ebenfalls meine Seele für den Reichtum verkaufen», sagte er in derselben Rede. «Im Reichtum sehe ich aber nicht nur den Lohn für das Verbrechen, sondern auch die Strafe für das Verbrechen, und ich will arm sein, um nicht unglücklich zu werden.» In diesen Worten kommt das ganze weltanschauliche System des Jakobinertums und seines Führers Robespierre zum Ausdruck.

Den Krieg gegen die «Reichen und die Tyrannen», gegen die Gironde und die Armeen der europäischen Mächte konnte und mußte die jakobinische Republik als einen Volkskrieg führen.

Auf Verlangen der Massen von Paris setzte der Konvent Anfang September «den Terror auf die Tagesordnung» und erweiterte die Befugnisse des Revolutionstribunals. Fortan richtete sich der revolutionäre Terror nicht nur gegen Revolutionsfeinde und Verdächtige, sondern auch gegen Schieber, Hamsterer und gegen jene, die das Gesetz über die Höchstpreise verletzten.

Gedrängt von den Sansculotten, die unter dem Lebensmittelmangel litten, erließ der Konvent nach einigem Zögern das Dekret über das allgemeine Maximum, das für alle lebenswichtigen

Nahrungsmittel Preisgrenzen festsetzte. Diese soziale Gesetzgebung, die den Sansculotten zum Vorteil gereichte, erforderte vom Staat eine strenge Kontrolle der Verteilung und des Handels, aber auch der Wirtschaftstätigkeit. Die gelenkte Wirtschaft brauchte der Konvent zugleich, um die schnell wachsende Armee zu versorgen, zu bewaffnen und auszurüsten.

Die Staatsgewalt bedurfte jedoch auch in politischer Hinsicht der Festigung. Der erbitterte Bürgerkrieg, die unerläßliche Abwehr der wütenden Angriffe und Komplotte der unzähligen Feinde geboten eine völlig andere Organisation der Staatsmacht. Es galt nicht nur, die vielen, aus allen Richtungen geführten Angriffe abzuwehren, sollte die Republik gerettet werden. Es galt gleichfalls, vernichtende Gegenschläge zu führen, um die Feinde nach und nach zu bezwingen. Dessen war eine Regierung, die entsprechend der Verfassung handelte, nicht fähig. Es war vielmehr eine starke Zentralgewalt nötig, die sich auf die breitesten Volksmassen stützte und über ein Staatsorgan verfügte, das mit uneingeschränkten Vollmachten versehen und dessen Autorität unanfechtbar war. Das konnte nur eine revolutionär-demokratische Diktatur sein.

Das Leben selbst hat das System der revolutionär-demokratischen Jakobinerdiktatur, die sich auf die weitverzweigten Revolutionsausschüsse und Volksgesellschaften stützte, hervorgebracht. Ihr höchstes Organ bildete der autoritäre Wohlfahrtsausschuß.

Diese neue revolutionäre Macht, hervorgegangen aus dem Schöpfertum der Volksmassen während des Bürgerkrieges, verlangte selbstverständlich eine theoretische Begründung. Auf sie konzentrierten mehrere Politiker der jakobinischen Regierung ihre Kräfte, vor allem Saint-Just, Barère und Billaud-Varenne. Besonders umfassend und logisch begründete jedoch Maximilien Robespierre dieses Problem der revolutionären Macht.

«Die Theorie der Revolutionsregierung ist ebenso neu wie die Revolution, die sie hervorbrachte», sagte er in seiner Rede am 25. Dezember 1793. «Man darf sie nicht in den Büchern der politischen Schriftsteller suchen, die diese Revolution nicht vorausgesehen haben.»

Worin besteht das Wesen der revolutionären Regierung? In

welchem Verhältnis steht sie zur konstitutionell-demokratischen Staatsordnung, für die die Jakobiner noch gestern gestritten hatten?

Robespierre gab darauf eine ganz klare Antwort: «Die Revolution ist der Krieg der Freiheit gegen ihre Feinde; die Verfassung ist das Regime der siegreichen und friedlichen Freiheit... Das Ziel der konstitutionellen Regierung ist die Erhaltung der Republik, das Ziel der revolutionären Regierung ist die Gründung der Republik.» Er faßt also die revolutionäre Regierungsform als eine Übergangsperiode auf.

«Der Krieg der Freiheit gegen die Tyrannei» – darin besteht das Wesen der «Revolutionsregierung». Um diesen gerechten Krieg bis zum siegreichen Ende zu führen, mußte die Revolutionsregierung im Unterschied zur konstitutionellen Regierung andere Methoden anwenden, aktiv, handlungsfähig und beweglich sein, dürfte sie sich durch keinerlei formalgerechte Beschränkungen einengen lassen.

In seiner Rede vor den Abgeordneten des Konvents am 5. Februar 1794 sagte Robespierre: «Die oberste Maxime eurer Politik muß sein, das Volk durch Vernunft zu führen und die Feinde des Volkes durch Terror zu beherrschen.» Jahrzehntelang verleumdete die reaktionäre Geschichtsschreibung Robespierre und stellte ihn als einen blutrünstigen Tyrannen hin, als ein haßerfülltes Wesen, das die Grausamkeiten des Terrors genoß und von dem die blutigen Repressalien ausgingen. Robespierre war ein aufrichtiger und überzeugter Humanist, der sich im reifen Alter gegen die Todesstrafe stellte. Er beschritt den Weg des revolutionären Terrors erst, als dieser für die Verteidigung der Republik gegen den konterrevolutionären Terror, gegen die inneren und äußeren Feinde der Revolution zu einem notwendigen Mittel geworden war.

Er sah im Terror kein besonderes Prinzip, schon gar nicht einen Selbstzweck. Er betrachtete ihn als eine vorübergehende äußerste Maßnahme, zu der die Revolutionsregierung greifen mußte, um die Revolution zu retten.

«Der Terror ist nichts anderes als das schlagfertige, unerbittliche unbeugsame Recht, er ist somit ein Ausfluß der Tugend, er ist weniger ein besonderes Prinzip als ein Produkt des allgemeinen Prinzips der Demokratie, das auf die dringendsten Bedürfnisse des Vaterlandes angewendet wird», sagte er in derselben Rede vom 5. Februar 1794.

Bis an sein Lebensende blieb Robespierre ein aufrichtiger Bewunderer Rousseaus, ihn hielt er für den eigentlichen Begründer der Revolutionstheorie. Er billigte dessen «Gesellschaftsvertrag» und andere politische Werke ebenso wie «Die neue Héloise», «Émile» und die «Bekenntnisse». Robespierre entwickelte sich zu einem überzeugten Anhänger der egalitaristischen Konzeptionen Rousseaus. Auch sein literarischer Stil zeugt von dem Einfluß Rousseaus.

Robespierre schätzte den ganzen Rousseau, selbst die Sentimentalität. Aber seine eigene geschichtliche Größe bestand ja eben darin, daß er den Autor des «Gesellschaftsvertrages» nicht nur zaghaft nachahmte, sondern dessen abstrakte politische Ideen in revolutionäres Handeln umsetzte. Wo sich Rousseaus Anschauungen ins Verschwommene verloren, ging Robespierre unerschrocken voran. Er überprüfte den Wahrheitsgehalt der Ideen seines Lehrers in der Praxis, und die rauhe Wirklichkeit lehrte ihn weit mehr, als er den Büchern Jean-Jacques' entnehmen konnte. Von Tag zu Tag wuchs er über diesen Mann hinaus, den er nach wie vor seinen Lehrer nannte.

Die Jakobiner, voran Robespierre, befreiten den Rousseauismus von der ihm eigenen Beschaulichkeit und Schwärmerei ebenso wie von dessen nebelhafter, pessimistischer Färbung.

«Möge Frankreich, das ehemals bei den versklavten Ländern hoch berühmt war, das heute den Ruhm aller bestehenden Völker überstrahlt, möge Frankreich das Vorbild der Nationen werden, der Schrecken der Bedrücker, der Trost der Unterdrückten und die Zierde des Weltalls; könnten wir, die wir unser Werk mit unserem Blut besiegeln, wenigstens die Morgenröte der Weltglückseligkeit aufschimmern sehen», sagte Robespierre im Februar 1794.

Dieses «goldene Zeitalter» der Menschheit war nach Robespierres Überzeugung nicht mehr fern, sondern greifbar nahe. Das Volk mußte seine letzten Kräfte anspannen, fest zusammenstehen und mit geballter Wucht die Feinde niederwerfen. Es blieb, die Interventen zu verjagen, die innere Konterrevolution niederzukämpfen und die letzten Verschwörer und Verräter auf die Guillotine zu schicken. Sodann werde das siegreiche Volk die ersehnte Welt der Freiheit und Gleichheit, der Gerechtigkeit und des Glücks erlangt haben.

Die Revolution, deren Kräfte unerschöpflich sind, ist unbesiegbar. Niemand vermag sich ihr zu widersetzen. Sie ist imstande, jeden beliebigen Feind zu vernichten.

So lautete Robespierres unerschütterlicher Standpunkt, den er aus den Lehren der Revolution gewonnen hatte. Er gab ihm nicht nur Furchtlosigkeit ein, sondern auch die Überzeugung der Richtigkeit seiner Sache und die unbeugsame Entschlossenheit, zu handeln.

Den Zeitgenossen, insbesondere den Feinden der Revolution, allen, die später versuchten, die rätselhafte Geschichte der Ersten Republik zu verstehen, glich der unvorstellbare, überraschende, fast unerklärbare Sieg des jakobinischen Frankreich über seine zahlreichen äußeren und inneren Feinde einem Wunder. Es geschah in ganz kurzer Zeit, in nur zwölf, dreizehn Monaten.

Die jakobinische Republik, die im Sommer 1793 jeden Augenblick unter den Schlägen der von allen Seiten angreifenden Feinde zu fallen schien, die von Blockade, Intervention und konterrevolutionärem Aufruhr umgeben, von Hunger ausgezehrt und von ihren Feinden totgesagt war, die Waffen und Pulver brauchte, hielt den erbitterten Angriffen nicht nur stand. Sie warf die Aufstände im Innern nieder, ging zum Angriff vor, bezwang alle ihre Gegner und stieg zur stärksten Macht Europas auf.

Im Verlauf eines Jahres – in einer historisch sehr kurzen Zeit – löste die Jakobinerdiktatur die vordringlichsten Aufgaben der Revolution. Sie beseitigte den Feudalismus so vollständig, wie es im Rahmen einer bürgerlich-demokratischen Revolution möglich war. Sie formierte vierzehn Armeen, die sie gleichsam aus dem Boden stampfte und mit modernen Waffen ausrüstete. An ihre Spitze stellte sie begabte Heerführer, die aus dem einfachen Volk hervorgegangen waren und eine neue, revolutionäre Taktik in der Kriegführung anwandten. In der Schlacht bei Fleurus besiegte die

Armee der Republik die Interventionstruppen am 26. Juni 1794, vertrieb sie aus Frankreich und bannte somit die Gefahr einer Restauration der feudalen Monarchie. Das Gebiet der Republik war überall frei von Feinden, die innere Konterrevolution der Gironde, der Vendée und der Royalisten niedergeworfen oder zur Untätigkeit gezwungen.

Robespierre und die anderen Jakobinerführer hatten die kühnsten Versprechungen erfüllt. Allem Anschein nach ging die Revolution ihrem Ende entgegen; ihr würde das von den Führern der Revolution vorausgesagte Reich der Freiheit, Gleichheit und Brüderlichkeit folgen. Aber es war eigenartig: Je mehr sich die Revolution ihrem Höhepunkt näherte, je größer die Anzahl ihrer Feinde war, die unter ihren Schlägen stürzte, desto schwächer wurde die jakobinische Republik, die nach außen so mächtig schien, im Innern.

Eine Woche nach dem glänzenden Sieg bei Fleurus, der ganz Europa aufhorchen ließ, sagte Maximilien Robespierre in seiner Rede im Jakobinerklub am 1. Juli 1794: «Über die Blüte eines Staates wird weniger nach seinen äußeren Erfolgen geurteilt als vielmehr nach seiner glücklichen inneren Lage. Wenn die Cliquen sich erfrechen und wenn die Unschuld erzittert, bedeutet es, daß die Republik auf keinem festen Fundament errichtet wurde.»

Dieser Anflug von Hoffnungslosigkeit, Erbitterung und Enttäuschung, der in den Ansprachen Robespierres im Sommer 1794 immer deutlicher hervortritt, ist verständlich und erklärbar: Robespierre spürte bereits, daß der Sieg, durch gewaltige Opfer des Volkes erkauft, sich von den Jakobinern abwandte, ihnen entglitt.

Robespierre, aber auch seine Mitstreiter und alle, die aktiv an der Revolution mitgewirkt hatten, sahen in der titanischen, fünf Jahre währenden Schlacht einen Kampf für Freiheit und Unabhängigkeit, für Gleichheit und Brüderlichkeit, für die Menschenrechte und für das allgemeine Glück auf Erden, wie es in der «Erklärung der Menschen- und Bürgerrechte» aus dem Jahre 1793 hieß.

Wenn Robespierre trotz seines Scharfblicks weiterhin an den Anbruch einer glücklichen Zeit glaubte, in der die Tugend triumphierte, so entsprang das keineswegs seiner Naivität oder Verträumtheit. Als Politiker stand er auf der Höhe des fortschrittlichen gesellschaftlichen Denkens seiner Zeit. So dachte nicht nur er, so dachten alle großen Geister des 18. Jahrhunderts. Sie standen an der Spitze einer Revolution, die ihnen als ein großer Befreiungskrieg im Namen der Wiedergeburt der ganzen Menschheit vorschwebte. Ihnen blieb verborgen, ja sie konnten sich nicht einmal vorstellen, daß sie in Wirklichkeit einer bürgerlichen Revolution vorangingen.

Widersprüche und Fehler, die sich bei Robespierre bereits in den ersten Jahren der Revolution gezeigt hatten, wirkten sich nun – im Verlauf der Jakobinerdiktatur – wesentlich schwerwiegender und unheilvoller aus. Diese Irrtümer, Widersprüche und Fehler rührten weniger aus persönlichen Schwächen Robespierres her, sondern vielmehr aus dem Klassencharakter der Revolution. Robespierre war sich nicht klar bewußt, Führer einer bürgerlichen Revolution zu sein. Diese Tatsache bedingte seine Irrtümer und Fehler, darin bestand seine persönliche Tragödie.

Seit der Zeit, da die Revolution ihre Hauptgegner vernichtet und der ganzen Welt durch eine Reihe glänzender Siege ihre Unbesiegbarkeit bewiesen hatte, spürte Robespierre deutlich, wie das Staatsruder, das sich bis dahin seiner starken Hand so willig gefügt hatte, ihm den Gehorsam verweigerte.

Die Jakobinerdiktatur hatte die Aufgaben, die vor einer bürgerlich-demokratischen Revolution standen, mit plebejischen Methoden gelöst. Sobald jedoch ihre Feinde niedergerungen und die unmittelbare Gefahr einer Restauration des Absolutismus abgewendet waren, sie folglich ihre Hauptaufgaben erfüllt hatte, brachen die Widersprüche, die der Jakobinermacht innewohnten, auf.

Die Jakobiner verkörperten keine klassenmäßig und politisch homogene Kraft. Sie hatten vielmehr verschiedenartige Klassenkräfte zu einem Block verbunden. Sie wirkten so lange geschlossen und solidarisch zusammen, wie der Kampf auf Leben und Tod gegen die feudale Konterrevolution andauerte. Dieser unerbittliche und langwierige Kampf gegen die vereinte innere und äußere Konterrevolution zwang die Regierung der Jakobiner, die sich vorwiegend auf die Kräfte des Volkes stützte und deren Einfluß damals schlagartig gewachsen war, eine harte Restriktionspolitik gegenüber der Bourgeoisie zu betreiben.

Diese Politik, die auch repressive Züge trug, war ein Gebot der Zeit. Ohne die angespannte Versorgungslage wäre es nicht zu den Gesetzen über das Maximum gekommen. Sie wurden ebenso wie der revolutionäre Terror unter dem Zwang der Ereignisse beschlossen. Es wäre jedoch falsch anzunehmen, die Revolutionsregierung habe sich nur vom Gebot der Zeit leiten lassen und ihre Handlungen lediglich von den jeweiligen Tagesaufgaben abgeleitet.

Robespierre, Saint-Just und Couthon, ihre Kampfgefährten und Gesinnungsgenossen, waren Anhänger Rousseaus, also auch Anhänger seiner egalitaristischen Ideen. Diese Linie, die sie bewußt verfolgten, trat in der Politik der Revolutionsregierung deutlich zutage.

Robespierre wies den Gedanken zurück, die Vermögen einander anzugleichen. Er hielt ihn für unerfüllbar, seine Verbreitung für schädlich. Aus demselben Grund lehnte er das sogenannte Ackergesetz, das eine Aufteilung des Grund und Bodens in annähernd gleiche Parzellen vorsah, ab. Ebenso stellte er sich der von Jacques Roux gepredigten und viel diskutierten Idee entgegen: «Die Sichel der Gleichheit muß über den Köpfen der Reichen schwingen!»

Robespierre hielt es jedoch für notwendig, extreme Fälle von Ungleichheit des Privateigentums zu beseitigen. Von dieser Maßnahme versprach er sich eine wohltuende Wirkung.

Im Besitz der Macht, suchten er und seine Gesinnungsfreunde, ihr egalitaristisches Programm in die Tat umzusetzen.

Die Zwangsanleihe in Höhe von einer Milliarde, die Steuern, die sie den Reichen auferlegten, die bereits erwähnten demokratischen Bodengesetze, einschließlich des Verkaufs der Nationalgüter, die Einschränkung des Erbrechts, die Anwendung des Terrors gegen die Schieber und gegen jene, die sich nicht an das Maximum hielten, und schließlich die berühmten Ventôse-Dekrete dienten der von Robespierre geleiteten Revolutionsregierung dazu, ihre egalitaristischen Ziele, die das «Reich der ewigen Gerechtigkeit» errichten sollten, zu verwirklichen.

Saint-Justs erste Rede über die Ventôse-Dekrete enthält einen bemerkenswerten Satz: «Diejenigen, die Revolutionen nur halb durchführen, haben lediglich ihr Grab gegraben.» Darin kommt die prinzipielle Bedeutung der Ventôse-Dekrete vollkommen zum Ausdruck. Saint-Just entwickelte sich unter dem ideologischen Einfluß Robespierres, dessen treuester Kampfgefährte er war, zum Politiker. In seinen Ansichten über die Zukunft der Republik widerschienen ohne Zweifel auch die Ansichten des «Unbestechlichen».

Aber die von der Revolutionsregierung tatkräftig betriebene Politik des Egalitarismus führte die Republik keineswegs zum «Glück der Tugend und des bescheidenen Wohlstands». Die «Idee der Gleichheit ist der vollständigste, konsequenteste und entschiedenste Ausdruck der bürgerlich-demokratischen Aufgaben», schrieb W. I. Lenin. «... Die Gleichheit bringt nicht nur ideell die umfassendste Verwirklichung der Voraussetzungen des freien Kapitalismus und der Warenproduktion zum Ausdruck. Auch materiell, auf dem Gebiete der ökonomischen Beziehungen in der aus Leibeigenschaftsverhältnissen hervorgehenden Landwirtschaft, ist die Gleichheit der Kleinproduzenten die Voraussetzung für die breiteste, umfassendste, freieste und rascheste Entwicklung der kapitalistischen Landwirtschaft.»

Den Jakobinern und ihrem Führer Robespierre gelang es nicht, ihre egalitaristischen Pläne in allen Teilen zu verwirklichen und eine Republik der «Gleichheit der Kleinproduzenten» zu gründen.

Unabhängig von ihrem Willen bereitete ihre Politik den Boden für Frankreichs weiteren Entwicklungsweg: Sie befreite das Land von allen Hindernissen, die dem Wachstum der Bourgeoisie und der Durchsetzung kapitalistischer Verhältnisse entgegenstanden. Die gesamte Bestrafungs- und Restriktionspolitik der Jakobinerdiktatur vermochte die Großbourgeoisie indes nicht zu hindern, ihre wirtschaftliche Macht auszuweiten, so hart die Jakobiner auch einzelne Männer der Großbourgeoisie, Spekulanten und Wucherer straften, so gebieterisch sie auch in die Verteilung der Güter eingriffen. Ungeachtet ihres Kampfes gegen die Schieber, ungeachtet ihrer harten Restriktionspolitik wuchs eine neue Spekulantenbourgeoisie heran. Sie raffte ein gewaltiges Vermögen zusammen, indem sie die Armee versorgte, Grund und Boden weiterverkaufte, auf das Papiergeld spekulierte oder Lebensmittel verschob.

Solange Frankreich der Sieg der Interventionsarmeen, die Wiedererrichtung der alten, feudalabsolutistischen Herrschaft drohte, war die an die Revolution gebundene Bourgeoisie gezwungen, die strafende Hand der Jakobinerdiktatur zu erdulden. Ebenso mußte sie sich mit der wachsenden Rolle des Volkes und mit den Restriktionen abfinden, aber auch den großen Idealen der Gerechtigkeit und der Tugend die Treue schwören. Denn nur die eiserne Hand der jakobinischen «Apostel der Gleichheit» vermochte sie vor den Bajonetten der Interventen und vor der Rückkehr in die Vergangenheit zu bewahren.

Sobald aber die Gefahr der Restauration gebannt war, begannen die Bourgeoisie und mit ihr alle Eigentümer, die sich von den Beschränkungen der Jakobinerdiktatur unterdrückt fühlten, nach Mitteln zu suchen, sie zu beseitigen.

Nach der Bourgeoisie rückten auch die Großbauern nach rechts, bald darauf gleichfalls die Mittelbauern. Die Revolution hatte diese Schichten der Bauern zwar von der Fronarbeit und den Feudalabgaben befreit, ihnen Grund und Boden gegeben und ihnen somit den Weg zur weiteren Bereicherung geebnet, aber sie hinderte sie daran, die Früchte des Erworbenen zu genießen. Das System von Festpreisen, ebenso die Requirierung von Getreide lösten auf dem Land große Unzufriedenheit aus.

Die Abwendung der Bourgeoisie und der Mehrheit der besitzenden Bauernschaft von der Jakobinerherrschaft bedeutete faktisch die Herausbildung konterrevolutionärer bürgerlicher Kräfte im Lande.

Robespierre und die Revolutionsregierung wehrten sich gegen eine schier unüberwindliche Kraft, gegen eine Hydra, der anstelle eines abgeschlagenen Kopfes sofort mehrere neue nachwuchsen.

Das Revolutionstribunal strafte mehr denn je. Prozesse gegen Schieber und gegen jene, die dem Gesetz über das Maximum zuwider handelten, wurden mit zunehmender Schnelligkeit geführt. In den meisten Fällen war ihr Ausgang vorherbestimmt: Tod durch die Guillotine. Gleichwohl wuchs der Widerstand gegen die Revolutionsregierung von Tag zu Tag. Und er blieb nicht auf die Kräfte beschränkt, die nicht der Revolutionsregierung angehörten. Er äußerte sich – wenn auch vorerst nur versteckt – bereits im Konvent, ja sogar im Wohlfahrts- und noch stärker im Sicherheitsausschuß.

Auf wen konnte sich die von Robespierre geführte Revolutionsregierung stützen? Auf das städtische Plebejertum? Auf die Dorfarmut? Auf jene gesellschaftlich niederen Schichten, die heutzutage gern als linke Kräfte bezeichnet werden? W. I. Lenin antwortete auf diese Fragen mit der bemerkenswerten Feststellung, daß der «... Konvent zu großzügigen Maßnahmen ausholte, für deren Durchführung er aber nicht den nötigen Rückhalt hatte, ja nicht einmal wußte, auf welche Klasse er sich bei der Durchführung dieser oder jener Maßnahme stützen sollte».

Robespierre und die Jakobiner waren groß und mächtig, als sie das Volk um sich scharten und es zum Kampf gegen die gefährliche feudale Konterrevolution und die bürgerliche Aristokratie führten. Ihre Schläge behielten ihre furchterregende Kraft, als sie an der Spitze des Volkes mit der Revolution voranschritten und gegen die Großbourgeoisie und die Gironde kämpften.

Die Politik der jakobinischen Regierung, insbesondere deren sozialökonomische Seite, die seit dem Frühjahr 1794 bei den besitzenden Schichten Unzufriedenheit hervorrief, stellte bis zu einem gewissen Grade selbst die Plebejer, ja ihre gesamte demokratische Basis nicht zufrieden. Das Maximum war eine Maßnahme, die in erster Linie den Sansculotten und den besitzlosen städtischen Massen zugute kommen sollte. Die Jakobiner dehnten das Maximum jedoch gleichermaßen auf die Löhne der Arbeiter aus und setzten das arbeiterfeindliche Gesetz Le Chapelier in Kraft. Sie mißachteten damit ernsthaft die Bedürfnisse der Arbeiter, die aus ihrer Unzufriedenheit über diese Gesetze kein Hehl machten. Mit den steigenden Lebenshaltungskosten nahm diese Unzufriedenheit noch zu. Auch die Agrarpolitik der jakobinischen Regierung zielte nicht dahin, die schwere Lage der Dorfarmut zu verbessern und deren Interessen zu wahren. Diese Zuspitzung der Widersprüche im Jakobinerblock führte unvermeidlich zu einem Kampf innerhalb seiner Reihen und rief die Krise der Jakobinerdiktatur hervor.

Gezwungenermaßen mußte Robespierre zur Kenntnis nehmen, wie mit den von der Revolution errungenen neuen Siegen neue Hindernisse auf ihrem Weg erwuchsen. Je näher er sich dem ersehnten Ziel glaubte, um so weiter entrückte es.

Die Revolution schien alles denkbar Mögliche getan zu haben, um die «natürliche Rechtsgleichheit» des Menschen herzustellen; sie bezwang alle, die sie untergruben und die Tugend auf verbrecherische Art und Weise mit Füßen traten. Robespierre erkannte, daß mit der Fortführung der Revolution die Menschen nicht besser wurden und die Zahl der Feinde der Republik nicht abnahm, sondern von Tag zu Tag wuchs. Jetzt entbrannte der Kampf in den Reihen des jakobinischen Blocks. Es galt, den Menschen entgegenzutreten, die gestern noch Waffengefährten, wie Camille Desmoulins, persönliche Freunde gewesen waren.

Für Robespierre, den ein unbeugsamer Wille und ein integrer Charakter auszeichneten, stellten die heraufziehenden Bilder der Vergangenheit kein unüberwindliches Hindernis dar.

In seinem Entwurf zu den «Notizen gegen die Dantonisten», der sich von der gewohnten formalen Anschuldigung des Revolutionstribunals wesentlich unterschied, fällt besonders sein Versuch auf, das Wesen Dantons zu ergründen. In diesen Notizen spricht Robespierre verhältnismäßig wenig von den Taten und Handlungen Dantons. Er geht jedoch auf Einzelheiten ein, die auf den ersten Blick als unbedeutend erscheinen. So schreibt er zum Beispiel: «Das Wort ‹Tugend› reizte Danton zum Lachen. ‹Es gäbe keine bessere Tugend›, sagte er im Scherz, ‹als jene, die er alle Nächte mit seiner Frau übte.›» Robespierre, für den das Wort «Tugend» geheiligt war, bemerkte darauf mit deutlicher Entrüstung: «Wie konnte ein Mann, dem jede Regung von Moral fremd war, der Verteidiger der Freiheit sein?»

Weiter stellt Robespierre fest: «Das Geheimnis seiner Politik deckte Danton selbst mit folgenden bemerkenswerten Worten auf. ‹Was unsere Sache schwächt›, sagte er einem wahren Patrioten, dessen Gefühle er angeblich teilte, ‹das ist die Härte unserer Grundsätze, die auf viele Leute abschreckend wirkt› ...»

Wohl war Robespierre nicht imstande, eine klassenmäßige Definition der Politik Dantons zu geben. Intuitiv kam er aber der Wahrheit nahe, als er in Dantons Politik die Unzufriedenheit mit der «Härte unserer Grundsätze» für das Wichtigste hielt. Die Unzufriedenheit mit den Prinzipien des Jakobinertums war jenes Element, das alle einte, die sich von der revolutionär-demokratischen Diktatur unterdrückt fühlten. Sie beeilten sich nun, mit diesen «hohen Prinzipien» Schluß zu machen und so schnell wie möglich über die irdischen Güter herzufallen.

Im Bewußtsein seiner völligen Hoffnungslosigkeit, jedoch unerschrocken und unendlich gleichgültig gegenüber dem Tod, bewertete Robespierre das fremde Leben nicht höher als sein eigenes. Er schickte auf die Guillotine oder, um vorsichtiger und genauer zu sein, bestimmte im voraus gemeinsam mit allen Mitgliedern des Wohlfahrts- und Sicherheitsausschusses die Hinrichtung Dantons, Desmoulins', Philippeaux' und anderer Personen, die Anfang April zum Tode verurteilt worden waren.

Als Robespierre Danton und Desmoulins, den er anscheinend nach wie vor liebte, in den Tod schickte, hoffte er, mit ihnen zusammen die gesamte «Fraktion» vernichtet zu haben, der all jene angehörten, die auf die Tugend, auf die geheiligten Prinzipien des «Berges» einen Anschlag verübt hatten.

Er zeigte sich indes außerstande – und darin bestand seine Tragödie –, jene sofort zu erkennen oder richtig einzuschätzen, die hinter diesen Schatten standen. Ihm schien zunächst, es handele sich um einige Dutzend Abtrünniger und Intriganten, die den Grundsätzen der politischen Moral untreu geworden waren. In Wirklichkeit stellte sich allerdings heraus, daß zahlreiche feindliche Kräfte von allen Seiten, einer unüberwindbaren Lawine gleich, gegen die Revolution anrannten. Die kraftstrotzende Bourgeoisie schoß aus allen Spalten des französischen Bodens hervor, den der jakobinische Pflug von Unkraut gesäubert hatte. Keine Kraft wäre in der Lage gewesen, diesen Prozeß aufzuhalten.

Die Revolutionsregierung schlug aber nicht nur nach rechts, sondern auch nach links. Noch Ende Sommer/Anfang Herbst 1793 gingen die Jakobiner geschlossen gegen die «Wütenden», die äußerste Linke in der Revolution, vor. Im März 1794 zerschlug die Revolutionsregierung die «Hébertisten», die aus den Reihen der linken Jakobiner hervorgegangen waren, sodann nahm sie den entscheidenden Kampf gegen die Dantonisten auf. Diese «Hébertisten» setzten sich aus Vertretern unterschiedlichster Anschauungen zusammen. Als sie den Versuch eines Aufstandes unternahmen, fanden sie bei den Sansculotten keinen Rückhalt. Doch der Schlag gegen die «Hébertisten» richtete sich auch gegen die Cordeliers. Wenige Tage nach der Hinrichtung Dantons wurde Chaumette, der namhafteste Vertreter der linken Jakobiner, vor das Revolutionstribunal gestellt und anschließend enthauptet, obwohl er die Aktionen der «Hébertisten» nicht unterstützt hatte. Bald danach setzte die «Säuberung» der Pariser Commune von dessen Anhängern ein.

In den Reden jener Zeit nannte Robespierre sowohl die Dantonisten als auch die linken Jakobiner Auszweigungen ein und derselben revolutionsfeindlichen Gruppierung: «... Die eine der beiden Parteien treibt uns zu allzu großer Nachsicht, die andere verleitet uns zu Ausschreitungen ... Die einen nannte man die Gemäßigten; der Name ‹Ultrarevolutionäre›, den man den anderen gab, ist vielleicht mehr ein geistvoller Einfall als folgerichtig. Sie sind Diener ein und desselben Herrn oder – wenn ihr wollt – Spießgesellen, die vorgeben, miteinander in Streit zu liegen, um ihre Verbrechen desto besser tarnen zu können. Erkennt sie, nicht an der verschiedenen Sprache, sondern an den gleichen Früchten ihrer Taten.»

Robespierre bekundete die ihm eigene Weitsicht und erriet die hinter grellen revolutionären Farben versteckte heimliche Verwandtschaft des verlogenen Fouché, der korrupten Kreaturen vom Schlage eines Tallien, Barras, Fréron und ihresgleichen mit den Gemäßigten. Das waren die Spione der angreifenden Armee der neuen Bourgeoisie, die sich auf verschiedene Art und Weise tarnten. Robespierre hatte recht und wirkte ohne Zweifel im Interesse der Revolution, wenn er sich gegen extremistische Terroristen stellte, deren sinnlose Grausamkeit der Revolution unermeßlichen Schaden zufügte. Er zeigte sich staatsmännisch weise, als er die Politik der Entchristlichung verurteilte, die von Hébert, Chaumette und anderen Jakobinern gewaltsam durchgesetzt wurde und bereits früher eine gefährliche Unruhe unter der Bauernschaft hervorgerufen hatte.

Zugleich beging Robespierre einen Fehler, indem er sich weigerte, linke politische Kräfte anzuerkennen, die außerhalb der Revolutionsregierung standen. Solche Kräfte waren jedoch vorhanden und spielten eine wichtige Rolle in der Revolution. Sowohl Chaumette, dessen Anhänger und Männer gleich Momoro als auch einfache Mitglieder der Pariser Commune standen links von der Revolutionsregierung unter Robespierre und stützten die linke Flanke der Jakobinerdiktatur.

Die gleiche Widersprüchlichkeit, die gleichen Fehler prägten auch die Sozialpolitik der Jakobiner. Die bereits erwähnten Ventôse-Dekrete waren weder ein «Programm der neuen Revolution» noch ein taktisches Manöver. In ihnen spiegelten sich die egalitaristischen Bestrebungen von Robespierre, Saint-Just und anderen jakobinischen Anhängern Rousseaus wider, die den Wunsch der Volksmassen nach Gleichheit zum Ausdruck brachten.

Wären sie verwirklicht worden, hätten sie die Anzahl der Eigentümer aus den Reihen der Besitzlosen vergrößert und folglich die demokratische Basis der Revolution erweitert. Ihre Verwirklichung hätte einen bestimmten Teil der Konterrevolution bis zu einem gewissen Grade wirtschaftlich und politisch entmachtet. Ihre Durchsetzung hätte letzten Endes nichts am allgemeinen Verlauf des Geschehens geändert. Gleichwohl besaßen sie eine große politische Bedeutung.

Merkwürdigerweise stießen sie nicht nur bei breiten Schichten der Bourgeoisie und der wohlhabenden Bauernschaft auf Ablehnung, ja Feindseligkeit. Sie riefen auch den Widerstand der meisten Konventmitglieder und des Regierungsapparates im Zentrum und an der Basis hervor. Sie wurden nicht durchgesetzt, obwohl schon Monate ins Land gegangen waren.

Warum gebrauchte die revolutionäre Diktatur nicht ihre starke Machtposition, um diese vom Konvent beschlossenen Dekrete in Kraft zu setzen? Warum zeigten sich bei Robespierre, der im allgemeinen bei der Erreichung seiner Ziele hart und unbeugsam war, Unsicherheit und Schwäche? Warum entschloß er sich nicht, den Widerstand gegen die Ventôse-Dekrete zu brechen?

Der durch sie eröffnete Weg zur weiteren sozialen Vertiefung der Revolution wurde aufgegeben. Niemand verurteilte oder verwarf ihn; niemand ließ Zweifel an seiner Richtigkeit laut werden, doch man verließ ihn stillschweigend.

Robespierre suchte nach einem anderen Weg. Am 7. Mai 1794 hielt er im Konvent eine große Rede zugunsten des Kults des «Höchsten Wesens». Die Idee des «Höchsten Wesens ... ist ... sozial und republikanisch», sagte Robespierre. Der Kult des «Höchsten Wesens» war ein Versuch, die Nation auf dem Boden einer neuen staatlichen, republikanischen Religion zusammenzuschließen.

Diese Rede schrieb er offensichtlich mit Begeisterung. In leidenschaftlicher Zuversicht sagte er: «Und ihr Gründer der französischen Republik, hütet euch, die Menschheit verlorenzugeben oder am Erfolg eures erhabenen Werkes zu zweifeln. Die Welt hat sich verändert, sie wird sich noch weiter verändern müssen.»

Robespierre beschwor das Bild der gewaltigen Umgestaltung herauf, die von der Französischen Revolution, vom französischen Volk vollbracht worden war. Er appellierte an die Gefühle des patriotischen Stolzes: «Das französische Volk ist, so scheint es, dem übrigen Menschengeschlecht um zweitausend Jahre vorausgeeilt.» Beinahe mit Inbrunst sprach er von Frankreich, diesem wunderbaren Land, das die Sonne liebkose und das für die Domäne der Freiheit und des Glücks geschaffen schien. Er erinnerte an die große, von der Geschichte auferlegte Mission, an die ehrenhafte und ruhmreiche Verantwortung eines jeden Patrioten. Er warnte vor der Gefahr, die von der Unmoral ausgehe, die der Tugend das Schicksal der Erde streitig mache. Er rief zum Kampf gegen ihren zersetzenden Einfluß auf und verlangte Zivilcourage. «Befragt nur das Wohl des Vaterlandes und die Interessen der Menschheit!»

Doch an wen richtete Robespierre diese Worte? An die Versammlung der Konventabgeordneten, die, ihre Augen vor dem Redner verbergend, ihm stürmisch Beifall spendeten? Etwa an Tallien und Barras, die Prokonsuln von Bordeaux und Toulon, diese bestechlichen Kreaturen, die die Konterrevolution in Strömen von Blut ertränkten, um es in Gold zu verwandeln? An den heimtückischen Fouché, dieses politische Chamäleon, diesen gestrigen «Hébertisten» und künftigen Polizeiminister Napoleons? An den Marquis Rover de Fonvielle, den käuflichen Überläufer aus dem Lager der Aristokratie, diesen zynischen, unmoralischen Mann, der mit seiner Anbiederung versuchte, die Führer der Sansculotten seine Vergangenheit vergessen zu machen, und der seinen grausamen und blindwütigen Terrorismus unter extrem revolutionären Farben verbarg, unter deren Schutz er während des Kampfgetümmels marodierte und seine Opfer beraubte? An Marie-François Laporte, der sich als treuer Diener und Soldat des jakobinischen Blocks, als offenherziger Vollstrecker des Willens des Konvents aufspielte und später – in den Jahren 1796/97 – überführt wurde, mehr als zwanzig Millionen Livres an sich gerissen zu haben? An Fréron, einen Dieb am Staatseigentum und Mörder, den künftigen Bandenführer der Jeunesse dorée – der Goldenen Jugend? An Merlin de Thionville, der von einer fürstlichen Villa träumte? An den alten Raben Sieyès, der seinen Schnabel hielt und auf seine Stunde wartete?

Das «Wohl des Vaterlandes», die «Menschlichkeit», die «Tugend» waren leere Worte für all diese Thermidorianer von morgen, diese Neureichen, die sich in den Jahren der Revolution die Taschen vollgestopft hatten und nun nach dem Genuß der Güter gierten, die ihnen so mühelos zugefallen waren.

Sie hatten inzwischen ihre Stärke erkannt; dieser Heroismus, diese Appelle an Ehre und Tugend waren ihnen nun zuwider. Mit flüchtigen Blicken verständigten sie sich, applaudierten Robespierre stehend und stimmten einmütig dem Kult des «Höchsten Wesens» zu, wohl wissend, daß ihre Stunde noch nicht gekommen war.

Am 8. Juni fanden in Paris in den Gärten der Tuilerien und danach auf dem Marsfeld Feierlichkeiten zu Ehren des «Höchsten Wesens» statt. Die Grünanlagen in den Tuilerien waren mit allegorischen Figuren geschmückt, die der berühmte David entworfen hatte. Robespierre, vier Tage zuvor vom Konvent einmütig zu seinem Präsidenten gewählt, bestieg im himmelblauen Frack und mit einem großen Strauß von Ähren, Mohn und Kornblumen in der Hand die Rednertribüne und wandte sich im Namen der Revolution mit einer kurzen Ansprache an das Volk.

«Republikanische Franzosen, an euch ist es, die Erde zu säubern, die sie besudelt, und die Gerechtigkeit auf sie zurückzuholen, die sie von ihr verbannt haben.»

Die einfachen Menschen, die Robespierre vertrauten, klatschten und riefen: «Es lebe die Republik!» Es schien, als sei die Revolutionsregierung stärker denn je und ihre Stellung unerschütterlich.

Das war jedoch eine Illusion. Zwar schickten die Klubs der Hauptstadt und der Provinz Grußadressen an den Konvent, in denen sie dem tugendhaften Kult des «Höchsten Wesens» zustimmten. Aber man durfte sich von ihnen nicht täuschen lassen. Das Polizeibüro des Wohlfahrtsausschusses, das Saint-Just leitete, erhielt über seine Agenten und Vertrauensleute anderslautende Informationen: Das Volk begegnete dem Kult des «Höchsten Wesens» kühl, überwiegend sogar feindselig.

Anders konnte es gar nicht sein. Versuche, die Lösung großer sozialer Fragen durch Reden, Dekrete und Manifestationen religiösen und halbreligiösen Charakters zu ersetzen, waren von vornherein zum Scheitern verurteilt. Robespierres persönlicher Erfolg im Konvent und bei den Feierlichkeiten am 8. Juni in Paris konnte natürlich das für die Jakobinerdiktatur äußerst ungünstige Verhalten der Klassenkräfte weder verschleiern noch verändern.

Auch in anderer Hinsicht erwies sich der persönliche Erfolg des Unbestechlichen als Illusion. Die Sansculotten vertrauten ihm nach wie vor. Er lenkte die Geschicke Frankreichs, lebte jedoch noch immer bescheiden. Er ging zu Fuß aus, war genauso mittellos wie zu der Zeit, als er völlig unbekannt war. Das werktätige Volk wußte das zu schätzen: «Dieser Mann wird uns nicht verraten!» Aber auf den Konvent vermochte das Volk keinen Einfluß mehr zu nehmen. Während der Feierlichkeiten am 8. Juni gab es neben zustimmenden Rufen feindseliges Gemurmel. Dann folgten die Mordanschläge, die ein gewisser Admirat und Cécile Renault auf ihn verübten. Robespierre spürte den böswilligen Eifer seiner angeblichen Freunde, die absichtlich alle Ereignisse übertrieben, die mit seinem Namen verbunden waren. Es blieb nicht bei den Mordanschlägen. Um ihn zu kompromittieren, von den anderen Konventmitgliedern zu trennen und vor dem Volk lächerlich zu machen, gruben sie den Fall der halbverrückten Greisin Catherine Théot aus und bauschten ihn auf. Sie stellte Robespierre als das Vorbild für den Messias hin, der die Welt erneuern würde.

Die Erfolge der republikanischen Armee und der glänzende Sieg bei Fleurus am 26. Juni, die zuverlässige Garantien gegen eine Restauration geschaffen hatten, verstärkten das Bestreben der Bourgeoisie, mit der revolutionär-demokratischen Diktatur Schluß zu machen. Die «Apostel der Gleichheit», die Jakobiner, hatten alle Hemmnisse, die die Entwicklung der Revolution behinderten, mit eiserner Hand hinweggefegt und damit der Bourgeoisie den Weg gebahnt. Nun hatten sie ihre Schuldigkeit getan, die Bourgeoisie konnte es kaum erwarten, sie zu beseitigen.

Robespierre spürte deutlich die Gefahr, die im Innern heraufzog und merkwürdigerweise mit den äußeren Erfolgen verflochten war. In seiner Rede am 22. Prairial – dem 10. Juni 1794 – im Konvent gestand er ein: «Während die Freiheit scheinbar einen glänzenden Triumph erzielt, schmieden die Feinde des Vaterlandes noch dreistere Verschwörungen.»

Wie konnten diese Verschwörungen durchkreuzt, wie konnte die Republik geschützt werden? Welche Richtung sollte sie einschlagen? Robespierre, bisher stets bestrebt, die Prozeßnormen zum Vorteil der Verteidigung anzuwenden, entschloß sich nun bewußt zu ihrer Einengung, zur Beschneidung der Rechte des Angeklagten, um die Tätigkeit des Revolutionstribunals zu beschleunigen und den revolutionären Terror zu verstärken. Tatkräftig unterstützte er den von Couthon am 10. Juni eingebrachten Gesetzentwurf, der die Neuordnung des Revolutionstribunals und die Abkürzung des Gerichtsverfahrens vorsah.

Zum erstenmal seit dem Sturz der Gironde begegnete der Konvent dem Vorschlag des Wohlfahrtsausschusses mit schweigender Ablehnung. Zaghaft unterbreiteten Ruamps, Barère und einige andere Abgeordnete den Vorschlag, die Abstimmung über das Gesetz aufzuschieben. In scharfer Form forderte Robespierre jedoch dessen unverzügliche Verabschiedung. Daraufhin stimmte der Konvent dem Vorschlag einstimmig zu; der Entwurf vom 22. Prairial wurde zum Gesetz erhoben.

Der Terror verschärfte sich. Die vom Revolutionstribunal im Schnellverfahren gefällten Urteile hatten meistens die Todesstrafe zur Folge. In anderthalb Monaten – vom 23. Prairial bis zum 8. Thermidor – fällte das Revolutionstribunal 1 563 Urteile; 1 285 von ihnen lauteten auf Todesstrafe, lediglich 278 auf Freispruch. In den vorangegangenen fünfundvierzig Tagen waren 577 Todesstrafen verhängt, 182 Angeklagte indes freigesprochen worden.

Ohne Zweifel nahm Robespierre bedeutenden Einfluß auf die Annahme des Gesetzes vom 22. Prairial. Darauf beschränkte sich aber auch seine Mitwirkung am Terror des Sommers 1794. Die Anwendung des Prairial-Gesetzes entzog sich bereits seiner Kontrolle, und sie verlief auch nicht nach seinen Vorstellungen. Wie im Falle der Ventôse-Dekrete ahnte er, daß das Staatsruder nicht seiner Hand, sondern anderen Kräften gehorchte. Er konnte daran nichts mehr ändern noch korrigieren. Die Glut des Terrors wurde absichtlich geschürt. Dessen unheilverkündender Widerschein fiel auf Robespierre zurück. Jenen Männern, die eigentlich die strafende Hand der revolutionären Rechtsprechung treffen sollte, gelang es, die Regierungspolitik an sich zu ziehen und den Terror zu mißbrauchen, um ihre eigenen Ziele zu erreichen.

Über den revolutionären Terror gibt es zahlreiche Versionen, historische Überlieferungen und Legenden. Wohl keine andere Frage zur Geschichte der Revolution wurde so verworren behandelt oder böswillig entstellt.

Gewiß ging der revolutionäre Terror nicht von den Jakobinern aus. Er war eine unvermeidbare Antwort auf den konterrevolutionären Terror, den die Girondisten mit ihren Anhängern gegen die Jakobiner entfesselt hatten.

Nach dem Volksaufstand vom 31. Mai bis zum 2. Juni 1793 gaben sich die Jakobiner damit zufrieden, die girondistischen Führer und die ihnen nahestehenden Abgeordneten – insgesamt neunundzwanzig Personen – unter Hausarrest zu stellen. Die Girondisten flohen jedoch nach Bordeaux, aber auch in andere Städte des Südens und Südwestens und zettelten dort konterrevolutionären Aufruhr an. Angestiftet von den Girondisten, ermordete Charlotte Corday am 13. Juli 1793 den Volksfreund

Jean-Paul Marat. Nach dem Umsturz in Lyon vom 16. Juli wurde dessen Jakobinerführer Joseph Chalier ebenfalls ermordet. Bereits zuvor war Michel Lepeletiėr de Saint-Fargeau, der im Konvent zur Montague stand und für die Hinrichtung Ludwigs XVI. gestimmt hatte, der Rache der Royalisten zum Opfer gefallen.

Die Ermordung von Jakobinerführern, aber auch die Tötung von Patrioten in großer Zahl, wie es in Lyon, Bordeaux und Toulon – wo die Aufrührer gesiegt hatten – der Fall war, sollte die Anhänger der neuen Macht schrecken. Mit Hilfe des Terrors suchten die Gironde, die Feuillants und die Royalisten den Sturz des «Berges» zu beschleunigen.

Um die Gründe für den revolutionären Terror, der übrigens von den anderen Maßnahmen zur Festigung der revolutionären Diktatur nicht zu trennen ist, zu verstehen, muß man sich der Situation im Juli und August 1793 erinnern. Die Lage der Republik war katastrophal. Die meisten Zeitgenossen hielten den Sturz der Jakobiner für unvermeidlich.

Seit der Zeit, da der Kopf des hingerichteten Louis Capet vor die europäischen Throne gerollt war, vervielfachte die konterrevolutionäre Koalition ihre Kräfte. Am Feldzug gegen das revolutionäre Frankreich nahm das ganze monarchistische Europa teil. Aus dem Norden, Osten und Süden fielen die Armeen der Gegner in das Land ein. Ausländische Interventen, die sich mit inneren Feinden verbunden hatten, eroberten Toulon. Die royalistische Rebellion in der Vendée, die bereits im März 1793 ausgebrochen war, griff schnell auf die nordwestlichen Departements über. Im Süden und Südwesten gelangten vorwiegend girondistische Aufrührer an die Macht. Zunehmend schwanden die Unterschiede zwischen den einstigen Gegnern der Girondisten, den Feuillants und den Royalisten. Von nun an einte sie der unversöhnliche Haß auf die Jakobiner. Das Los Marats war auch für Robespierre, Saint-Just und Couthon bestimmt. Der «Berg» mußte zerschlagen werden, so lautete die erste Vorbedingung, die den Weg in eine andere Zukunft eröffnen sollte.

Im Sommer 1793 befanden sich sechzig von dreiundachtzig Departements in den Händen der Konterrevolutionäre. Gut ausgebildete, ausgerüstete und bewaffnete Armeen der mächtigsten

Monarchien Europas stießen von allen Seiten auf Paris vor. In der vom übrigen Land abgeschnittenen Hauptstadt herrschte Hunger. Immer enger schloß sich der Ring aus Rebellionen, Intervention und Blockade. Schon am frühen Morgen standen die Menschen vor den fest verriegelten Türen der Fleischer- und Bäckerläden Schlange.

Der Fall von Paris schien unvermeidbar. Aber dann geschah das Wunder: In der Stunde der tödlichen Gefahr entfalteten die Montagnarden, insbesondere ihre Wortführer, so viel Mut und revolutionäre Tatkraft, daß sie das schier Unmögliche vollbrachten.

Nur die Jakobinerherrschaft war imstande, den Volksmassen im Rahmen der bürgerlichen Demokratie ein hohes Maß an Freiheit zu sichern. Ebenso bot sie ihnen die Möglichkeit, schöpferisch am Aufbau einer neuen, von allen feudalen Fesseln befreiten Gesellschaft mitzuwirken. Niemand stand den blutigen Maßnahmen revolutionärer Gewalt in den ersten Wochen nach dem Volksaufstand vom 31. Mai bis zum 2. Juni 1793 innerlich so fern, und niemanden trafen sie psychologisch so unvorbereitet wie Maximilien Robespierre, Saint-Just oder irgendeinen anderen Jakobinerführer.

Nach der Beisetzung des Volksfreundes, als Louis David das unsterbliche, leidvolle Gemälde des gemordeten Marat, mit dem gebeugten Haupt und der hilflos herabhängenden leblosen Hand, geschaffen hatte, und nach der Nachricht von dem grausamen Mord an Chalier in Lyon begriffen die Jakobinerführer, daß sie nicht mehr länger zögern durften.

Mit den Agrargesetzen vom Juni und Juli 1793, die die restlose Beseitigung der Feudalverhältnisse zur Folge hatten und den Grundbesitz im großen und ganzen zum Vorteil der Landwirte umverteilten, gewann die jakobinische Regierung die Mehrheit der Bauern für sich. Mehr oder weniger begründet kann man Robespierre zwar vorwerfen, er habe den Agrarproblemen in seinen Reden zuwenig Aufmerksamkeit geschenkt. Er hielt es aber als politischer Führer der Jakobiner sehr wohl für geboten, Gesetze zum Nutzen der Bauernschaft zu erlassen und deren Durchsetzung voranzutreiben.

Ihre vollständige und entschädigungslose Befreiung von allen

Feudallasten sowie die Aufteilung der Allmende und eines bedeutenden Teils des Grundbesitzes verdankte die Bauernschaft der Regierung der Jakobiner. Für dieses Land war der Bauer bereit, gegen all jene zu kämpfen, die ihm diese seit Jahrhunderten erträumte Veränderung wieder streitig machen wollten.

Für die Jakobiner war der revolutionäre Terror lediglich eine Gegenmaßnahme, die Marx, Engels und Lenin in ebendiesem Sinne vorbehaltlos billigten. Die Auseinandersetzungen über die Revolution beginnen mit dem Moment, wo die Anwendung des revolutionären Terrors über den Rahmen der historischen Notwendigkeit hinausging. Der von beiden Seiten erbittert und schonungslos geführte Krieg bewirkte sozusagen eine Entwertung des menschlichen Lebens.

Nach den Septemberereignissen von 1793 wurde der Terror auch auf Vergehen gegen die revolutionären Gesetze angewandt. Schieber, korrupte Beamte und jene, die Staatseigentum stahlen oder das Gesetz über die Höchstpreise verletzten, wurden vor das Revolutionstribunal gestellt.

Als der revolutionäre Terror nicht nur gegen die Revolutionsfeinde, sondern auch im Kampf innerhalb des Jakobinerblocks angewandt wurde, änderten sich sowohl seine Bedeutung als auch sein Inhalt.

Die Verantwortung für diese Handlungen trug vorwiegend Robespierre als das faktische Oberhaupt der Revolutionsregierung. Nie wich er dieser Verantwortung aus. Am Tag nach dem Mord an Marat – am 14. Juli 1793 – sagte Robespierre in seiner Rede im Jakobinerklub: «Die Mörder Marats und Lepeletiers müssen ihr schreckliches Verbrechen auf dem Revolutionsplatz sühnen. Die Handlanger der Tyrannei, heimtückische Abgeordnete, die die Fahne der Rebellion entfaltet haben, und all jene, die stets das Messer über dem Kopf des Volkes schärfen, die Heimat und einige ihrer Söhne ins Verderben gestürzt haben, diese Ungeheuer, sage ich, müssen mit ihrem Blut für das Blut unserer Brüder zahlen, die im Namen der Freiheit gefallen sind, für das Blut, das sie mit solcher Grausamkeit vergossen haben... Jeder von uns muß der Republik – zumindest zeitweilig – selbstvergessen mit ganzer Kraft dienen und sich restlos ihren Belangen widmen.»

Schon seit einiger Zeit erhielt der Terror eine breitere Auslegung. Vor den Armeen der Republik und ihren Befehlshabern stand die einfache Frage: Sieg oder Tod. Fast alle Wappen und Embleme der Republik enthalten die kategorische, lakonische Forderung: Freiheit, Gleichheit, Brüderlichkeit oder Tod. Dem Tod konnte nur der Sieg entgegengesetzt werden. Generäle, die eine Schlacht verloren hatten, mußten aufs Schafott. Dieses Los ereilte zum Beispiel die Generäle Custine, Houchard, Westermann.

Niemals bildeten die Jakobiner eine einheitliche Gruppierung. Sie vertraten die Interessen eines Blocks verschiedenartiger Schichten, nicht die nur einer Klasse. Folglich traten natürlich auch innerhalb der Revolutionsregierung unterschiedliche Interessen zutage. Die inneren Widersprüche der jakobinischen Macht brachen auf, nachdem der Sieg der Republik sicher schien. Sie äußerten sich vor allem zwischen den Eigentümern, die sich in den schweren Jahren des Kampfes bereichert hatten oder zu Wohlstand gelangt waren, und den nach wie vor in sozialem Elend lebenden Besitzlosen.

Die Tragödie Maximilien Robespierres und seiner Freunde, die Tragödie der Jakobiner überhaupt, bestand darin, daß sie entsprechend dem damaligen Stand der gesellschaftlichen Entwicklung und des gesellschaftlichen Bewußtseins nicht imstande waren, die uns heute verständlichen gesellschaftlichen Vorgänge richtig zu erfassen und einzuschätzen.

Die Große Französische Revolution war ihrem objektiven Inhalt nach eine bürgerliche Revolution. Sie konnte auch nichts anderes sein, schon deshalb nicht, weil ihr für jede andere Lösung die materiellen Voraussetzungen fehlten. Die Geschichte hatte den Übergang vom Feudalismus zum Kapitalismus auf die Tagesordnung gesetzt, und was die Politiker jener Epoche auch sagen mochten, welchen Hoffnungen sie sich auch immer hingaben, sie konnten objektiv nichts anderes erreichen als die Festigung der bürgerlichen, zur damaligen Zeit fortschrittlichen Gesellschaftsordnung. Die Träume Robespierres und Saint-Justs, ihre Hoffnung, eine ideale, gerechte, auf Gleichheit gegründete Gesellschaft schaffen zu können, waren unerfüllbar.

In nur einem Jahr ihrer Herrschaft löste die jakobinische Regierung die Hauptaufgaben der Französischen Revolution. Sie beseitigte die feudalen Überreste vollständig. Sie löste die nationalen Aufgaben der Revolution, indem sie die Interventionsarmeen in die Flucht schlug und die nationale Integrität, Unabhängigkeit und Einheit der Französischen Republik sicherte, die zum stärksten Staat Europas aufrückte. Sie entmachtete alle Anhänger der alten oder die Gegner der neuen Ordnung und der in den Jahren der Revolution vorgenommenen Umverteilung des Eigentums.

Die Revolutionsregierung regelte zwar die Verteilung von Lebensmitteln und griff dabei gebieterisch in verschiedene Bereiche des Wirtschaftslebens ein. Die private Produktionsweise ließ sie jedoch unangetastet. Sie warf alle Gegner der neuen, bürgerlichen Gesellschaftsordnung nieder und sicherte dadurch den neuen, kapitalistischen Produktionsverhältnissen den notwendigen Spielraum. In jener aufsehenerregenden Zeit stieß man nicht nur auf bitterstes Elend und Hunger unter den einfachen Menschen, sondern auch auf Ausschweifungen, Zechereien und Orgien von unbekannten Leuten. Unmerklich drängte die neue Bourgeoisie, die keine Mittel scheute, Reichtum zu häufen, aus dem Dunkel der sich herausbildenden bürgerlichen Gesellschaft ans Tageslicht.

Die Revolution hat nicht nur die Erfindung des Doktors Guillotin – das pausenlos arbeitende Fallbeil – eingeführt. Sie hat gleichermaßen günstige Bedingungen geschaffen, auf raschestem Wege zu Reichtum zu gelangen. Ouvrard, später einer der berühmtesten Finanzmänner Frankreichs, berichtete in seinen Erinnerungen unverblümt, wie er sein Vermögen erworben hatte. Als 1789 die Revolution ausbrach, erkannte Ouvrard sofort, daß mit dem Aufkommen der ersten Tageszeitungen in Paris die Verbreitung einer neuen, in Frankreich bis dahin unbekannten Publikation, der Massenmedien – Zeitungen, Flugblätter und Broschüren –, begann. Viele neue Zeitungen kamen heraus, zwangsläufig stieg die Nachfrage nach Papier schlagartig. Sein gesamtes verfügbares Kapital verwandte Ouvrard auf den Aufkauf von Papier, dessen Preis Anfang 1789 noch sehr niedrig war. Er besaß zwar nicht das Monopol über die Papiervorräte, war aber zu einem der größten Besitzer an Papier aufgestiegen, an dessen Weiterverkauf er Millionen verdiente. In kurzer Zeit wurde Ouvrard zum Millionär. So wie er handelten viele andere findige Geschäftsleute.

Haupttriebkraft der Bourgeoisie ist der Gewinn, das Einkommen. Mit ihren erbitterten Kriegen und dem Kampf gegen die inneren und äußeren Feinde schuf die Republik, wie paradox das auch scheinen mag, günstige Möglichkeiten zur Bereicherung.

Und noch etwas sollte man nicht außer acht lassen. In den Jahren der Revolution ging eine große Umverteilung des Besitzes vor sich. Die aus Frankreich geflüchteten Emigranten ließen ihre Schlösser und Ländereien im Stich, die darauf der Nation zufielen. Es begann die Enteignung der Ländereien und Schlösser der Emigranten. Geschickte und findige Leute konnten dabei in kurzer Frist gewaltige Reichtümer an sich bringen.

In diese Vorgänge waren auch Jakobiner und Konventsabgeordnete verwickelt. Männer, die gestern noch ihre Treue zu den hohen Prinzipien der Gerechtigkeit und den Willen, der Menschheit zu dienen, beteuerten, griffen in die Staatskasse und bereicherten sich nach Kräften, sobald sich ihnen die Gelegenheit bot. Chabot, Basire, Fabre d'Eglantine, Hérault de Séchelles und andere Konventsabgeordnete erwiesen sich schlicht und einfach als Diebe und Spitzbuben.

Seit einiger Zeit gingen Gerüchte um, daß Georges Danton, der bis dahin als einer der beliebtesten Führer der Revolution galt, in der Abgeschiedenheit seines Anwesens Arcis-sur-Aube eine Lebensweise pflegte, die sich mit der Vorstellung von einem tugendhaften und bescheidenen Menschen nur schwer vertrug.

In allem war Danton das Gegenteil von Robespierre. Ihn verlockte die Freude am heutigen Tag weit mehr denn die glückliche Zukunft der Menschheit. Er führte ein angespanntes, ungestümes Leben, liebte die materiellen Werte dieser Welt und gab dies unverhohlen zu. Sowohl Marx als auch Lenin nennen ihn den großen Meister der revolutionären Taktik. Auch in den letzten Tagen seines Lebens blieb Danton ein französischer Patriot. Danton wußte von dem gegen ihn vorbereiteten Schlag und verfügte über die Mittel, aus Frankreich zu fliehen. Berühmt sind seine in die Geschichte eingegangenen Worte: «Kann man das Vaterland an den Schuhsohlen davontragen?» Das war keine schöne Phrase. Dieser Ausspruch drückte das Wesen Dantons aus, der die Flucht verwarf und erhobenen Hauptes der Gefahr entgegentrat.

Doch kraft seines Ansehens als Politiker und Staatsmann wurde er zum Mittelpunkt, um den sich all jene sammelten, die rechts von der Revolutionsregierung standen: Neureiche, die Vermögen erworben hatten, jedoch gezwungen waren, ihren Reichtum hinter einer bescheidenen Lebensführung zu verbergen; heimliche Gauner, die mit gutem Grund die schwere Hand des Wohlfahrtsausschusses zu fürchten hatten. Sie alle suchten Gönnerschaft und Schutz.

Die wachsende, schnell erstarkende neue Bourgeoisie bildete jene Hauptkraft, die sich der Revolutionsregierung entgegenstellte. Bis auf weiteres mußte sie sich mit dieser Regierung, mit Männern vom Schlage eines Robespierre, eines Saint-Just, eines Couthon und eines Lebas abfinden, die Frankreich vor den äußeren Feinden schützten.

Als im Frühjahr 1794 der Sieg der Revolution jedoch außer Zweifel stand und die Armeen der Republik zum Angriff gegen die Interventionstruppen vorgingen, suchte die neue Bourgeoisie nach Wegen, sich von dieser harten Regierung zu befreien.

Nicht nur diese neue Bourgeoisie, die zur führenden Klassenkraft geworden war, rückte nach rechts, sondern mit ihr auch die bäuerliche Oberschicht, die in den Jahren der Revolution als neue Klasse entstanden war. Die französische Armee setzte sich vorwiegend aus Bauern zusammen. Die Bauern kämpften auf Leben und Tod gegen die feindlichen Truppen, weil sie in diesem Krieg auch ihren neuerworbenen Besitz verteidigten, ihre ureigenen Interessen schützten. Als sich jedoch der Sieg der Republik nach der Entscheidungsschlacht bei Fleurus im Juni 1794 abzeichnete, als die Gefahr der Restauration nicht mehr bestand, begannen auch die Bauern, vor allem die begüterten, ihre Unzufriedenheit mit der Jakobinerdiktatur offen zu zeigen. Sie hatten dafür durchaus handhafte Gründe, denn die Jakobiner griffen hart durch, um die tägliche Versorgung der Armee sicherzustellen. Der Wohlfahrtsausschuß beschloß eine Reihe von Gesetzen über die Requirierung von Brot, Getreide und Lebensmitteln, über die Pflichtabgaben der Bauern an die Armee. Damit wurde die soziale Basis der Jakobinerdiktatur zunehmend schmaler.

Von Beginn des Jahres 1794 an zeichneten sich die Widersprüche innerhalb des Jakobinerblocks mehr oder minder deutlich ab. Im März 1794 konnten sich Robespierre, Saint-Just und Couthon nicht mehr darüber hinwegtäuschen, daß die Revolutionsregierung dem zunehmenden Druck von zwei Seiten ausgesetzt war. Die Hauptgefahr schien von den linken Gruppierungen des jakobinischen Blocks auszugehen, die man im ganzen als «Hébertisten» bezeichnete.

Héberts Zeitung, die sich als politisches Sprachrohr der Sansculotten ausgab, vertrat vom Herbst 1793 bis zum März 1794 in den meisten Fragen linksextremistische Positionen. Gemeinsam mit Fouché und Chaumette propagierte und organisierte Hébert seinerzeit die sogenannte Politik der Entchristianisierung. Mit Gewalt suchten deren Anhänger die Geistlichkeit zu zwingen, auf ihre kirchlichen Würden zu verzichten, die Kirchen zu schließen und eine kirchenfeindliche Haltung zu vertreten. Die Entchristlichung, die auf eine Verfolgung der Kirchendiener hinauslief, rief unter der Bauernschaft, die diese Politik ablehnte, Unzufriedenheit hervor. Robespierre mit seinem klaren Sinn für die Aufgaben des Staates mischte sich ein und trat diesen Bestrebungen entgegen. Öffentlich verurteilte er die Zwangsschließungen der Kirchen und die Repressalien gegen die Geistlichkeit als ein Vorgehen, das im Widerspruch zur Politik der Revolutionsregierung stand. Die Autorität des Wohlfahrtsausschusses war so groß, daß Hébert, Chaumette und Fouché bereitwillig ihre Verfehlungen eingestanden und einmütig die Politik der Entchristianisierung verurteilten.

Die kritischen Pfeile der Zeitung Héberts richteten sich gegen Danton und die Dantonisten – die sogenannten Gemäßigten. Gleichzeitig zielten sie gegen die Revolutionsregierung. Im März 1794 unternahmen Hébert und seine Anhänger den Versuch, einen Aufstand gegen die Revolutionsregierung anzuzetteln. Im Klub der Cordeliers, in dem Hébert sprach, verhängten sie die «Erklärung der Menschen- und Bürgerrechte» mit einem Trauerflor und riefen, wenn auch nur zaghaft, zum Aufstand auf. Hébert rechnete mit der Unterstützung von seiten der Pariser Commune, die sich indes – voran Chaumette – von den «Hébertisten» distanzierte. Als Hébert erkannte, daß sein Unternehmen scheitern würde, beteuerte er, keinen Aufstand gegen die Regierung beabsichtigt zu haben. Sein Schicksal war jedoch bereits besiegelt. Am 24. März wurden Hébert, Ronsin, Vincent, Momoro und andere politische Führer, die den «Hébertisten» nahestanden und größtenteils linke Jakobiner waren, verhaftet und vor das Revolutionstribunal gestellt.

Der Prozeß gegen die «Hébertisten» eröffnete ein neues Kapitel in der Anwendung des revolutionären Terrors. Er war das erste Verfahren, in dem der Terror angewandt wurde, um Meinungsverschiedenheiten innerhalb des Jakobinerblocks beizulegen.

Trug Robespierre dafür die politische Verantwortung? Natürlich. Er wußte, wozu er sich entschlossen hatte. Auch vom rechtlichen Standpunkt aus gesehen, wich dieser Prozeß eindeutig von den bis dahin üblichen Normen der Gerichtsverfahren ab.

Im Prozeß gegen die «Hébertisten» wurden Personen, die sich für bestimmte politische Aktionen zu verantworten hatten, schematisch mit Männern einer anderen Gruppe zusammengefaßt, mit denen sie in Wirklichkeit nie etwas gemein gehabt hatten. Mit den «Hébertisten» wurde eine Gruppe ausländischer Spione (Proli, Pereira, Desfieux und andere) verurteilt. Jedenfalls präsentierte das Gericht diese Leute dem Publikum als Spione. Unter den Angeklagten befand sich auch ein Polizeispitzel. Er wurde entlarvt, weil er letzten Endes als einziger von allen Angeklagten am Leben blieb.

Robespierre trug die politische Verantwortung für den Prozeß gegen die «Hébertisten». Héberts, Momoros, Ronsins und Vincents Hinrichtung war vom Wohlfahrtsausschuß bereits lange vor dem Todesurteil durch das Revolutionstribunal beschlossen worden.

Die inneren Auseinandersetzungen unter den Jakobinern trieben Robespierre immer weiter. Nach der Niederlage der «Hébertisten» gewannen deren offene Feinde, die Dantonisten oder «Nachsichtigen», schlagartig an Stärke. Hauptfeinde blieben jedoch nicht die linken, sondern die rechten Kräfte, und die

Schläge gegen linke Gruppierungen stärkten objektiv die Rechten. Das kam vor allem in der Zeitung «Vieux Cordelier» zum Ausdruck, die von Camille Desmoulins herausgegeben wurde. Ein begabter Journalist und scharfer Polemiker zugleich, attackierte er den Wohlfahrtsausschuß immer heftiger und ungehaltener.

Robespierre, den Freundschaft mit Camille Desmoulins verband, geriet in eine schwierige Situation. Sie hatten zusammen auf der Schulbank gesessen, und bis zuletzt standen sie in persönlichem Kontakt. In seinen unveröffentlichten Aufzeichnungen, die nach seinem Tod unter dem Titel «Aufzeichnungen gegen die Dantonisten» bekannt wurden, schrieb Robespierre: «Camille Desmoulins war auf Grund der Veränderlichkeit seiner Vorstellungskraft und auf Grund seiner Eitelkeit fähig, zu einem blinden Anhänger von Fabre d'Eglantine und Danton zu werden. Auf diese Weise trieben sie ihn zum Verbrechen; mit ihrem falschen, vorgetäuschten Patriotismus fesselten sie ihn an sich. Desmoulins hatte Geradlinigkeit und republikanischen Geist bewiesen, als er in seiner Zeitung Mirabeau, Lafayette, Barnave und Lameth zu einer Zeit leidenschaftlich tadelte, als sie mächtig und berühmt waren, und obwohl er sie früher aufrichtig gepriesen hatte.» Diese Zeilen bezeugen, daß Robespierre auch am Vorabend der schwerwiegenden Entscheidung Desmoulins gegenüber unverändert wohlgesinnt blieb.

Der politische Prozeß gegen die Dantonisten unterschied sich in gewisser Hinsicht erheblich von der so mühelos erreichten Zerschlagung der «Hébertisten». Ja, es gab sogar zahlreiche Unterschiede. Vor allem war die Gruppe der «Nachsichtigen», wie die Dantonisten des öfteren genannt wurden, in Wirklichkeit die einflußreichste Kraft in Frankreich. Welche Rolle die Gleichgesinnten und Anhänger Dantons in der Revolutionsregierung oder im Konvent auch spielten, sie repräsentierten durchweg objektiv jene Klassenkräfte, deren Macht von Tag zu Tag wuchs. Ob Danton es wollte oder nicht, er wurde allmählich zum Führer jener Kreise der Bourgeoisie, ja vielleicht aller begüterten Schichten überhaupt, die die Zeit für gekommen hielten, die Politik der Sondermaßnahmen durch Maßnahmen zu ersetzen, die die Ergebnisse der Revolution befestigten.

Danton war ein Mann von außerordentlicher persönlicher Begabung und vielseitigen Talenten, der zweifellos klare Vorstellungen von seinen Aufgaben in der gegebenen Etappe der Revolution besaß. Sein politisches Programm zielte im Frühjahr 1794 auf eine Milderung des revolutionären Regimes und die Gründung eines Gnadenausschusses, auf die Einstellung des Terrors oder dessen Abschwächung und den allmählichen Übergang zu einer verfassungsmäßigen republikanischen Ordnung.

Als Robespierre den Kampf gegen Danton begann, sah er in seinem Gegner durchaus einen Politiker, dessen Autorität kaum geringer als seine eigene war. Er legte Rechenschaft darüber ab, daß der Kampf gegen Danton schwieriger als gegen Hébert oder Proli werden würde. Auch mußte er sich darüber Gedanken machen, inwieweit es zulässig war, gegen Politiker mit großen Verdiensten um die Revolution dieselben Mittel des revolutionären Terrors anzuwenden, die gegen die «Hébertisten» gebraucht worden waren. Hier erhebt sich erneut die Frage nach den Grenzen, bis zu denen die Anwendung des revolutionären Terrors zulässig war. Der Wohlfahrtsausschuß leitete einen politischen Prozeß ein, dessen Urteil vor Beginn der Gerichtsverhandlung feststand.

Um zu verstehen, weshalb ein so aufrichtiger Mann wie Robespierre sich für die Hinrichtung Georges Dantons, Camille Desmoulins', Philippeaux' und anderer Freunde entscheiden konnte, muß man die Anschauungen des Unbestechlichen verstehen.

Robespierre war überzeugt, daß nach den gewaltigen Anstrengungen des Volkes, nach den erbitterten Schlachten und schließlich nach der sich abzeichnenden Wende im Kampf gegen die Konterrevolution die Republik sich immer mehr der Verwirklichung ihrer Ideale näherte. Jenes «Goldene Zeitalter», jenes Reich der Gleichheit und Gerechtigkeit, jene Vereinigung der menschlichen Gesellschaft mit der großartigen, immer blühenden grünen Natur, von der jahrelang der Anhänger Jean-Jacques Rousseaus träumte und die das Oberhaupt der Revolutionsregierung, Maximilien Robespierre, zu verwirklichen suchte, diese ideale Welt schien ihm nicht mehr fern zu sein.

In seinen «Aufzeichnungen gegen die Dantonisten» findet sich nirgendwo die Spur eines inneren Zweifels. Wie bereits erwähnt, enthalten diese Notizen keine persönliche Feindseligkeit gegenüber Camille Desmoulins. Aber Danton gegenüber war Robespierre voreingenommen. Er betont besonders dessen schlechte Eigenschaften und hält ihn für einen Intriganten. Früher hatte er Danton geschützt und sich um eine Aussöhnung mit ihm bemüht. In seinen persönlichen Aufzeichnungen hingegen fehlen die versöhnenden Töne gegenüber Danton. Robespierre hielt die Dantonisten für die letzte Kraft, die sich dem Weg in eine bessere, gerechtere Zukunft entgegenstellte. Daher war er fest entschlossen, sie zu zerbrechen.

Die Zerschlagung der Dantonisten erwies sich als schwieriger, als Robespierre vermutet hatte. Danton weigerte sich zu fliehen. Sein Verhalten zeugte von seiner Größe, und darin lagen – entgegen Robespierres Absichten – reale Erfolgschancen.

Im Verlauf der Gerichtsverhandlung vor dem Revolutionstribunal ging Danton zum Angriff über. Auf die erste rein formale Frage über seinen Wohnort und Namen erwiderte er: «Bald im Nichts und mein Name im Panthéon der Geschichte!» Schon in der ersten Rede zur Voruntersuchung sagte er, nicht er habe sich zu verteidigen. «Sollen sich meine Ankläger zu erkennen geben, und ich stürze sie in das Nichts zurück!» rief er mit seiner Donnerstimme in den überfüllten Saal. «Menschen meines Schlages sind unschätzbar und tragen auf ihrer Stirn das unauslöschliche Zeichen der Freiheit, des republikanischen Genius eingebrannt.»

Danton besaß eine Stimme von überraschender Stärke, in dieser Hinsicht übertraf ihn allein Mirabeau. Seine Worte dröhnten durch die geöffneten Fenster des Gerichtssaals auf die Straße und erreichten die gewaltige Menschenmenge, die sich dort versammelt hatte. Die Sympathien im Saal und auf der Straße schlugen eindeutig zu seinen Gunsten um.

Camille Desmoulins, mitgerissen von Dantons kühnem Angriff, ging ebenfalls zum Gegenangriff über. Die Angeklagten wurden faktisch zu Anklägern. Der Ausgang des Prozesses war völlig ungewiß, und Fouquier-Tinville spürte, daß er weder eine moralische noch eine juristische Überlegenheit über seine Gegner erreichen konnte, deshalb unterbrach er die Gerichtsverhandlung. Erst das persönliche Eingreifen von Saint-Just, der das Verfahren der Beweisaufnahme änderte, gab den Ausschlag. Als den Angeklagten nunmehr das Wort entzogen wurde, knüllte Camille Desmoulins seine vorbereitete Verteidigungsrede zusammen und schleuderte sie dem Ankläger ins Gesicht. Er weigerte sich, angesichts dieser unverhüllten Mißachtung der Gesetzlichkeit, seine Verteidigung fortzusetzen.

Das Revolutionstribunal fällte sein Urteil am dritten Sitzungstag, dem 3. April 1794. Bereits am Morgen des 4. April wurden Danton, Camille Desmoulins und die anderen Angeklagten auf dem Hinrichtungskarren zur Place de Grève gefahren, vorbei an dem Haus des Tischlermeisters Duplay, in dem Robespierre wohnte. «Maximilien, bald wirst auch du mir folgen!» soll Danton gerufen haben, als der Wagen das Haus Robespierres passierte.

Bis zur Hinrichtung schimpfte Danton unentwegt, während Camille Desmoulins weinte. Bevor Danton aufs Schafott stieg, trat er auf Camille Desmoulins zu und küßte ihn. Der Henker erklärte, das widerspreche dem Gesetz. «Dummkopf, hinderst du unsere Köpfe vielleicht daran, sich in einer Minute im Korb zu küssen!» antwortete ihm Danton. Bekannt sind die Worte, die Danton beim Besteigen des Schafotts zum Henker sprach: «Zeig meinen Kopf dem Volk! Es lohnt!»

Der Wohlfahrtsausschuß nahm den Bericht des Revolutionstribunals über den Prozeß, über die gefällten Urteile und über deren Vollstreckung entgegen. Auf dem Weg zu einem glücklichen, goldenen Zeitalter schien es nunmehr keine Hindernisse zu geben.

Am 10. und 12. Juni 1794 hielt Robespierre seine letzte Rede im Konvent. Am Vorabend des 10. Juni ließ sich Georges Couthon, sein enger Freund und Mitstreiter im Wohlfahrtsausschuß, im Rollstuhl zur Tribüne des Konvents fahren. Couthons Beine waren gelähmt, und er konnte sich nur mit fremder Hilfe fortbewegen. Im Namen des Wohlfahrtsausschusses brachte er von der Tribüne herab ein Gesetz ein, das eine erweiterte Anwendung des revolutionären Terrors vorsah. Das neue Gesetz vereinfachte das Gerichtsverfahren noch mehr. Das Revolutionstribunal erhielt uneingeschränkte Vollmachten. Das neue Gesetz schaffte die Voruntersuchung der Angeklagten ab, aber auch die Verteidigung. Der Begriff «Volksfeind» erhielt eine recht weitgefaßte Deutung und konnte nach Wunsch gegen jede mißliebige Person angewandt werden.

Zum erstenmal – und das war ein Beweis für auftretende Meinungsverschiedenheiten innerhalb der Regierung – legte der Wohlfahrtsausschuß dem Konvent einen Gesetzentwurf vor, ohne ihn vorher mit dem Sicherheitsausschuß abgestimmt zu haben, mit dem Ausschuß, dem eigentlich die Anwendung des revolutionären Terrors oblag. Schon diese Tatsache war ein indirekter Beweis dafür, daß der Wohlfahrtsausschuß, der unmittelbar Robespierre unterstand und das höchste Gremium im System der Revolutionsregierung darstellte, kein großes Vertrauen mehr zum Sicherheitsausschuß besaß.

Zum erstenmal stieß ein von Couthon unterbreiteter Vorschlag, von einem Mann, der Robespierre an Einfluß kaum nachstand, auf Widerstand. Einige Konventsmitglieder ließen in einer vorsichtigen und zurückhaltenden Form Einwände gegen den Vorschlag verlauten, der zum Dekret erhoben werden sollte. Bourdon (de l'Oise) wagte zwar keine unverhohlenen Anschuldigungen, schlug jedoch vor, die endgültige Debatte des Gesetzentwurfs aufzuschieben.

Sodann bestieg Maximilien Robespierre die Tribüne. Er forderte den Konvent auf, dem Antrag von Couthon unverzüglich zuzustimmen. Nach wie vor glaubte Robespierre daran, daß dieses Dekret der Revolution zum Wohle gereiche und deren Interessen entspreche.

Auch den revolutionären Terror hielt er weiterhin für notwendig. Diese Rede sicherte ihm jedoch nicht den vollen Erfolg: sie führte nicht zur Annahme des Gesetzes. Daher sah er sich am 12. Juni gezwungen, abermals für dieses Gesetz einzutreten. Nun stieß er auf den entschlossenen Widerstand von Bourdon. Bourdon unterbrach seine Rede und behauptete, er versuche, ihn zu beschuldigen. Robespierre gab zurück: «Ich nannte Bourdon nicht beim Namen. Wehe dem, der sich selbst nennt!»

Robespierre bestand darauf, daß der Konvent über das Dekret abstimmte und es beschloß. Aber fortan verzichtete er praktisch darauf, der Politik des revolutionären Terrors Rückhalt zu geben.

Als ein Mann der Tat und nicht der Worte mußte er einsehen, daß die praktische Anwendung des Terrors der Kontrolle des Wohlfahrtsausschusses entglitten war. Er hatte Marc-Antoine Jullien in die Provinzen entsandt, dem er persönlich voll vertraute. Erst neunzehn Jahre alt, ehrlich und sauber, der Revolution treu ergeben und mit außerordentlichen Vollmachten des Wohlfahrtsausschusses versehen, sollte der Abgesandte Robespierres untersuchen, wie die Politik des revolutionären Terrors in die Praxis umgesetzt wurde.

Jullien erlebte in der Provinz Schreckliches. In Bordeaux, dieser reichen Stadt, beobachtete er die Tätigkeit Talliens, des Prokonsuls und Konventskommissars. Tallien ließ zunächst viele Menschen festnehmen und hinrichten. Später gab er zu verstehen, wie man mit Geldgeschenken dem Weg ins Jenseits entkommen konnte. Auf diese Weise flossen Hunderttausende von Goldmünzen in seine Taschen. Zusammen mit seiner Geliebten, Thérésia Cabarrus, der früheren Ehefrau des Marquis de Fontenay, die einst der Freiheit zu Ehren nur mit einer leichten Tunika bekleidet und mit der Jakobinermütze auf dem Kopf in Theatervorstellungen aufgetreten war und später den furchteinflößenden, die Freuden des Lebens genießenden Konventskommissar geschickt in ihren Fängen hielt, stellte Tallien direkte Verbindungen zu den reichsten Leuten von Bordeaux her. Viele der Festgenommenen gelangten bald darauf auf freien Fuß. Auf Befehl des Wohlfahrtsausschusses wurde Tallien aus Bordeaux abberufen, um sich vor dem Ausschuß zu rechtfertigen.

Ähnliches ereignete sich in Marseille, wo die Konventskommissare Barras und Fréron ihr Amt versahen. Noch ein Jahr zuvor war Fréron ein Schüler des Volksfreundes Jean-Paul Marat gewesen. Seitdem war Fréron jedoch zu der Überzeugung gelangt, bare Münze wiege schwerer als wohlklingende Phrasen über die Gerechtigkeit. Barras und Fréron übten ihre Mission in Marseille mit einer so unverfrorenen Schamlosigkeit und einem so frechen Zynismus aus, die einzig waren. Sie warfen Hunderte, ja Tausende von Menschen in den Kerker, die sich dann mit hohen Geldsummen wieder freikaufen mußten. Fréron und Barras scheuten auch nicht davor zurück, in die Staatskasse zu greifen.

Joseph Fouché bediente sich in Lyon der gleichen grausamen Methoden. Er gedachte seinen Ruf eines treuen Revolutionärs durch möglichst unbarmherzige Anwendung des revolutionären Terrors zu bekräftigen. Aber war Fouché überhaupt ein Revolutionär?

Jullien untersuchte die Tätigkeit Fouchés in Lyon und sah in ihr lediglich eine Kette von Verbrechen. Fouché wurde unverzüglich nach Paris gerufen, um dem Wohlfahrtsausschuß Rede und Antwort zu stehen. Er suchte vor allem nach Wegen, wie er sich am besten das Wohlwollen Maximilien Robespierres sichern könnte. Um die Sympathie des Unbestechlichen zu gewinnen, entschloß er sich sogar zu einem ungewöhnlichen Schritt: Er machte Maximiliens Schwester, Charlotte Robespierre, den Hof, in der Hoffnung, ein Verwandter des allmächtigen Maximilien zu werden und damit dessen Zorn zu entgehen. Voller Verachtung wies Maximilien alle diese Versuche ab, und ohne sich zu einer persönlichen Einmischung herabzulassen, verlangte er vom Jakobinerklub den Ausschluß Fouchés und Talliens.

Man kann mit gutem Grund annehmen, daß Robespierre in den beiden letzten Monaten vor seinem Tode von der Schädlichkeit und Gefährlichkeit einer Verfälschung des revolutionären Terrors überzeugt war. Die Ironie des Schicksals wollte es, daß ihm alle Verbrechen und Untaten seiner Gegner zugeschrieben wurden, denn er galt letzten Endes als verantwortlich. Während seiner nächtlichen Spaziergänge durch Paris und in Gesprächen mit ihm zufällig begegnenden Menschen konnte er sich selbst davon überzeugen, daß man ihn für die begangenen Verbrechen und Gewalttaten, die Morde und Willkür verdammte. Damals setzte wohl jene seelische Krise ein, die sich mehr und mehr zuspitzte und deren sich Robespierre in den letzten Wochen vor dem Tod immer stärker bewußt wurde.

In seiner Rede im Jakobinerklub am 5. Juli 1794 sagte Robespierre: «Was wir jeden Tag erleben und vor uns selbst nicht verheimlichen können, ist der Wunsch, den Konvent durch ein Terrorsystem zu erniedrigen und zu vernichten.» Demnach distanzierte er sich nicht nur von der Anwendung dieser Art des Terrors, wie er gegen seinen Willen auf Grund des Gesetzes vom

10. Juni ausgelegt und praktiziert wurde, sondern er verurteilte ihn auch unmißverständlich.

Nach dieser schwierigen, unter einem unheilvollen Vorzeichen stehenden Erörterung des Gesetzes vom 10. Juni im Konvent sprach Robespierre bis zum 8. Thermidor nicht mehr auf den Sitzungen des höchsten Organs der Republik. Seit Anfang Juli besuchte er auch keine Sitzung des Wohlfahrtsausschusses mehr, weil sich Meinungsverschiedenheiten zwischen ihm und der Mehrheit seiner Mitglieder abzuzeichnen begannen. Die wenigen von ihm in dieser Zeit unterzeichneten Dokumente ließ er sich wahrscheinlich in seine Wohnung in der Rue Saint-Honoré bringen. Seine Feinde betonten seine Führungsrolle, wo immer es nur möglich war. In Wirklichkeit stand Robespierre bereits abseits des Geschehens, er lenkte schon nicht mehr die Regierung und nahm immer weniger an der Lösung von Tagesaufgaben teil.

Hatte er aber vor dem 9. Thermidor jeglichen Einfluß und jedwede Unterstützung verloren? Natürlich nicht! In den Augen des französischen Volkes, in den Augen des ganzen Landes und Europas verkörperte Robespierre noch immer die Revolution. Cambon, der zu seinen unversöhnlichsten Gegnern gehörte, gestand voller Bitterkeit ein, daß jene, die lediglich Robespierre stürzen wollten, in Wirklichkeit «die Revolution getötet haben».

Die revolutionär-demokratische Jakobinerdiktatur, voran ihr Führer Robespierre, nutzte die Unterstützung der Sansculotten und Plebejer. Nicht selten verletzte ihre Politik freilich die ökonomischen und politischen Interessen der ärmsten Schichten der Werktätigen. Ein Teil von ihnen zeigte sich daher unzufrieden. Die Schwankungen einiger demokratischer Sektionen von Paris in der Nacht des 9. Thermidor waren der Grund für die zeitweilige Billigung des thermidorianischen Umsturzes durch solche fortschrittlichen Zeitgenossen wie Gracchus Babeuf. Es war jedoch kein Zufall, daß sich die Pariser Commune und eine Reihe von Sektionen der Hauptstadt zum Schutz Robespierres und seiner Freunde gegen den «legitimen» Konvent erhoben. Nicht von ungefähr gestand Babeuf, der seine falsche Position in den Tagen des Thermidor bald bereute, im Jahre 1796 seinen früheren Fehler ein und nannte Robespierre und Saint-Just seinen Vorgänger.

Robespierres Tragödie bestand darin, daß die armen Schichten und er als deren Anführer entgegen ihren Ansichten und Wünschen in Wirklichkeit nicht, wie sie glaubten, für das allgemeine Glück und Wohl aller Menschen, sondern nur zugunsten der Bourgeoisie arbeiteten und daß nun die Stunde gekommen war, in der diese beschloß, die Macht selbst in die Hände zu nehmen.

Ende Juni/Anfang Juli begann Robespierre zu erkennen, daß die Hoffnung auf eine Republik der Gerechtigkeit und Tugend immer weiter entrückte. Immer deutlicher erkannte er jetzt seine Ohnmacht; am Lauf der Ereignisse vermochte er nichts zu ändern.

Bei der Analyse der Kräfte, die gegen die Jakobinerdiktatur vorgingen, fehlte Robespierre die Klassendefinition. Er erkannte aber in dem Konglomerat der Feinde die entscheidende Gruppe, die er als Clique der «Nachsichtigen» bezeichnete. «Ich hätte mich heute nicht gegen diese Clique gestellt, wäre sie nicht so machtvoll geworden und hätte sie nicht versucht, die Arbeit der Regierung zu stören.»

Bis zuletzt ein treuer Anhänger und Schüler von Jean-Jacques Rousseau, teilte er dessen fast naiven, unauslöschlichen Glauben an eine gerechtere und bessere Gesellschaftsordnung, die nah, möglich und in dem Maße erreichbar ist, wie der Mensch der ihn umgebenden ewigen, schönen und grünen Natur nahesteht.

Als Robespierre am 7. Prairial im Konvent den «Abschaum der Ehrgeizlinge, Ränkeschmiede, Schwätzer, Gaukler, Gauner... Schurken, der Agenten des Auslandes, Konterrevolutionäre und Heuchler, die sich zwischen das französische Volk und seine Vertreter gestellt hatten, um es in die Irre zu führen und die anderen zu verleumden», mit zornigen Worten entlarvt hatte, fügte er ruhig hinzu: «Wenn ich diese Worte spreche, schärfe ich die Dolche gegen mich, aber eben deswegen spreche ich sie.»

Dem Tode gegenüber verhielt er sich nun mit noch größerer Gleichgültigkeit als früher; er hatte sich längst mit dem Gedanken an den unvermeidlichen gewaltsamen Tod vertraut gemacht. «Unsere Absichten beinhalteten nicht den Vorzug eines langen Lebens», sagte er mit bitterer Ironie am 7. Prairial. Daher rührte seine Furchtlosigkeit, die seinen Widersachern so schreckliche

Angst einflößte. «Es liegt nicht in der Macht der Tyrannen und ihrer Handlanger, mich meines Mutes zu berauben», entgegnete er voller Verachtung in einer seiner letzten Ansprachen.

Robespierre entlarvte mühelos das falsche Spiel Fouchés und erreichte seinen Ausschluß aus dem Jakobinerklub. Robespierre und Saint-Just wußten von einer Verschwörung, die mehr und mehr um sich griff, von deren Anhängern und Rädelsführern sowie von deren Plänen.

Der Sommer 1794 war heiß und trocken. Schon am frühen Morgen herrschte Schwüle, der Himmel war klar, und erst gegen Mittag zogen Wolken auf. Es schien, als entlade sich jeden Augenblick ein Gewitter, doch die Wolken verzogen sich, der Himmel hellte sich auf, und der erfrischende wohltuende Regen, den Mensch und Natur herbeisehnten, blieb aus.

In all diesen letzten Monaten seines Lebens hatte Robespierre einen unruhigen Schlaf. Tagsüber ließen ihm die vielen Pflichten keine Möglichkeit zum Nachdenken, abends fühlte er sich über die Maßen erschöpft. Bei Einbruch der Dunkelheit schlief er bereits, erwachte allerdings meist gegen Mitternacht. Dann kamen ihm die Gedanken, für die ihm tagsüber die Zeit fehlte. Er kleidete sich an und unternahm mit seinem riesigen Hund Brount, zu dem er in diesen letzten Monaten eine besondere Zuneigung gefaßt hatte, Spaziergänge durch Paris.

Das nächtliche Paris war menschenleer, aber schon in der ersten Morgendämmerung bildeten sich lange Schlangen vor den verriegelten Türen der Bäckereien und Fleischerläden. Jedermann wollte so früh wie möglich da sein, denn die Lebensmittel waren knapp und reichten in der Regel nur für die, die der Ladentür am nächsten standen. Um acht Uhr öffnete der Fleischer sein Geschäft und verkaufte das Fleisch nach festgelegten und strikt bemessenen Normen. Eine Stunde später war der Laden leer. Keine Gesetze der Regierung über Festpreise und über bindende Regeln für den Lebensmittelverkauf konnten die ausreichende Versorgung von Paris sicherstellen. Die Menschen lebten schlecht.

Während seiner Spaziergänge reihte sich Robespierre manchmal in eine Schlange ein und begann ein Gespräch mit den Leuten. Sie verwünschten die Revolutionsregierung, die nicht in der Lage war, die Bevölkerung mit den erforderlichen Mengen an Lebensmitteln zu versorgen. Sie beklagten ihr schweres Los und schimpften auf «diesen Maximilien Robespierre», dem sie all ihr Elend zuschrieben. Maximilien stellte ab und zu eine Frage, ließ sich aber auf keinen Streit ein.

Er lief mit Brount, der keinen Schritt von seiner Seite wich, die öden Uferstraßen entlang, wechselte über den Pont-Neuf auf das rechte Ufer über und setzte sich gelegentlich auf eine Bank im Garten der Tuilerien, den die erwachenden Vögel mit ihrem fröhlichen Gezwitscher erfüllten.

Früh am Morgen kehrte Maximilien zurück. Durch den langen Spaziergang ermüdet, schlief er für kurze Zeit ein. Brount lag vor seinem Bett und horchte auf alle von außen hereindringenden Geräusche.

Warum zögerte Robespierre, warum holte er nicht zum vernichtenden Schlag aus?

Vom 24. Prairial bis zum 8. Thermidor, also anderthalb Monate lang, sprach Robespierre kein einziges Mal im Konvent. In dieser Zeit redete er wiederholt im Jakobinerklub. Er mied also absichtlich das eine Auditorium und wandte sich an das andere. Nach dem Zaudern und mißbilligenden Schweigen, das ihm im Konvent während seiner Ansprachen am 10. und 12. Juni begegnet war, hatte er wohl kein Vertrauen mehr zur Mehrheit des Konvents. Und er irrte sich keineswegs in der Einschätzung der Verschwörung, die gegen ihn geschmiedet wurde. Es erreichten ihn feindliche Drohungen, auch warnten ihn Freunde.

Dieser Mann, der einen eisernen Willen und eine unbezähmbare Energie besaß, verlor seinen Tatendrang. Die Revolution, aufs engste mit seinem Schicksal verbunden, gehorchte nicht mehr der Stimme der Gerechtigkeit und der Sorge um das Allgemeinwohl. Trotz der vielen Opfer würden nicht Gleichheit und Tugend, sondern Verbrechen, Laster und Reichtum triumphieren. Das hatte er erkannt.

Der Zustand der Erstarrung, in dem sich Robespierre während der letzten Wochen seines Lebens befand, resultierte aus der tiefen Krise der Revolution.

In seiner Rede am 5. Juli im Jakobinerklub sagte Robespierre: «Wenn die Tribüne der Jakobiner seit einiger Zeit verstummt ist, dann nicht, weil es nichts mehr zu sagen gäbe; das tiefe Schweigen, das unter ihnen herrscht, ist die Folge einer Trägheit, die ihnen die Augen vor den Gefahren verschließt, die der Heimat drohen.»

Dasselbe empfand sein Freund Saint-Just, als er etwa zur gleichen Zeit niederschrieb: «Die Revolution ist erstarrt, alle ihre Prinzipien sind geschwächt, geblieben sind lediglich die roten Mützen auf den Köpfen der Intrige.»

Robespierre äußert noch hin und wieder seinen Glauben an den Triumph der Grundsätze der Gerechtigkeit. Doch enthält dieser Gedanke bereits eine völlig andere Bedeutung als früher. Er läßt lediglich den endgültigen Sieg der großen Prinzipien der Revolution gelten oder betrachtet diesen als eine Alternative.

Am 8. Thermidor (26. Juli) stieg Robespierre im überfüllten Saal des Konvents zur Tribüne hinauf, nachdem er sie einen Monat lang nicht mehr betreten hatte. Mit seiner Ansprache begann die Entscheidungsschlacht zwischen der Jakobinerrepublik und ihren Feinden.

In dieser Schlacht ging die Initiative jedoch nicht von Robespierre aus. Denn auf Protest von Dubois-Crancé hatte der Konvent den Ausschüssen befohlen, einen Bericht über ihre Tätigkeit vorzulegen. Robespierre trug sich nicht mit der Absicht, seinen Gegnern am 8. und 9. Thermidor eine Entscheidungsschlacht zu liefern. «Glaubt nicht, daß ich beabsichtige, irgendeine Anklage zu erheben; eine dringendere Sorge beschäftigt mich, und ich übernehme nicht die Pflichten anderer. Es gibt so viel unmittelbar drohende Gefahren, daß diese Frage nur von zweitrangiger Bedeutung ist.»

Vergleicht man diese Rede mit seinen Äußerungen vom 22. und 24. Prairial im Konvent, fällt auf, daß letztere konkret auf eine klare Aufgabenstellung ausgerichtet waren, während die Rede vom 8. Thermidor diese Zielstrebigkeit vermissen läßt, stellenweise bleibt seine Meinung sogar unklar.

Er war ein Mann mit allen menschlichen Leidenschaften und Schwächen und konnte nicht umhin, von sich selbst zu sagen:

«Sie nennen mich einen Tyrannen. Wenn ich es wäre, würden sie zu meinen Füßen kriechen, ich würde sie mit Geld überschütten, ich würde ihnen das Recht gewähren, jedwedes Verbrechen zu begehen, und sie wären dankbar!» Seine Rede war von einer Begeisterung durchdrungen, er sprach beinahe prophetisch: «Zur Tyrannei gelangt man mit Hilfe von Schurken; wohin kommen die, die gegen sie kämpfen? Ins Grab und in die Unsterblichkeit.»

Robespierre warnte vor einer gefährlichen Verschwörung, die die Republik bedrohte. Er genoß noch immer eine so große Autorität, daß der Konvent diese strenge, beängstigende und Verwirrung einflößende Rede mit einem Beifallssturm aufnahm.

Eine Beschlußfassung kam jedoch nicht zustande, man einigte sich lediglich darauf, die Rede zu drucken. Der Vorschlag des Konvents, den Wortlaut der Rede an die Gemeinden zu senden, wurde nach den Einwänden von Billaud-Varenne, Bentabole und Charlier zurückgenommen. Man forderte Robespierre auf, die von ihm beschuldigten Abgeordneten zu nennen. Er weigerte sich und schlug auch keinerlei Beschluß vor.

Abends verlas er dieselbe Rede im Jakobinerklub. War sie vielleicht ursprünglich für die Jakobiner bestimmt? Ihrem Wortlaut nach richtete sie sich jedenfalls eher an die Jakobiner als an die Konventabgeordneten.

Im Jakobinerklub fand sie begeisterte Aufnahme. Einer Überlieferung zufolge hat sie Robespierre sein Testament genannt. Stehend spendeten die Jakobiner dem Unbestechlichen Beifall. «Ich werde mit dir den Schierlingsbecher bis zur Neige trinken!» rief der berühmte David. Billaud-Varenne und Collot d'Herbois, die widersprechen wollten, wurden von der Tribüne verjagt und auf die Straße geworfen.

Robespierre kehrte in das Haus der Duplays in der Rue Saint-Honoré zurück und schlief bis zum Morgen.

In dieser letzten Nacht vor dem 9. Thermidor schlief er fest, und Brount schlummerte vor seinen Füßen, bewegte im Schlaf die Ohren, um irgendwelche beunruhigenden, nur ihm hörbaren Geräusche aufzufangen. Die Verschwörer hingegen ratschlagten die ganze Nacht hindurch und entwarfen einen Aktionsplan. Barras, Fréron, Tallien, Rovère und ihre Handlanger – jeder von

ihnen mußte sich für so viele Verbrechen verantworten, daß sie bereits das Fallbeil über ihren Köpfen schweben sahen. Aber noch hatten sie eine Galgenfrist. Die schwarze Liste, die ihre ungeheuerlichen Verbrechen und Missetaten enthielt, war noch nicht veröffentlicht. Das würde Saint-Just morgen tun: Daran war nicht zu zweifeln, denn er wußte alles. Dann würde sie nichts mehr retten können ... Es galt also zu handeln.

Die erste verächtliche Anspielung auf die Feigheit und Ohnmacht dieser hasenherzigen Schwätzer kam anscheinend von einer Frau. Thérésia Cabarrus konnte aus dem Pariser Frauengefängnis an Tallien eine Notiz schicken, deren Inhalt kurz und allegorisch war und mit den Worten begann: «Ich hatte einen Traum.» Thérésia gab den Inhalt dieses merkwürdigen Traumes wieder. Ihr träumte, sie werde am nächsten Tag hingerichtet, doch ließe sich noch alles ändern, wenn es auf der Welt nicht nur kleinmütige Schwächlinge, sondern auch richtige Männer gäbe.

Vielleicht war jene Notiz der erste Anstoß zum Handeln. Denn diese Diebe und Mörder, Erpresser, Räuber und Marodeure, die sich an ihren Opfern und Staatsgeldern bereichert hatten, waren immer noch Abgeordnete des Nationalkonvents. In der Republik gab es keinen höheren Titel! Wie konnten sie der Versuchung widerstehen, diese Trümpfe auszuspielen? Hier ging es um den Kopf. Der Verlierer mußte mit seinem eigenen zahlen.

Der wortkarge Fouché, der stets an anderen Orten unerwartet auftauchte oder ausweichend antwortete, legte seine Schlingen, verknüpfte mit unsichtbaren Fäden die scheinbar unterschiedlichsten, selbständigen und durch nichts miteinander verbundenen Handlungen zu einem Ganzen.

Volle Übereinstimmung wurde mit denen erzielt, die als Linke galten: mit Collot d'Herbois, Billaud-Varenne, Vadier und Amar. Man schmeichelte ihnen, warb um ihre Gunst, ließ ihnen bereitwillig den Vortritt, stellte sie in den Vordergrund.

Den Verschwörern gelang es, unter Wahrung der notwendigen Vorsicht mit Männern wie Carnot, Barère und Cambon – den einflußreichsten Konventsabgeordneten – eine gemeinsame Sprache zu finden oder enge Kontakte zu knüpfen.

Jetzt drängten die Verschwörer auf die Fortsetzung der

Schlacht. Sie begann am Morgen des 9. Thermidor (am 27. Juli) im Sitzungssaal des Konvents, der zum Bersten gefüllt war, von neuem. Bereits am frühen Morgen war es drückend heiß. Dessenungeachtet waren der Saal und die Zuschauerränge übervoll von Menschen, die schweigend warteten.

Ruhig und selbstsicher bestieg Saint-Just die Tribüne. Er eröffnete seinen Bericht in kühlem, zurückhaltendem Ton. Von dieser Tribüne aus gedachte er den Verschwörern die Masken vom Gesicht zu reißen, alle ihre Untaten aufzudecken.

Collot d'Herbois führte den Vorsitz. Er hatte an den nächtlichen konspirativen Zusammenkünften teilgenommen und gehörte der Verschwörung an. Der ehemalige Berufsschauspieler und Autor vieler Tragödien und Dramen, die in Vergessenheit geraten waren, konnte seinen eitlen Stolz über jene, ihm von der Geschichte an diesem Tag zugedachte führende Rolle nicht unterdrücken. Zu dem Zeitpunkt wußte Collot d'Herbois zwar noch nicht, was ihm dieser, in die Geschichte eingegangene schwüle Julimorgen selbst bringen würde. Aber mit der Vehemenz eines Schauspielers, dem erstmalig eine wirklich große Rolle zugefallen war, stürzte er sich auf die ihm übertragene Aufgabe.

Er hinderte Saint-Just daran, die entscheidenden Worte zu sprechen. Die Verschwörer handelten nach einem sorgfältig vorbereiteten Plan. In der Atmosphäre eines von ihnen selbst inszenierten unvorstellbaren Tumults und Lärms im Saal wechselten sie einander auf der Tribüne ab. Collot d'Herbois verweigerte Saint-Just die Fortsetzung seines Berichts, erteilte unter Mißbrauch seines Rechtes als Vorsitzender seinem Komplicen Billaud-Varenne das Wort, den Tallien sodann ablöste.

Dieser Mann, der die Schuld trug am Tod vieler Menschen, des Diebstahls am Staatseigentum, der Bestechlichkeit und der Plünderung überführt, sprach es, ein Verbrecher, den der Jakobinerklub bereits ausgestoßen hatte, natürlich nicht über seine Untaten. Mit gespielter Empörung entrüstete er sich vielmehr über die angebliche Tyrannei Robespierres und Saint-Justs, über ihre Vorliebe für den Terror. Die Verschwörer beeilten sich, ihre Untaten auf die Führung der Revolutionsregierung abzuwälzen. Vergeblich versuchte Robespierre, das Wort zu ergreifen: «Zum letztenmal verlange ich, Vorsitzender der Mörder, das Wort!» rief er, an Collot d'Herbois gewandt, der die Stimme des Unbestechlichen mit seiner Tischglocke zu übertönen suchte. Die nächtlichen Komplicen hatten längst vereinbart, unter keinen Umständen Saint-Just oder Robespierre sprechen zu lassen.

Nach wie vor blieb Saint-Just auf der Tribüne. Denn das Wort, das ihm zustand, war immer noch nicht gesprochen, der von ihm vorbereitete Bericht, dessen Blätter er krampfhaft in seiner Hand hielt, noch nicht verlesen. Warum wehrte er sich nicht dagegen?

Mit einem verächtlichen Lächeln auf den Lippen beobachtete Saint-Just diese sorgfältig inszenierte Vorstellung, diese minderwertige Farce, bei der man mühelos jede Handlung voraussagen konnte. Billaud-Varenne, Vadier und Barère, die einander auf der Tribüne ablösten und wie die Katze um den heißen Brei herumschlichen, konnten sich nicht entscheiden, über das Wichtigste zu sprechen. Dazu mangelte es ihnen sichtlich an Mut. Und erst, als irgendein nichtiger, niemandem bekannter Louchet irgendwo von oben herab – vielleicht von den Zuschauerrängen – den Vorschlag hinausschrie, Robespierre in Haft zu nehmen, erstarrte der Saal für einen Augenblick. Es wurde still. Doch dann unterstützten die Verschwörer Louchet lauthals durch Beifallsrufe, in einer Atmosphäre des zunehmenden Lärms und Tumults. Denn eben das war ja ihr Ziel.

Das ausschlaggebende und wichtigste Gefühl, das an jenem Tag das Verhalten der Konventsmitglieder bestimmte, war die Angst. Sie führte die gegen Robespierre eingestellte Mehrheit zusammen. Die Verschwörer spendeten lauten Beifall und brüllten irgend etwas Unverständliches.

Der jüngere Robespierre – Augustin – erklärte: «Ich bin so schuldig wie mein Bruder; ich teile seine Tugenden, ich möchte auch sein Schicksal teilen. Ich beantrage auch gegen mich ein Haftdekret.» Diesem Verlangen wurde sofort stattgegeben. Daraufhin folgte der Beschluß über die Verhaftung von Saint-Just, Couthon und Lebas. Die Festnahme Hanriots und des Vorsitzenden des Revolutionstribunals, Dumas, war bereits zuvor dekretiert worden.

Robespierre verließ die Tribüne mit den Worten: «Die Republik? Sie ist verloren, denn die Räuber triumphieren.»

Es war sechs Uhr nachmittags. Der Vorsitzende kündigte eine Sitzungspause bis sieben Uhr an.

Aber in dieser Stunde, in der die Verschwörer triumphierten, trat Unvorhergesehenes ein. Vor allem stellte sich heraus, daß es gar nicht so einfach war, die Verhafteten, über deren Schicksal der Sicherheitsausschuß zu befinden hatte, in die Gefängnisse zu überführen. Als Robespierre unter guter Bewachung vor dem Palais Luxembourg, seinem Gefängnis, anlangte, weigerte sich dessen Direktor, diesen aufzunehmen, nachdem er erfahren hatte, wen man ihm hier als Häftling überstellte. Er solle Robespierre einkerkern? Dafür werde er nie seine Zustimmung geben! Die ihn bewachenden Gendarmen entschlossen sich daraufhin, ihren Gefangenen in die Polizeipräfektur zu bringen, wo ihn die Polizeikommissare voller Hochachtung und Ehrerbietung empfingen. Ähnlich erging es Couthon, Saint-Just und Lebas.

Das war jedoch nicht das Wesentliche. Als das Volk von Paris, die Sansculotten der Hauptstadt von den Ereignissen erfuhren, erhoben sie sich zum Schutz Robespierres und seiner Freunde. Die Commune von Paris, der Jakobinerklub und eine Reihe von Sektionen erklärten das Vorgehen der Verschwörer, die sich hinter dem Konvent versteckten, für gesetzwidrig und riefen das Volk zum Aufstand auf. Das Volk befreite die Führer der Revolution aus den Haftanstalten und brachte sie nacheinander und zu unterschiedlichen Zeiten ins Rathaus, den Sitz der Pariser Commune. Das war ein spontan ausgebrochener Volksaufstand. Es schien eine Zeitlang, als gewänne das Volk die Oberhand.

Jedoch wurden viele Fehler und grobe Unterlassungen begangen. Besonders schwerwiegend war der Zeitverlust. Fleuriot-Lescot und Payan vergeudeten ihre kostbare Zeit mit der Abfassung von Appellen an das Volk. Indessen warteten Tausende, vielleicht Zehntausende von Menschen – Soldaten, Kanoniere mit ihren Geschützen, Nationalgardisten, Sansculotten und Arbeiter – auf dem Platz vor dem Rathaus auf Befehle.

Die Verschwörer aber setzten im Konvent unverzüglich einen Beschluß gegen Robespierre und seine Freunde durch, der diese außerhalb des Gesetzes stellte. Dieser kriminelle Akt befreite sie von der Notwendigkeit, die führenden Männer der Revolutionsregierung dem Revolutionstribunal vorzuführen, wovor sie sich am meisten fürchteten. Das Schrecklichste, was ihnen passieren könnte, wäre, wenn Robespierre und Saint-Just die Möglichkeit zum Sprechen erhielten.

Diese entsandten ihre Emissäre in alle bürgerlichen Sektionen von Paris, in alle ihnen treu gebliebenen Truppenteile. Etwa gegen elf Uhr abends versammelten sich Maximilien Robespierre, dessen jüngerer Bruder Augustin, Saint-Just, Lebas und Hanriot im Rathaus; später schloß sich ihnen noch Couthon an. Die Revolutionsführer waren wieder in Freiheit vereint, unter Freunden und vom Volk auf dem Rathausplatz beschützt.

Infolge von Verrat drang ein konterrevolutionärer Truppenteil in das Rathaus ein und kämpfte sich zu dem Saal durch, in dem die Führer der Revolution berieten. Ein Gendarm namens Merda zerschmetterte Robespierre mit einem Pistolenschuß den Kiefer. Lebas erschoß sich. Augustin Robespierre stürzte sich aus dem Fenster, blieb jedoch am Leben und brach sich nur den Oberschenkel. Das Schicksal war besiegelt.

Am nächsten Tag wurden Robespierre und seine Mitstreiter, lebende wie tote, insgesamt zweiundzwanzig an der Zahl, ohne Gerichtsverhandlung auf der Place de Grève guillotiniert. Einen Tag später, am 11. Thermidor, wurden – ebenfalls ohne Gerichtsverfahren – weitere einundsiebzig Menschen hingerichtet, die man beschuldigte, der näheren Umgebung Robespierres anzugehören.

Unsere Schilderung neigt sich damit ihrem Ende zu. Der Leser möge mir verzeihen, wenn ich mir gestatte, hier einige rein persönliche Erinnerungen wiederzugeben statt eines Schlußkapitels mit sorgfältig argumentierenden Schlußfolgerungen.

Ich bin in Leningrad geboren und aufgewachsen. Dort wurde meine Mutter begraben, mein Großvater und meine Vorfahren. Obwohl ich bereits seit vielen Jahren nicht mehr in meiner Geburtsstadt lebe, fühle ich mich ihr nach wie vor innig verbunden. Von Zeit zu Zeit kehre ich in mein Leningrad zurück, in dem mich manches «zu Tränen rührt» und wo mich alles an die längst vergangene Kindheit und Jugend erinnert.

Wie viele Menschen der älteren Generation, die von hier stammen, wohne ich bei meinen Besuchen in einem Hotel, und das Telefon in meinen Zimmer schweigt: In dieser Stadt sind keine Verwandten oder mir nahestehende Menschen geblieben; auch der Friedhof, auf dem meine Vorfahren und Eltern beigesetzt sind, existiert nicht mehr. Jedesmal, wenn ich nach Leningrad komme, besuche ich den Gedenkfriedhof von Piskarjowo und stehe lange vor den unendlich scheinenden Reihen von Massengräbern, auf denen lediglich die Jahre 1941, 1942, 1943 und 1944 verzeichnet sind. In diesen Massengräbern liegen alle, mit denen meine Kinderjahre, mein Schicksal verbunden sind.

Wenn ich mich in Leningrad aufhalte, wandere ich durch die Straßen meiner weit zurückliegenden Kinder- und Jugendjahre, dabei kehren meine Gedanken oft in die Vergangenheit zurück, in eine Zeit, die für immer vorbei ist.

Jedesmal kommen mir seltsamerweise die Ereignisse aus dem ersten Jahr der Revolution in den Sinn. Im August 1918, einige Monate nach dem Sieg des Großen Oktober, fand in Moskau im Alexandergarten an der Kremlmauer eine große Festveranstaltung statt. Entsprechend dem von W. I. Lenin unterzeichneten Dekret des Rates der Volkskommissare über die Errichtung von Denkmälern für hervorragende Revolutionäre der Vergangenheit wurde damals an der Kremlmauer ein Denkmal für Maximilien Robespierre, den Führer der Großen Französischen Revolution, enthüllt. Es gehörte zu den ersten Denkmälern, die in der Hauptstadt der jungen Sowjetrepublik errichtet wurden, in den ersten Monaten der Sowjetmacht, zu einer Zeit, da der Bürgerkrieg bereits tobte und die Republik an allem bitteren Mangel litt – an Brot, Brennstoff, Metall und Waffen. Das gegen die Feinde der Revolution kämpfende Volk besaß damals weder Bronze noch Marmor, um dem großen Jakobiner ein solches Denkmal zu setzen, es war nicht die Zeit, ein Jahrhunderte überdauerndes Monument zu errichten. Nach wenigen Jahren begann die Skulptur zu bröckeln, bald darauf fiel das Denkmal zusammen. Heute fehlt jede Spur von ihm. Nicht einmal der Platz, auf dem es gestanden hat, ist zu finden.

Dieses erste kurzlebige Denkmal für Robespierre im Alexandergarten in Moskau fällt mir jedesmal ein, wenn ich in Leningrad bin. Und das aus folgendem Grunde: Während meines Aufenthaltes in der Stadt meiner Kindheit und Jugend gehe ich auch regelmäßig den Litejny-Prospekt entlang, bis zum Granitufer der Newa, wo rechts ein großes Straßenschild aus blauem Email ins Auge fällt – «Robespierre-Kai».

Den Namen des Unbestechlichen erhielt der Kai bereits in den ersten Tagen der Revolution, kurz nach dem bewaffneten Oktoberaufstand, und seit jener Zeit heißt er so.

Den Weg können auch Sie, werter Leser, einmal entlangspazieren. Sie werden es bestimmt nicht bereuen. Wenn Sie über die breite Newa schauen, erblicken Sie auf dem gegenüberliegenden Ufer des Flusses die Umrisse einer Skulptur Wladimir Iljitsch Lenins auf dem Turm eines Panzerwagens mit vorwärtsweisendem, ausgestrecktem Arm.

Schauen Sie auf den «Robespierre-Kai» und dann auf das Lenin-Denkmal jenseits der Newa.

Aus dieser sichtbaren Verknüpfung der in Stein und Metall verewigten Namen, aus diesem stummen Zwiegespräch so unterschiedlicher Epochen werden Sie die Stimme der Geschichte heraushören, die lebendige Zusammengehörigkeit der Zeiten spüren, deren Anfänge und Endergebnisse, die mit unsichtbaren Fäden das ferne 18. Jahrhundert und seine Helden mit der neuen, im 20. Jahrhundert geborenen Welt verbindet.

Literaturauswahl

Rousseau:

L. Ducros, Jean-Jacques Rousseau, 3 Bde., Paris 1908–1918

B. Groethuysen, Jean-Jacques Rousseau, Paris 1949

D. Mornet, Rousseau, l'homme et l'œuvre, Paris 1950

J. Starobinski, Jean-Jacques Rousseau, la transparence et l'obstacle, Paris 1958

J. Guehenno, Jean-Jacques, histoire d'une conscience, 2 Bde., Paris 1962

V. Klemperer, Geschichte der französischen Literatur im 18. Jahrhundert, Bd. II: Das Jahrhundert Rousseaus, Halle (Saale) 1966

J.-J. Rousseau, Schriften, München 1978

K. Seeberger, Jean-Jacques Rousseau, München 1978

H. Gouhier, Rousseau et Voltaire. Portrait dans deux miroirs, Paris 1983

N. Hampson, Will and circumstance: Montesquieu, Rousseau and the French Revolution, London 1983

P. Gühlke, Rousseau und die Musik, Wilhelmshaven 1984

Mirabeau:

Ausgewählte Schriften, hrsg. von J. Fürstauer, 2 Bde., Hamburg 1971

E. Erdmannsdörfer, Mirabeau, Bielefeld/Leipzig 1900

J. J. Chevallier, Mirabeau, un grand destin manqué, Paris 1947

A./C. Manceron, Mirabeau, l'homme à la vie brulée, Paris 1969

Ph. Guilhaume, Mirabeau, Paris 1982

J. F. Wittkop, Graf Mirabeau, Esslingen 1983

Robespierre:

Œuvres de Maximilien Robespierre, 10 Bde., Paris 1912–1967

L. Jacob, Robespierre vu par ses contemporains, Paris 1938

Habt Ihr eine Revolution ohne Revolution gewollt? hrsg. von K. Schnelle, Leipzig o. J.

J. Massin, Robespierre, Paris 1956 (dt. Berlin 1963 u. Neuausgaben)

M. Bouloiseau, Robespierre, Paris 1957

A. Mathiez, Etudes sur Robespierre, Paris 1958
Maximilien Robespierre, 1758–1794, hrsg. von W. Markov, Berlin [2]1961
Actes du Colloque Robespierre (1965), hrsg. von A. Soboul, Paris 1967
Ausgewählte Texte, hrsg. von M. Unger/C. Schmid, Hamburg 1971
G. Rudé, Robespierre, Portrait of a Revolutionary Democrat, London 1975
J. C. Frère, La victoire ou la mort. Robespierre et la Révolution, Paris 1983
J. P. Domecq, Robespierre, derniers temps, Paris 1984

Personenregister

Inhalt